서양 사람들은 어떻게 살았을까
−생활문화로 보는 서양사

우리 시각으로 읽는
세계의 역사
7

서양 사람들은 어떻게 살았을까

- 생활문화로 보는 서양사

노명환, 박지배, 김정하, 이혜민, 박재영,
김진호, 김형인, 고가영, 이은해, 김지영

푸른역사

책을 내며

서양생활문화사를 연구하고 강의하는 여러 연구자들이 한국외국어대학교의 콜로키움 지원을 받으면서 함께 공부하는 가운데, 좋은 교재들을 만들고자 하는 소망을 갖게 되었다. 그리고 그 첫 결실로서 서양의 고대부터 19세기 후반 산업혁명 시기까지의 생활문화사를 내놓게 되었다. 20세기 서양생활문화사에 대한 저술은 아쉽지만 다음의 과제로 남겨 놓았다.

필자들이 서양생활문화사에 깊은 관심을 갖게 된 것은 서양 생활문화에 대한 역사적 이해를 통해 서양인의 사고방식 및 행동양식을 체계적으로 인지할 수 있다는 생각에서였다. 각 지역 사람들의 생활문화는 그 지역의 자연환경, 종교, 교육전통, 집단 가치관 등과 깊은 관련이 있다. 그리고 생활문화는 이러한 요소들에 의해 영향을 받으며 정립되고 또한 동시에 이러한 요소들을 반영하면서 문화로서 존재한다. 그리고 이렇게 형성된 생활문화는 그 문화를 공유하는 사람들에게 공통의 사고방식과 행동양식을 위한 기반을 제공한다. 필자들은 서양생활문화사의 여러 측면들 중에서 특히 다음의 질문들에 집중해 관심을 모아 갔다.

서양인들은 각 시대별로 무엇을 어떻게 먹고, 입고 어떠한 주거환경을 만들고 살았는가? 사람들이 살아가면서 직면하는 생의 통과의례들은 어떻게 이루어졌는가? 축제 등 공동의 행사들은 어떠한 모습을 보이면서 어떠한 방식으로 시행되었는가? 왜 그렇게 되었는가? 이러한 생활 모습과 방식들은 어떠한 과정을 거쳐 오늘의 모습으로 변화되어왔는가? 무엇이 그 변화의 원인이었는가? 이러한 생활문화사는 각 시대별 사고방식 및 행동양식과 어떠한 맥락을 형성하고 있었는가?

그런데 서양은 이러한 문제의식들이 단일하게 적용될 수 없는 대단히 큰 공간을 지칭하고 있다. 필자들은 서양의 생활문화권을 크게 서유럽권(영국, 독일, 프랑스 등), 중·동유럽권(헝가리, 러시아 등), 남유럽권(이탈리아, 그리스 등), 북미권(미국), 중·남미권(라틴아메리카)으로 나누어 집필방향을 잡았다. 물론 이러한 분류도 여전히 우리의 연구 대상이 너무나 큰 공간이라는 문제를 해결해 주는 것은 아니지만, 교재라고 하는 것이 전반적이고 개설적인 설명을 요한 것이라는 이유에 기대어 이러한 분류를 확정했다. 따라서 이 책은 언급한 다섯 개의 서양 생활문화권을 염두에 두며 서술했고, 내용 안에서 필요한 경우 문화의 특징 단위로서의 좀 더 지역적인 부분에 대한 설명을 추가하고자 했다. 이 책이 독자들에게 서양인들의 생활사를 흥미롭게 전달해주는 이야기이자 서양을 이해할 수 있는 유익한 길잡이가 되기를 간절히 바란다.

집필하는 동안 고생을 많이 하신 여러 집필진 선생님들 그리고 좋은 질문들과 함께 콜로키움 진행을 위해 많은 도움을 준 한국외국어대학교 대학원 서양사 전공 학생들에게 깊은 감사를 드린다. 항상 함께 모여 발표하고 토론할 수 있도록 콜로키움 지원을 해주시는 한국외국어대학교에 감사드리고, 무엇보다도 훌륭한 책으로 만들어 주신 도서출판 푸른역사 관계자 선생님들에게 깊이 감사드린다.

필자들을 대표해서 노명환·박지배 씀

고대 그리스의 생활문화

심포시온에서 홀로코스트까지

박지배

그리스의 탄생

고대 그리스 세계는 지중해 동부에 위치한 그리스 반도, 펠로폰네소스 반도, 그리고 에게 해의 수많은 섬들로 이루어진 도시국가들의 느슨한 연합체였다. 주로 헬라어를 사용하는 고대 그리스 세계는 오리엔트 문명에 인접해 있어 일찍부터 동방의 찬란한 문명을 수용할 수 있었다. 또한 그리스 도시국가들은 오리엔트 지역과 바다를 사이에 두고 있어 대제국들에게 쉽게 점령당하지 않았다. 이러한 유리한 조건 속에서 그리스인들은 동방에서 배운 것들을 자신들의 독특한 시민사회 속에서

그리스 반도

펠로폰네소스

에게 해의 섬들

소아시아

크레타

고대 그리스 세계. 덴마크 지리학자 말트 브런Malte-Brun(1755~1826)이 제작한 고대 그리스 지도. 1812년.

발전시켜 지중해 문명의 일부로서 고대 그리스 문명을 창출할 수 있었다. 한편 고대 그리스 세계는 하나의 정치적인 통일체를 이루지는 못했다. 그리스 본토에서는 아테네, 테베, 코린토스, 펠로폰네소스 반도에서는 스파르타 등의 여러 도시국가들이 독자적인 정치체계를 가지고 있었다. 예를 들어 고대 그리스의 대표적 도시국가인 스파르타와 아테네의 정치체계와 사회구조는 매우 달랐다. 그러나 이러한 차이에도 불구하고 우리가 고대 그리스 세계를 하나의 단일체로 파악할 수 있는 몇 가지 요소들이 있었다. 고대 그리스 세계에서는 헬라어라는 단일한 언어를 사용했고, 올림픽 제전과 같은 공동의 제전을 치렀으며, 올림포스 12신을 바탕으로 만들어진 하나의 신화체계를 갖고 비교적 응집력 있는 공동체를 이루고 있었다. 특히 그리스의 도시국가들은 동부 지중해라는 공간 속에서 공동의 역사적 경험을 지니고 또 공통된 자연환경의 영향을 받았기 때문에 생활문화가 유사했다.

　그러므로 고대 그리스인들의 생활문화를 살피기 전에 먼저 고대 그리스 세계가 어떻게 형성되었는지 개관해 볼 필요가 있다. 그런데 서양의 학자들이 그리스를 서양문명의 기원으로 상정하면서 그리스 세계의 역사를 시기적으로나 공간적으로 지나치게 확대시켜 놓았다. 따라서 고대 그리스의 생활문화에 대해 서술하면서 고대 그리스 전체를 포괄하는 것은 어려우므로, 서양 역사가들이 확장시켜 놓은 그리스 세계 속에서 특정한 시기와 공간을 추출해 낼 필요가 있다. 동부 지중해의 초기 문명 가운데 크레타 문명은 이후 전개된 그리스 문명에 일정한 영향을 주긴 했지만 많은 점에서 일반적으로 말하는 그리스 문명과 동일시하기는 어렵다. 그러나 소아시아 이주민들이 건설한 크레타 문명과 달리 북방에서 내려온 이주민들이 건설한 미케네 문명은 스파르타나 아테네로 대표되는 그리스 문명과 공통점이 많은 것 같다. 미케네는 기원전 15세기 이후 크레타를 멸망시키고 기원전 13세기경에 트로이 전쟁에서 승리하면서 동부 지중해의 강자로 등장했지만, 얼마 안 있어 기원전 12세기에 '바닷사람들'의 침략과 자연재해로 멸망했다. 이때부터 그리스 세계에서 장기간에 걸친 암흑시대가 시작되어, 본격적인 회복이 시작되는 기원전 8세기까지는 그리스에 대한 역사를 살필 수 있는 사료들이 많지 않다. 기원전 8세기경에 이르러서야 호메로스, 헤시오도스, 헤로도토스 같은 그리스 초기의 작가들이 《일리아드》, 《노동과 나날》, 《역사》 등 그리스 초기의 명저들을 통해 동부 지중해의 전반적인 상황을 전해 주고 있다. 또한 이 시기에 그리스는 인구의 증가와 함께 무역활동을 확대하고 식민지를 개척하며 그리스 특유의 폴리스 사회를 형성했다. 이러한 회복을 통해 그리스 세계가 점차 윤곽을 드러내기 시작하면서 기원전 5세기에서 3세기에 걸쳐 아테네를 중심으로 찬란한 그리스 고전기 문명을 이룩할 수 있었다.

자연환경, 항해를 강요받다

자연환경은 고대나 현재나 뭇 세인들의 생활문화에 매우 중요한 영향을 미친다. 그리스는 전 국토의 80퍼센트가 산지로 구성되어 있다. 그리스의 산들은 그리 위압적이지는 않아 고대 그리스인들이 신들이 거주했다고 여겼던 가장 높은 올림포스 산도 해발 3천 미터가 채 안 된다. 따라서 사람들은 20퍼센트에 불과한 평야지대와 산 중턱에 거주하며 그곳에서 농사를 짓거나 가축을 키우는 등 경제행위를 영위할 수 있었다. 당연히 이러한 좁은 평지는 그리스인의 물질생활에 풍요로운 환경을 제공하지 못했다.

한편 그리스는 반도와 섬으로 이루어져 있어 그리스 반도 북쪽을 제외하고는 모두 다 바다로 둘러싸여 있다. 바다는 척박한 토지를 가진 그리스인에게 또 하나의 가능성을 제공했다. 부족한 식량을 얻기 위해 어업에 종사하고 또 부족한 필수품을 얻기 위해 해외로 팽창할 수 있었다. 그래서 고대 그리스의 많은 도시국가들이 일찌감치 해외로 눈을 돌려 무역을 하는 한편, 지중해와 흑해 곳곳에 그리스 식민지를 건설했다.

그리스의 기후는 아열대에 가까운 온대기후이며 일조량이 풍부하다. 따갑게 내리쬐는 지중해의 햇빛은 그리스 기후의 중요한 특징이다. 그런데 이 햇빛이 지나쳐 건조한 날씨가 계속되고, 게다가 가뭄도 잦다. 그래서 고대 그리스인들은 가뭄을 해소할 수 있는 비가 내리기를 간절히 바랐다. 고대 그리스의 최고신이 천둥의 신인 제우스라는 사실은 이러한 자연환경과 무관하지 않을 것이다. 사실 유럽의 어느 지역에서나 비를 관장하는 천둥과 번개의 신은 중요한 신으로 숭상되었다. 그리스는 비가 부족했지만 가끔씩 폭풍우가 몰아치면서 갑작스럽게 비가 퍼붓기도 했는데, 이러한 비는 오히려 농사에 해가 되었다. 고대 그리스인들은 폭풍우가 몰아치는 것은 바다의 신 포세이돈의 노여움 때문이라고 생각했다.

전반적으로 고대 그리스 세계는 척박한 토지와 뜨거운 햇볕을 지닌 부유하지 못한 지역에 속했다. 이러한 환경 속에서 그리스인들은 돌투성이의 땅을 개간하며 등이 휘도록 일했지만 충분한 먹거리를 생산할 수 없었다. 그래서 호메로스Όμηρος의 작품에 등장하는 그리스 세계는 식객들로 붐비고, 헤시오도스Ήσίοδος의 《노동과 나날》에는 좁은 땅에 매여 끝없이 일에 시달리는 농민들이 등장한다. 바로 이러한 상황 속에서 그리스인들은 척박한 상황을 타개하기 위해 바다로 뛰어들 수밖에 없었다. 호메로스가 '와인빛 바다'라고 읊었던 에게 해는 바람이 거세어 여름을 제외하고는 항해가 힘들지만 그리스인들은 아랑곳하지 않고 항해를 감행했다. 이것은 모험이 아니라 생존이었다. 그들은 해외로 나가 게르만족이 로마에 스스로를 용병으로 팔았듯이 이집트나 페르시아에서 용병으로 일하기도 하고, 무역을 하며 곡물을 들여오기도 하고, 아예 눌러앉아 식민지를 건설하기도 했다. 해외로 팽창할 때의 중요한 그리스 산물은 와인과 올리브유였다. 척박한 그리스 토지와 기후가 포도나무와 올리브나무를 재배하는 데는 더할 나위 없는 조건을 제공했기 때문이다. 지중해의 강렬한 태양이 포도와 올리브가 잘 익어 가도록 중요한 역할을 하고, 또 강수량이 적은 탓에 포도의 당도가 높아져 품질 좋은 와인을 생산할 수 있었다.

신앙, 저승보다는 이승

고대 그리스인들은 아테네를 중심으로 하는 아티카 지역과 펠로폰네소스 반도에 정착하고 주변 지역으로 팽창해 가는 과정에서 지중해 연안의 많은 신들을 받아들여 자신의 토속신과 함께 독특한 올림포스 신들의 세계를 완성했다. 올림포스 12신을 살펴보면 부모 세대인 제우스(천둥과 번개), 포세이돈(바다와 폭풍), 헤라(결혼과 가정), 데메테르(곡물)와 자식 세대인 헤파이스토스(대장장이), 아폴로(이성과 예언), 아르테미스(달과 사냥), 아테나(지혜와 직조), 아레스(전쟁), 헤르메스(상업과 전령),

디오니소스(와인과 광기)에, 천지창조 초기에 하늘 신이었던 우라노스의 성기에서 태어났다는 아프로디테(아름다움)가 포함되어 있다. 처음에는 부모 세대인 헤스티아(화로)가 올림포스 12신에 포함되었지만 동방에서 기원한 디오니소스 신앙이 점차 확산되면서 디오니소스가 그 자리를 차지하게 되었다. 그리고 저승의 신인 하데스와 그의 아내 페르세포네는 올림포스에 거주하지 않고 지하에 거주하기 때문에 올림포스 12신에서 제외되었다. 이러한 그리스의 신들은 어원상으로 볼 때 모두 지중해 연안에 기원을 두었고 제우스만 외래 어원을 가진 신이다. 즉 그리스 신화는 그리스 반도로 이주한, 제우스를 섬기는 종족이 지중해로 팽창하면서 주변 신들을 흡수하는 과정을 보여 주고 있다. 이는 다음에 나오는 표 〈고대 그리스 신들의 관계와 속성〉을 보면 명백히 드러난다. 제우스를 제외한 다른 신들은 동부 지중해 각지에 퍼져 있는 신들인데 그리스 신화에서는 제우스와 어떤 식으로든 가족관계로 연결된 것으로 편집되어 있다.

고대 그리스인들은 올림포스 12신뿐만 아니라 숲 속의 정령들, 반인반수의 괴물들, 무사이 여신 등의 무수한 신들도 믿었고 특히 도시마다 수호신을 두어 특별히 경배했다. 가장 대표적인 예로 아테네 시는 아테나 여신을 수호신으로 섬겼다. 그리스의 위대한 정치가인 페리클레스의 주도로 건설된 파르테논 신전은 아테네 여신을 모신 불후의 건축물이다. 물론 아테네에도 제우스 신전이나 헤파이스토스 신전 등 다른 신들을 모신 신전들이 많았다.

그리스인들은 올림포스 신들을 극진히 섬겼다. 기원전 6세기경부터

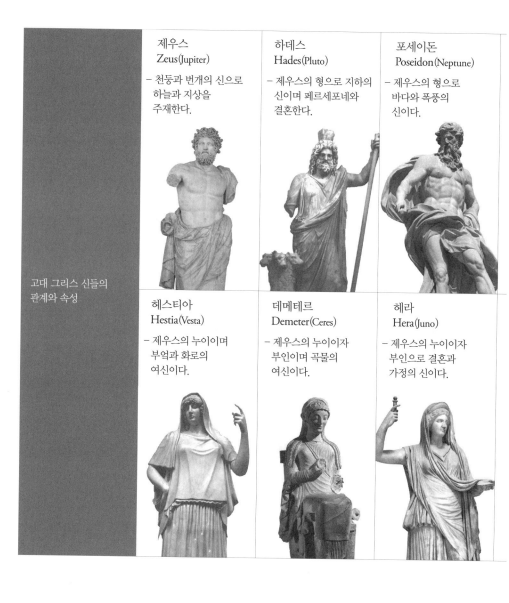

고대 그리스 신들의
관계와 속성

제우스
Zeus(Jupiter)

– 천둥과 번개의 신으로
하늘과 지상을
주재한다.

하데스
Hades(Pluto)

– 제우스의 형으로 지하의
신이며 페르세포네와
결혼한다.

포세이돈
Poseidon(Neptune)

– 제우스의 형으로
바다와 폭풍의
신이다.

헤스티아
Hestia(Vesta)

– 제우스의 누이이며
부엌과 화로의
여신이다.

데메테르
Demeter(Ceres)

– 제우스의 누이이자
부인이며 곡물의
여신이다.

헤라
Hera(Juno)

– 제우스의 누이이자
부인으로 결혼과
가정의 신이다.

아폴론
Apollon(Apollo)

– 제우스와 레토의
  아들로 이성과 예언의
  신이다.

헤파이스토스
Hephaestos(Vulcan)

– 제우스와
  헤라의 아들로
  대장간의 신이다.

아르테미스
Artemis(Diana)

– 제우스와 레토의
  딸이며 달과 사냥의
  여신이다.

아테나
Athena(Minerva)

– 제우스와 메티스의
  딸이며 지혜의
  여신이다.

헤르메스
Hermes(Mercury)

– 제우스와 마이아의
  아들이며 교통과 상업의
  신이다.

아레스
Ares(Mars)

– 제우스와 헤라의
  아들이며 전쟁의
  신이다.

디오니소스
Dionysos(Bacchus)

– 제우스와 인간 세멜레의
  아들로 광기와 술의
  신이다.

아프로디테
Aphrodite(Venus)

– 우라노스의 성기에서
  탄생한 사랑과 미의
  여신이다.

아테네 아크로폴리스의 파르테논 신전.

그리스의 철학자 가운데 무신론자가 있었던 것이 사실이다. 초기에는 극소수에 불과했지만 기원전 5세기 후반의 소피스트시대에는 그 수가 상당히 늘었다. 그리고 그리스의 위대한 정치가인 페리클레스 Περικλς나 역사가인 투키디데스 Θουκυδίδης 같은 사람들은 외견상으로는 도시와 가족의 종교예식을 따르긴 했지만 종교의식의 효율성과 신탁의 진실성은 믿지 않았던 것 같다. 그러나 이러한 것은 특별한 사례이며 많은 평범한 그리스인들은 자신이 섬기는 신에 대해 거의 맹신에 가까운 믿음을 갖고 있었다. 신탁을 믿지 않았던 페리클레스도 연회를 시작하기 전에 먼저 디오니소스 신에게 헌주를 했으며, 소크라테스Σωκράτης도 병이 나면 아스클레피오스에게 빌었으며, 호메로스도 자신의 작품 서두에서 "무사이 여신이여, 이 영웅에 대한 기억을 떠올리게 해주소서" 하고 기억의 여신을 부르고 있다.

그리스인들은 자신의 신앙심을 드러내기 위해 신에게 제물을 바쳤다. 간단한 제사일 경우에는 우유나 야채 등을 바쳤지만, 중요한 사안일 경우에는 다른 지중해 지역 사람들이 그랬듯이 동물 희생제를 올렸다. 신들마다 좋아하는 동물이 있어 제우스나 포세이돈에게는 황소를 바치고, 헤라나 아테나에게는 암소를 바쳤다. 그리고 아르테미스와 아프로디테에게는 암염소를 제물로 바쳤다. 병을 고치는 신인 아스클레피오스에게는 닭을 바쳤는데, 소크라테스가 독배를 마시기 전에 친구에게 부탁한 제물도 아스클레피오스에게 바칠 수탉이었다. 제물을 바칠 때에는 먼저 기도를 하고 신에게 자신이 바치는 제물을 상기시켰다. 그리고 기도가 끝나면 짐승의 머리를 뒤로 젖힌 다음 칼로 목을 갈라 흐르는 피로 제단을 적셨다. 그러고는 신에게 넓적다리 하나와 지방을 태워 바치고 나머지 고기는 사람들이 나누어 먹었다. 이는 인간을 만들고 인간에게 불을 훔쳐다 준 신 프로메테우스 덕분으로, 그가 자신이 만든 인간을 위해 제우스를 속였기 때문이다. 즉 프로메테우스가 제우스 앞에 한편에는 뼈를 놓은 다음 그 위에 지

오디세우스의 이야기를 경청하는 아킬레스. 중앙에 고개를 숙인 이가 아킬레스다. 4세기경. 파리.(왼쪽) 항아리에 묘사된 아킬레스와 헥토르의 대결.(오른쪽)

방을 그럴듯하게 얹어 놓고 다른 한편에는 고기 더미 위에 내장들을 늘어놓은 후 둘 중 하나를 선택하게 하자, 제우스는 당연히 근사하게 보이는 뼈 위의 지방을 선택했던 것이다. 이때부터 인간은 고기를 먹고 신에게는 뼈와 지방을 태워 바쳤다고 한다. 그러나 지하의 신에게 제사를 드릴 때는 달랐다. 이때에는 동물을 통째로 태워 바쳐야 했는데 이를 홀로코스트ὁλόκαυστος, 즉 전번제全燔祭라고 불렀다. 오늘날 유대인 학살 또는 대량학살을 의미하는 홀로코스트Holocaust는 여기서 유래했다.

고대 그리스인들에게 지하세계는 하데스가 지배하는 영역이었다. 그 지하세계는 하데스와 페르세포네가 거주하는 에레보스와 티탄 신족이 갇혀 있는 타르타로스로 나뉘어 있었다. 그런데 고대 그리스인들은 사후세계의 존재를 믿고 있었지만 사후세계를 낙관적으로 생각했던 이집트인들과 달리 무섭고 끔찍한 곳으로 상상하며 내세보다는 현세를 중요시했다. 예를 들어 호메로스의 《오디세이아Ὀδύσσεια》에 보면 오디세우스가 자기 고향으로 돌아가는 방법을 현자인 테이레시아스에게 묻기 위해 저승을 방문하는 대목이 나온다. 이때 오디세우스는 트로이 전쟁에서 사망한 그리스의 영웅 아킬레스를 만나게 되는데, 이때 아킬레스가 자신의 친구에게 "기력이 다한 사자들을 지배하기보다는 차라리 비참한 농부의 노예가 되고 싶다"고 말한다. 이렇듯 그리스인들은 저승보다는 현실을 더 중요하게 여겼다.

그러나 그리스인들은 장례식만큼은 대단히 중요하게 생각하며 그 의식과 절차를 잘 지켰다. 특히 그들에게는 부모가 죽으면 반드시 훌륭한 장례를 성대하게 치러 주어야 할 의무가 있었다. 그리스인들은 장례를 치를 때 시체에 불을 놓았는데 이때 망자의 입 안에 주화를 물려주어야 했다. 그 돈은 죽은 자가 저승에서 스틱스Styx 강을 건널 때 뱃사공인 카론Charon에게 지불해야 할 뱃삯이었다. 동전을 입 안에 넣어주지 않으면 망자가 저승으로 가지 못하고 스틱스 강 주변을 떠돌게 된다고 생각했던 것이다. 이러한 강한 믿음은 호메로스가 지은 《일리아드》에서, 아들을 잃은 트로이의 군주 프리아모스가 아킬레스를 찾아가는 대목에 잘 나타나 있다. 프리아모스는 아들을 죽인 원수인 아킬레스에게 아들의 장례식을 치를 수 있도록 아들의 시신을 돌려줄 것을 간청했다. 프리아모스 왕은 사랑하는 아들 헥토르를 구천에서 떠돌게 할 수 없었던 것이다.

가족관, 남성이 지배하고 훈육하는 사회

고대 그리스는 남성 시민 위주의 사회였다. 이러한 특성은 그리스의 가부장적인 가족관에도 잘 나타나 있다. 한 아테네인이 "우리는 쾌락을 위해 접대부를, 가사를 위해 첩을 거느리고 있다. 그리고 적출을 낳고 우리의 가정을 충실히 지키기 위해 아내를 거느리고 있다"고 말했다고 한다. 이것으로 기원전 5~4세기경 아테네의 지식인들이 여성에 대해 어떻게 생각했는지 쉽게 짐작할 수 있다. 그리스어로 오이코스 οἶκος라고 하는 가정은 시민 남성이 지배하는 고유의 영역이고, 또 후

사를 이을 아이를 만드는 소집단이었다. 그래서 아내, 딸, 하녀들의 방은 길거리와 외부로부터 차단된 2층에 마련되어 있었다. 당시의 남성들은 이런 식으로 여성들이 격리되어야만 미혼인 처녀들의 순결을 보호하고 아내의 정절을 지켜 궁극적으로 남성의 영역인 가정을 수호할 수 있다고 생각했다.

이런 가부장적인 분위기 속에서는 당연히 미혼 여성은 젊은 남성을 자유롭게 만날 수 없었다. 예를 들어 고대 아테네에서 결혼한 여성들은 비록 가끔씩이나마 집 밖으로 나갈 수 있었지만, 아가씨들은 기껏해야 안뜰에 모습을 드러내는 것이 고작이었다. 스파르타에서는 여성들의 활동이 활발해서 소녀들도 체육관에서 운동을 했지만, 고대 그리스 세계가 전반적으로 남성 위주의 사회였던 것만은 분명하다. 특히 가정을 이루는 가장 중요한 의식인 결혼에서도 남자들의 일방적인 역할이 드러난다.

고대 아테네에서 결혼은 신랑 후보자와 예비 신부의 보호자(주로 아버지)가 만나 혼인을 결정했고 결혼의 한쪽 당사자인 신부에게는 결정권이 없었다. 이렇게 남녀 간의 결혼도 남자들에 의해 일방적으로 결정되는 경우가 많았다. 혼인이 결정되면 신부는 각별히 조심하며 결혼식을 준비했다. 고대 그리스인들은 결혼이 인생에서 가장 행복한 때라고 생각했다. 따라서 신들의 시기와 질투를 받기 쉬웠다. 이런 불행한 사태를 막기 위해 신부는 결혼식에 앞서 부부의 신방을 축복하는 신들에게 제사를 지내야 했다. 예를 들어 신부는 성애의 여신인 아프로디테의 영역으로 무사히 들어가기 위해 처녀들의 수호신으로 결혼을 하지 않은 아르테미스의 축복을 받아야 했다. 그래서 신부는 결혼식 전날 어린 시절에 가지고 놀던 낡은 장난감이나 다른 물건들을 아르테미스에게 바치는 동시에 처녀 시절에 입었던 속옷도 바치면서 지난날과 작별했다. 그리고 도시의 어느 샘에서 길어 온 맑은 물로 순결함을 나타내는 목욕의식도 치렀다.

결혼식 전날 신랑은 신부를 데리고 가기 위해 신부 집을 찾았다. 대개는 이때 신부가 처음으로 신랑을 대면했다. 신랑은 신부를 자신의 집으로 데려가며 행진을 벌였는데 이 행진이 결혼식의 백미였다. 신부의 어머니는 자기 집 화로로 불을 붙인 횃불을 들고 행렬에 참여했다. 횃불이 없는 결혼은 인정받지 못한 결혼이라는 표현까지 생겨날 정도로 횃불은 결혼식에서 중요한 위치를 차지했다. 한편 신랑 집은 올리브와 월계수 화관으로 장식해 축제가 벌어지는 장소임을 나타냈다. 신랑 집 사람들은 신부를 맞을 채비를 했다. 특히 신랑의 어머니는 문 앞에서 새로운 집을 상징하는 횃불을 들고 며느리를 맞이했다. 신랑 집에 도착한 신부는 전통적인 방식에 따라 다산과 풍요를 상징하는 참깨와 꿀에 모과나 대추야자를 넣어 만든 결혼 케이크를 먹었다. 신랑의 집에서 이렇게 처음으로 받는 음식을 먹음으로써 그녀는 비로소 신랑의 아내로 인정받는 것이다.

결혼의 가장 큰 목적은 출산이었다. 따라서 결혼 후 가장 중요한 일은 아이를 생산하는 것이었다. 심지어 아테네에서는 출산을 장려하기 위해 부부 사이에 한 달에 최소한 세 번 이상은 관계를 갖도록 법으로 규정하기까지 했다. 스파르타는 여성들의 활동에 엄격했던 아테네와 달리 어린 소녀들의 체육 활동이나 축제 참여를 장려했지만 이는 자국의 소녀들을 건강한 아이를 낳을 수 있는 튼튼한 산모로 양육하려는 목적을 갖고 있었다. 그리스 남성은 아들이 태어나 자신의 대를 잇고 노후를 책임지기를 기대했다. 특히 세상을 떠났을 때 절차에 따라 장례를 치러 주기를 간절히 원했다. 그래서 헤시오도스가 《신통기》에 "결혼하기를 원치 않는 남자는 노후에 돌봐 주는 이도 없이 무정한 노령에 이르게 되는 것"이라고 쓴 것이다.

아테네에서는 개인이 아이의 교육을 담당하고, 스파르타에서는 국가가 아이들의 교육을 맡았다. 아테네에서는 가장에게 아이를 교육할 책임이 있었다. 아이는 18세까지 부모 밑에서 교육을 받은 뒤 성인으로서 한 사람의 시민이 되었다. 가장인 아버지가 교육의 책임을 맡았다고 해도 학교에 가기 전까지 아이를 키우는 일은 어머니의 몫이었다. 대부분의 아테네인 어머니는 자신의 아이를 직접 키웠지만 부유한 가정에서는 유모를 두고 아이를 양육하는 일을 돕게 하기도 했다. 그러나 아들이 자라 학교에 다니기 시작하면 어머니는 도움을 줄 수 없고 아들이 배우는 것도 이해할 수 없었다. 아테네에서는 읽기와 쓰기, 음악, 체육 등 세 가지가 학교 교육의 핵심이었다. 아이를 학교에 보내기 위해서는 돈이 필요했다. 따라서 부유한 가정만 높은 수준까지 교육을 시킬 수 있었

항아리에 묘사된 학생.

으며 그렇지 못한 경우 아이는 간단한 읽기와 쓰기를 배우는 정도에 만족해야 했다. 아이가 어느 정도 유창하게 읽고 능숙하게 쓸 줄 알게 되면 시구를 암송했는데, 아이들이 가장 먼저 외우는 시는 호메로스의 《일리아드》와 《오디세이아》였다. 호메로스의 작품은 고대 그리스시대에 성경처럼 읽히는 고전이었다. 또한 헤시오도스나 솔론의 작품도 학습교재로 사용되었다. 한편 소수의 지배 민족이 다수의 피지배 민족을 상대해야 하는 스파르타에서는 국가가 아이들의 교육을 책임졌다. 스파르타는 잘 알려진 것처럼 아이들을 전사로서 강하게 키웠다. 음악교육마저 군사행진이나 돌격에 필요한 박자감각을 키우는 데 활용했다.

식생활, 와인빛 바다의 식탁

대체적으로 그리스의 토지는 척박하고, 자원도 풍부하지 못했다. 그래서 그리스의 역사가 헤로도토스는 "그리스는 빈곤이라는 친구가 늘 곁에 있는 곳"이라고 언급했다. 그리스인들의 주식은 보리와 밀 같은 곡물이었는데, 척박한 토양 때문에 늘 부족했다. 특히 기원전 8세기 이후 인구가 증가하면서 부족한 곡물을 해외에서 수입할 수밖에 없었다. 그리고 이러한 곡물 부족이 그리스가 서쪽으로는 프랑스 남부까지 동쪽으로는 흑해 동부까지 팽창하는 중요한 원인이 되었다. 그리스인들은 전반적으로 음식 섭취를 절제했는데, 비옥하지 않은 토양 때문이기도 하고, 다른 한편으로는 덥고 건조한 기후 때문이기도 했다. 한편 그리스는 강렬한 지중해의 태양과 건조한 기후 덕분에 포도나무와 올리브 나무를 재배하기에는 좋은 환경을 갖고 있었다. 강렬한 햇빛으로 포도 의 당도가 높고 올리브가 잘 익었다. 그리하여 포도로 만든 와인과 올리브 열매에서 짜낸 올리브 기름이 그리스인들이 바다로 나가 거래하는 중요한 상품이 되었다.

그리스인들은 곡물가루로 만든 빵을 주식으로 삼았다. 빵을 만들 때는 주로 보리와 밀을 사용했다. 보릿가루로 만든 빵은 마자라고 하고, 밀가루로 만든 빵은 아르토스라고 불렀다. 기원전 6세기경까지만 해도 밀로 만든 아르토스는 아테네에서 평상시에는 맛보기 힘든 음식이 었다. 그리스 정치가 솔론은 이 밀빵을 축제날에만 먹도록 규정하기까지 했다. 그러나 기원전 5세기경 페리클레스 시기에는 그리스 경제가 발전하고 해외로부터 곡물도 유입되어 평상시에 빵가게에서 마자뿐만 아니라 아르토스도 구입할 수 있었다. 물론 항상 보리빵인 마자보다 밀빵인 아르토스가 더 비쌌다.

고대 그리스인들은 빵과 함께 먹는 음식을 통틀어 옵손이라고 불렀다. 옵손에는 마늘, 치즈, 채소, 고기, 생선, 과일 등이 있었다. 고대 그리스에서는 지역마다 조금씩 차이는 있지만 채소가 매우 귀해 마늘, 치즈, 양파 등을 많이 먹었다. 육류 역시 상당히 비쌌지만 그나마 돼지고기는 다른 육류에 비해 싼 편이었다. 그래서 서민들은 신에게 제사를 드릴 때에나 번제를 드리고 남은 고기를 맛볼 수 있었다. 그 대신 그리스는 바다로 둘러싸인 자연환경 때문에 해산물이 비교적 풍부했다. 특히 생선은 서민들의 중요한 단백질 공급원이었다. 그 외에 조개류, 문어, 오징어 등의 해산물이 풍부하게 공급되었다. 어업과 무역이 성행했던 고대 그리스의 도시 에레트리아에서는 화폐에 오징어를 새겨 넣기도 했다. 그러나 고대뿐만 아니라 현재까지도 그리스 식생활의 중요한 특징은 올리브와 와인에 있었다. 올리브나무는 터키가 원산지이지만 그리스의 토양에서도 크게 번성할 수 있었다. 특히 고대 아테네의 화폐에는 아테네 여신과 지혜를 상징하는 올빼미, 그리고 올리브 가지가 새겨져 있었다. 여기에는 다음과 같은 신화가 있다. 아테네 도시가 아직 그 이름으로 불리기 전에 시민들이 그 도시의 수호신을 정하면서 가장 훌륭한 선물을 주는 신에게 그 역할을 맡기기로 했다. 포세이돈이 물이 부족한 아테네인들을 위해 아크로폴리스에 마르지 않는 샘을 만들어 주어 승리하는 듯했다. 그런데 지혜의 여신 아테나가 그 샘 옆에 올리브나무를 자라게 했다. 그래서 결국 올리브나무를 선물한 아테나가 최종적으로 승리해 그 도시의 수호신이 되고 도시의 이름도 아테네가 되었다. 이러한 신화가 사실일 리 없겠지만, 이를 통해 아테네 사람들이 얼마나 올리브나무를 중요하게 여겼는지는 알 수 있다. 고대 그리스인들은 올리브 열매를 먹기도 했지만 기름을 짜서 다양한 용도로 사용했다. 많은 그리스 음식에 올리브 기름을 첨가하기도 하고, 올리브 기름을 몸에 발라 피부를 보호하기도 하고, 올리브 기름으로 밤에 불을 밝히기도 했다.

고대 그리스의 식탁에서는 와인 역시 빠질 수 없었다. 와인은 카프카즈 산맥이나 자그로스 산맥 일대에서 처음 만들어진 이래 이집트나 페니키아로 확산되었고, 그곳에서 다시 그리스로 전파된 듯하다. 이처럼 와인은 동방에서 제조되기 시작했지만 그것을 대중화시킨 것은 고대 그리스인들이었다. 특히 기원전 6~5세기에 그리스에서는 인구 증가와 함께 와인 수요가 급격히 증가했고, 기원전 3세기에 이르러서는 진정한 와인 산업이 시작되었다. 그리스인들은 디오니소스가 와인을 전파했다고 믿었으며 이와 관련된 신화 역시 풍부하다. 디오니소스는 신들의 아버지 제우스와 인간인 세멜레 사이에서 태어났는데 질투심 많은 헤라의 미움을 받아 어린 나이에 정신이 이상해졌다. 이러한 어린 디오

그리스인들의 연회, 심포시온.
참석자 전원은 남성으로 여성은 접대부나 무용수 등 참석자에 봉사하는 이들에 한했다.

니소스를 불쌍하게 여긴 할머니 레아의 보살핌으로 디오니소스는 와인 제조법과 의식에 필요한 비법 등을 배운 후 긴 여행을 하면서 그리스 각지에 와인을 전파했다고 신화는 말한다. 또한 앞에서 언급했듯이 그리스 문학의 아버지인 호메로스가 석양의 에게 해를 '와인빛 바다'로 표현할 정도로 와인은 고대 그리스인들의 삶 속에서 중요한 위치를 차지하고 있었다. 해질 무렵 석양에 반사된 에게 해

의 검붉은 빛깔은 강렬한 햇빛을 받아 다른 지역의 와인보다 검붉은 색깔을 띠는 그리스 와인의 빛깔을 그대로 닮았다.

고대 그리스인들의 연회를 심포시온συμπόσιον(향연, 라틴어로는 심포지움)이라고 했는데, 이는 '함께 술을 마시는 것'을 의미하는 심포시아에서 나온 말로 글자 그대로 함께 흥겹게 마시는 모임이었다. 그러나 그

리스인들의 심포시온은 여성들이 참석할 수 없는 남성들만의 클럽이었다. 심포시온에 참석한 여성들은 접대부나 시종 또는 무용수 등이었지 그리스 시민의 아내나 딸은 아니었다. 이것은 고대 그리스 사회가 지역마다 차이는 있었지만 전반적으로 남성 위주의 사회였음을 보여 주는 또 다른 사례이다.

일반적으로 심포시온은 크게 두 단계로 진행되었다. 첫 단계는 함께 모여 식사를 하는 자리였다. 손님들은 대개 비스듬히 누워서 식사를 했다. 식사 전에 허브향이 첨가된 와인을 한 잔 마셨는데, 이것은 오늘날의 애피타이저 와인처럼 식욕을 돋우는 효과가 있었다. 아직 포크가 등장하지 않아 맨손으로 음식을 먹고 냅킨 대신 빵으로 손을 닦고 바닥에 버렸다. 그러면 주

| 비스듬히 누워서 식사를 하고 있는 그리스 남성.

인집 개들이 식탁 주위를 돌아다니며 손님들이 버린 음식을 주워 먹었다. 식사가 끝나면 주인은 상을 깨끗이 치우고 손님들은 멋있게 단장하면서 본격적으로 술을 마시는 두 번째 단계를 준비했다. 이때 먼저 디오니소스에게 헌주를 했다. 주인은 그날 모임의 성격을 파악해 와인의 도수를 결정했다. 즉 크라테르라는 단지에 와인을 붓고 다시 물을 부어 와인의 농도를 조절했다. 진지한 대화가 필요한 모임에서는 물을

많이 부어 술의 알콜 도수를 낮추고, 흥겨운 자리에서는 물을 조금 부어 사람들이 취하기 쉽게 만들었다. 이때 반드시 와인에 물을 섞어야지 물에 와인을 섞어서는 안 되었다. 그리고 주인이 술자리의 주도권을 쥐고 모임을 이끌었다. 이러한 심포시온의 절차는 파티 주최자가 그날 분위기에 걸맞게 와인의 종류를 결정하고, 시음을 통해 와인의 질을 확인한 뒤 손님들에게 와인을 서비스하는 오늘날 와인 파티의 원형이었다. 한편 심포시온이 무르익으면 주최자는 손님들의 취향에 맞추어 다양한 놀이와 공연으로 즐거움을 선사했다. 예컨대 악사들의 음악 연주, 접대부들의 서비스, 시 낭송, 연극 공연 등 다양한 볼거리들이 제공되었다.

의복, 한 장의 천으로

그리스 성인 남성들은 야외생활을 즐기고 운동경기를 통해 정신과 육체를 단련시켰다. 또한 젊은이들은 나체로 경기를 할 만큼 인간의 자연스러운 육체미를 숭상했다. 후대의 유럽인들은 이러한 그리스인들의 삶의 패턴을 휴머니즘적 가치관의 상징으로 이해했다. 고대 그리스인들은 오늘날처럼 몸에 딱 맞게 재단한 옷을 입지 않고 장방형의 천을 몸에 둘렀다. 물론 오늘날의 모포를 둘러 쓴 것처럼 단순히 천을 몸에 감은 것은 아니었다. 어깨나 일부 필요한 부분을 꿰매기도 하고, 핀으로 고정시키기도 했다. 물론 때로는 허리띠를 두르기도 했다. 한 장의 천에 가까운 의복으로 인해 활동 중에 몸이 반나체로 드러나는 경우가 많았지만, 날씨도 온화하고 운동선수들이 나체로 경기를 하는 경우가 많았기 때문에 큰 문제가 되지는 않았다. 고대 그리스의 의복은 크게 맨몸에 입는 튜닉과 그 위에 걸치는 히마티온으로 구성되었다. 옷감은 동물의 털로 만들었다. 특히 염소의 털로 만든 삭코스라는 천이 주로 이용되었다. 그러나 나중에는 소아시아에서 들어온 아마포도 즐겨 입었다. 또한 실크나 면직도 알려져 있었다. 기후와도 관련이 있었지만, 전반적으로 고대 그리스의 의복 형태에는 인간 육체의 아름다움을 소중히 여기던 고대 그리스인들의 정서가 반영되어 있었다.

그리스 남성들은 일반적으로 속옷을 입지 않았고, 아무것도 걸치지 않은 맨몸에 튜닉을 입었다. 가장 단순한 형태의 튜닉은 노동자나 군인들이 입은 에크소미스였다. 이 옷은 대개 짧은 길이에 허리띠로 묶은 뒤 브로치나 매듭을 이용해 한쪽 어깨 부분을 고정시킨 형태였다. 에크소미스는 형태가 간단하고 편해서 주로 작업을 하는 사람들이 많이 입었다. 일반적인 튜닉은 키톤이라고 불렀다. 이 옷은 에크소미스와 유사했지만 그와 달리 한쪽 어깨 부분만 고정시키지 않고 단추나 고리를 이용해 두 어깨 부분을 모두 고정시켰다. 발까지 내려오는 긴 튜닉은 크시스티스라고 했는데, 이것은 일상복이라기보다는 사제나 연주자, 경기에 참여하는 사람들이 입는 일종의 성장이었다. 크시스티스는 옆구리 부분이 불룩하고 어깨와 팔 부위에 주름을 넣었고 옷 앞뒤로 V자형 목둘레선을 만들어 멋을 강조했다. 한편 그리스 남성들은 튜닉 위에 히마티온이라 하는 외투를 입었다. 그리스의 기후는 온화하지만 겨울에는 추운 날도 있어서 외투가 필요했다. 히마티온은 모직으로 만들었다. 이것 역시 장방형의 천이었지만 튜닉과 달리 단추나 고리로 고정시키지 않고 그냥 몸에 둘러 입었다. 추울 때는 히마티온 자락을 턱까지 올리거나 후드처럼 머리에 쓰기도 했다. 스파르타의 소년들은 12세부터는 튜닉을 입지 않고 히마티온 한 장으로 일 년을 버티는 습관을 길렀다. 스파르타의 소년들을 혹독한 환경 속에서도 잘 참고 견디는 강한

기원전 5세기경 허리띠를 맨
긴 형태의 키톤.

남성으로 키우기 위한 교육으로 행해진 것이다. 아테네에서도 소크라테스 같은 철학자들은 히마티온만 입고 살았는데, 이것이 또 다른 유행을 낳아 철학자들을 흉내내 히마티온만 입는 무리들이 생겨났다.

고대 그리스 여성들의 의복은 본질적으로는 남성 의복과 유사했다. 여성들도 장방형으로 된 튜닉과 히마티온을 입었다. 전하는 바에 따르면 그리스의 어느 부부는 아주 가난해 외출용 외투가 한 벌 밖에 없었

기 때문에 이것을 부부가 교대로 입었다고 한다. 이렇게 부부가 같은
옷을 입을 정도로 그리스 남성복과 여성복은 닮은꼴이었다. 그러나 같
은 옷이라도 어떻게 입느냐에 따라, 또 어떠한 색상을 고르느냐에 따
라 맵시가 사뭇 달라졌다. 고대 그리스 여성들의 튜닉은 크게 초기의
도리아식 페플로스와 후기의 이오니아식 키톤으로 나눌 수
있다. 페플로스 가운데 가장 단순한 형태는 스파르타의 소

고대 그리스 여성들의
긴 페블로스.

긴 페블로스를 입은
아테나 파르테노스
조각상.

녀들이 입은 페플로스였다. 이것은 양모 천으로 만들
었지만 폭이 좁아서 몸을 충분히 감쌀 수 없었다. 게다가 스파르타 소
녀들의 페플로스는 단추로 양쪽 어깨만 고정시키고 허리띠를 두르지
않아 움직이면 한쪽 옆구리가 다 보일 지경이었다.

한편 이보다 길이가 긴 페플로스도 있었다. 긴 페플로스를 입을 때
에는 키를 넘는 천을 접어서 입었다. 윗부분은 두 겹으로 되어 있어 허

쟁반에 묘사된 그리스 여성들의 모습. 좌측에서 세 번째 여성은 페플로스 위에 히마티온을 입었으며 그 우측의 여성은 후드처럼 머리에 쓰는 페플로스를 입었다.

리 아래까지 늘어뜨릴 수 있었고, 아랫부분은 한 겹으로 되어 있어 옆구리가 드러났지만 허리띠를 이용해 걷는 동안 다리가 드러나지 않게 했다. 그리고 허리띠가 외관상 옷을 윗부분과 아랫부분으로 나누어 주어서 투피스를 입은 느낌이 나게 했다. 현재까지 복제품으로 전해지는 아테나 파르테노스 조각상의 긴 페플로스가 대표적인 사례이다. 페플로스가 충분히 긴 경우에는 접은 부분을 더 길게 해서 후드처럼 머리에 쓸 수도 있었다. 이러한 도리아식 페플로스는 점차 아마포로 만든 이오니아식 튜닉으로 바뀌었다. 이오니아에서 아마포가 수입되면서 부유한 여성들은 아마포로 만든 튜닉을 선호했다. 아마포가 거친 양모보다 훨씬 더 부드럽고 우아한 느낌을 주었다. 아마튜닉 역시 장방형의 천 한 장이었지만 필요한 부분을 박음질해 좀 더 맵시를 냈다. 여성들 역시 튜닉 위에 외투에 해당하는 히마티온을 입었다. 특히 공공장소에서는 반드시 히마티온을 입었다. 히마티온은 남성용과 여성용에서 크기와 색상 이외에는 큰 차이가 없었다. 한편 고급 여성복으로 코아이 드레스가 있었다. 이것은 실크 직물로 만든 옷으로 멀리서 보면 나체가 아닐까 하는 생각이 들 정도로 매혹적이고 에로틱한 느낌을 주었다. 고대 그리스 여성들 역시 가슴을 강조하기 원해 오늘날 브래지어에 해당하는 가슴띠를 둘렀다. 가슴띠는 가슴을 봉긋하게 보이게 함과 동시에 가슴이 보기 흉하게 흔들리는 것을 막아 주기도 했다.

주택, 화려하기보다는 소박한

호메로스가 살던 기원전 8세기경의 그리스는 자급자족 경제여서 주택이 생활공간이면서 다른 한편으로 산업현장이기도 했다. 이 시기의 그리스인들은 필요한 물건과 식품을 집안에서 직접 만들었다. 그러나 점차 그리스 경제가 발전해 기원전 5세기경이 되면 그리스의 주택이 휴식과 취침에 좀 더 중점이 두어지는 공간으로 바뀌었다. 곡식도 집에서 빻지 않고 제분소에 맡기고, 빵도 집에서 만들지 않고 광장의 노점에서 구입했다. 의복도 직접 만들지 않고 작업장에서 만든 것들을 구입하는 경우가 많았다. 그리하여 주택의 생활공간으로서의 역할이 점차 확대되었다.

고대 그리스 가정생활을
보여 주는 부조.

한편 고대 그리스의 주택은 화려하다기보다는 소박했다. 고대 아테네를 여행한 외국인은 그곳의 주택이 마음에 들지 않았는지 살 만한 집들이 많지 않았다고 혹평했다. 고대 그리스의 집들은 벽이 나무나 진흙 벽돌로 이루어져 있었는데, 벽에 구멍을 내는 일이 너무 쉬워서 도둑들이 문을 부수거나 하지 않고 벽에 직접 구멍을 내어 침입했다고 한다. 초기에는 아테네의 집들은 대개 단층이고 규모도 작아 매우 비좁은 두세 개의 방만 있을 뿐이었다. 창문이 없는 집들도 있었고, 있다고 해도 아주 작은 크기였다. 또한 부엌에 붙박이 화로가 없어서 길에 화로를 내놓고 불을 붙인 후 연기가 잦아들면 집으로 가져가 식사 준비를 했다. 난방 역시 문제였다. 그리스의 겨울은 짧았지만 난방이 없으면 추웠기 때문에 화로에 불을 피웠는데 연통이 없는 것이 문제였다. 그래서 결국 연기를 빼내기 위해 기와를 몇 장 들어내야 했다. 연기를 빼낼 때마다 지붕 위에 올라가 기와를 들어낼 수 없어서 집 안에서 막대기를 이용해 기와를 들어낼 수 있게 만들었다.

기원전 4세기경에는 아테네에 이층주택이 많아졌다. 보통 남성들은 일층에서 거주하고 여성들은 아이들이 함께 이층에서 거주했다. 여성들이 외부와 접촉할 수 있는 가능성을 줄이기 위해서였다. 당시의 아테네 남성들은 이런 식으로 여성들을 격리시켜야 정절을 유지할 수 있다고 생각했다. 물론 아이들을 돌보는 아내를 배려해 일층 방을 양보하는 남성들도 일부 있었다. 아이들을 데리고 계단을 오르내리는 일도 위험하고 또 아이들을 목욕시킬 물을 나르는 일도 힘들었기 때문이다.

고대 그리스의 주택 장식 역시 벽에 석회를 입히는 정도로 소박했다. 물론 부유한 주택에서는 벽에 장식용 융단을 드리우기도 하고 천장을 대리석 등으로 장식하는 경우도 있었다. 평범한 그리스인의 경우 가구도 충분하지 않아 의자, 식탁, 보관함, 카우치형 의자 정도밖에 없었다. 카우치형 의자는 앉거나 비스듬히 누울 수 있게 만들었는데, 비스듬히 누워 식사하는 습관 때문에 필요했다. 전반적으로 전성기의 아테네에서도 주택들은 대개 누추하고 지저분했다. 또한 너무 좁아 위생시설도 갖추지 못했다. 쥐, 파리, 빈대 등이 들끓어 전염병을 퍼트렸다. 페리클레스 역시 전염병으로 죽었다. 더운 지역이라 목욕시설은 갖추고 있었던 것 같다. 그러나 상수도시설이 없어서 멀리서 힘들게 물을 길어 와야 했기 때문에 목욕을 자주 하지는 못했을 것이다. 한편 침대는 X자 형태의 나무 틀을 짠 뒤 그 위에 가죽 띠를 둘러 만들고 풀이나 감대를 덮어 매트리스 대신 사용했다. 그리스는 대개 더운 날씨여서 여름이면 옥상에 올라가 잠을 청하기도 했다.

고대 로마의 생활문화

팽창하는 나라,
수용하는 문화
–
김정하

오래된 로마

오늘날 서양문명을 이야기할 때 로마를 빼놓을 수는 없다. 로마가 유럽사는 물론 세계사에 있어서도 그만큼 중대한 역사적 의미를 지니고 있기 때문이다.

  로마의 역사는 편의상 시기별로 왕정, 공화정 그리고 제정으로 구분된다. 첫 번째의 왕정시대는 공화정 이전까지로, 이 기간에 로마는 왕들에 의한 통치형태를 유지했다. 왕정과 관련해서는 별다른 사실들이 전해지고 있지 않다. 대부분의 문헌자료들이 이후 기간부터 언급하고 있기 때문이다. 단지 전설들만 무성할

I POPOLI ITALICI

Celti
Veneti
Liguri
Etruschi
Piceni
Petruzi
Umbri
Liburni
Sabini
Vestini
이탈리아 반도
Peligni
Falisci
Equi
Marrucini
Carpenati
Marci
Frentani
Latini
Volsci
Carecini
Apuli
Ernici
Peuceti
Arunchi
Pentri
Irpini
Iapigi
Sidicini
Caudini
Messapi
Sardi
Campani
Lucani
LA SARDEGNA 사르데냐
Alfaterni
Enotri
Fenici
Bruzi
Magnogreci
Fenici
Elimi
Sicani
Siculi
LA CICILIA
Ibliei
시칠리아 Mongenti

고대 이탈리아 반도와 이곳에 정착한 종족들의 분포 상황.

뿐이다. 전승에 따르면 왕정은 로마가 건국될 때(기원전 753)부터 마지막 왕인 타르퀴니우스 수페르부스Tarquinius Superbus가 왕위에서 물러나고 공화정이 수립되는 기원전 510년(또는 기원전 509)까지 모두 7명의 왕이 군림했다고 한다.

고대 로마의 왕은 부족gens의 우두머리들인 파테르pater들(원로원 의원들)에 의해 선출된 최고의 권력자로서 도시를 통치했다. 초기 네 명의 왕은 라틴족에서 선출되었지만 그 후 에트루리아족Etruscan 출신의 세 명이 왕권을 계승했다. 그 결과 일부 역사가들은 당시의 왕들이 스스로의 능력에 의해 선출되었을 것으로 추측한 반면에, 다른 역사가들은 공화정 시대의 집정관과 동등한 기능을 수행했을 것이라고 주장했다. 근대의 연구에 의하면 최고 권력은 민중에게 있었고 왕은 단지 집행권만 행사했을 것이라는 주장도 있지만, 원로원과 민중이 부차적인 통제권만 행사했을 것이라는 추측도 있다. 당시 왕은 붉은 색 토가와 장밋빛 신발에 머리에는 흰색 왕관을 쓰고 대관大官 의자에 앉아 있는 모습으로 묘사되었다. 이를 근거로 추정하건대 당시 왕은 분명히 세속 권력과 종교권력의 수반으로서 집행권과 군대 통수권, 입법과 사법의 전권을 행사했을 것이다. 고대 로마에서는 왕이 사망하면 잠시 동안 통치권의 정지 상태를 의미하는 인테레그눔interregnum이 선포되었다. 그리고 새로운 왕이 선출되기 이전까지 원로원이 국가의 최고 권력을 잠정적으로 행사했다.

공화정시대는 기원전 27년까지로, 이 기간에 로마는 과두공화정에 의해 통치되었다. 이 체제가 성립된 때는 내부분란으로 인해 도시에 대한 에트루리아인들의 지배가 종식되고 군주제가 몰락한 직후였다. 같은 맥락에서 로마의 공화정체제도 이전의 왕정체제와 마찬가지로 약 500년이 지난 후에 1세기 이상 지속된 시민전쟁의 결과로 몰락하면서 황제에 의한 통치체제에 자리를 내주었다. 공화정은 로마의 역사에서 그 기간만큼이나 수많은 변화를 경험했다. 로마는 기원전 6세기경에는 도시의 규모가 아주 작았지만 제국의 성립을 목전에 둔 시기에는 지속적인 정복활동을 배경으로 방대한 영토와 통치조직, 막대한 자원을 지닌 국가로 성장했다. 또한 내적으로는 수많은 종족과 다양한 문명을 포함해 서양과 지중해의 중심으로 자리 잡았다. 공화정시대의 로마는 기원전 3~2세기에 이르러 지중해의 주변지역들에 대해 대대적으로 정복활동을 추진했다. 그리고 기원전 1세기의 사회적 갈등에도 불구하고 헬레니즘 문화와의 접촉을 통해 문화적으로도 최고의 전성기를 맞이했다.

로마제국, 즉 임페리움 로마노룸Imperium Romanorum은 기원전 1세기와 서기 4세기 사이에 유럽−지중해 지역을 중심으로 성립했다. 제국의 출범과 종말을 확인시켜 주는 두 개의 연도는 기원전 27년, 즉 옥타비아누스가 아우구스투스의 칭호하에 원수정Principatus을 출범시킨 원년과 395년, 즉 테오도시우스 황제의 사망으로 제국이 서방과 동방으로 분리된 해를 가리킨다. 서로마제국은 오도아케르Odoacer가 최후의 로마 황제인 로물루스 아우구스툴루스Romulus Augustulus를 폐위시킨 476년에 멸망했다. 그 반면에 동로마제국은 이후 약 천 년간 더 유지되다가 1453년에 오스만 제국이 콘스탄티노폴리스를 함락시킴으로써 최후를 맞이했다.

역사적으로 로마의 가장 큰 특징은 공화정시대의 팽창정책을 지속하면서 농업사회의 소박함과 검소함에 근거해 스스로의 문화적 정체성을 고집하기보다는 피정복민의 수많은 종교와 문화를 기꺼이 수용했다는 것이다. 로마는 군사적 정복을 통해서, 그리고 특히 상업과 무역활동에 종사하는 에트루리아인들의 활력적인 삶을 지배하게 됨으로써 중부 내륙의 지리적 한계를 벗어나 지중해로 진출할 수 있는 물심양면의 교두보를 확보하는 데 성공했다. 그리하여 로마는 진정한 정복과 피정복지에 대한 지배를 경험하고, 특히 공화정체제 하에서 그리스 문명권과 접촉하면서 그 지역에 뿌리를 내렸던 고대문화의 유산을 상속했다. 그리고 사실상 제국의 위용에 걸맞는 위대한 문화강국으로 성장해 훗날 유럽통합의 모태를 기약했다.

지리적 특징, 지중해의 요지

이탈리아 반도는 고대 그리스의 몰락으로부터 지리상의 발견으로 이어지는 오랜 기간 동안 서유럽 역사와 문화의 지배적인 무대였다고 해도 과언이 아니다. 이탈리아 반도의 지배권은 곧 지중해에 대한 패권을 의미했으며, 그 중심에는 로마가 있었다. 로마는 제국 말기에 이르러 지중해를 알프스 이북의 게르만족과 공유하게 되기 전까지는 반도의 자연환경이 제공하는 모든 혜택을 독점적으로 누렸다.

이탈리아 반도는 북쪽으로는 알프스 산맥에 닿아 있고, 남쪽으로는 지중해에 머리를 내밀고 있으며, 동쪽으로는 티레니아Tirreno 해에, 서쪽으로는 아드리아Adriatico 해에 접해 있다. 또한 내륙에는 남북을 종단하는 아펜니노 산맥이 위치하고 있어서 역사적으로 동서의 횡선보다 남북의 교통로가 더욱 발전했다. 또한 반도, 특히 중남부 지역에 다양한 이름으로 불렸지만 모두 '이탈리아인'이라는 공통된 범주에 포함될 수 있는 수많은 종족이 거주하고 있었다. 당시 로마는 이들 중 하나였거나 또는 과거 왕정 복속민에 불과했다.

이탈리아 반도는 역사적으로 식량자원의 자급자족이 불가능한 지역이었다. 밀이 북부의 롬바르디아 평원과 시칠리아 섬에서 생산되었지만 세력을 확대하는 로마에는 턱없이 부족했다. 지중해로 진출한 직후 로마가 이집트 정복을 정략적으로 추진한 이면에는 식량의 공급을 안정적으로 확보해야만 하는 로마의 현실적인 문제가 잠재해 있었다. 그 반면에 올리브, 레몬, 포도 등과 같은 과실은 반도의 남부와 시칠리아 섬을 중심으로 생산되었는데, 지중해의 축복은 바로 이것들을 가리키는 말이었다.

종교와 축제, 관용과 불관용

고대 로마의 민간신앙, 종교적 관습과 풍속은 그 형성 과정이 매우 복합적이었던만큼 이해도 결코 쉽지 않다. 그 이유는 천 년 이상의 오랜 세월을 거치면서 반복적으로 연출된 다양성의 복잡한 구조는 물론, 서로 이질적인 종교들과 이들의 가시적인 문화적 관행들에도 기인하고 있기 때문이다. 로마의 종교적 특징들 중 하나는 민간, 가족 그리고 사회·정치적인 차원과 밀접하게 연결되어 있다는 것이다. 신들에 대한 숭배가 자비Pietas를, 즉 신성에 대한 존경과 의식참여가 도시의 번영과 가족, 그리고 그 구성원들을 위한 신들의 평화를 보장할 수 있었던 만큼 당시에는 도덕적이고 시민적인 의무로 이해되었다. 그 외에 또 다른 특징으로 두 가지를 지적할 수 있는데, 하나는 다신교이고, 다른 하나는 타종교들에 대한 극도의 관용이었다. 이러한 관점에서 볼 때 로마의 종교적 성향은 이후 타종교들을 탄압하고 숭배의 자유에 대한 권리를 부정한 유대교와 기독교의 등장에 앞서 유럽통합을 위한 진정한 토대를 구축했다고 할 수 있다. 로마 판테온Pantheon의 존재가 신인동형동성론神人同形同性論, 또는 추상적인 개념으로 파악될 수 있는 신성神性의 수가 엄청나게 많았다는 것을 입증해 준다. 뿐만 아니라 유노Giunone의 경우에 볼 수 있듯이 신성들의 이미지가 이들에 부여된 기능들과 관련해 수많은 에피소드를 양산했다. 이러한 맥락에서 로마제국의 판테온은 로마에 정복된 종족들이 자신들의 신성을 숭배하는 성소聖所로서 크게 번영했다. 역사적으로 로마 종교의 발전은 다음과 같은 세 단계로 나누어 설명할 수 있다. 첫 번째 단계는 기원전 6세기까지로 토착종교들의 영향이 지배적이었다. 두 번째 단계에는 에트루리아인들과 그리스인들의 종교적 이념과 관행들이 상호 유사해지는 경향을 보였다. 그 반면에 세 번째 단계에는 황제숭배가 확립되고 신비주의를 추구하는 동방종교들이 제국 시민들의 정신세계를 지배했다.

야누스라는 이름이 더 익숙한
고대 로마의 신 지아노Giano.

고전시대의 신들

첫 번째 고전시대는 지중해 지역 원주민들의 숭배에서 볼 수 있는 전형일 뿐만 아니라 인도-유럽의 종교전통에 기원을 제공했다. 이 기간에는 농업의 여신인 케레스Ceres, 삼림의 신인 파우누스Fauno, 두 개의 머리로 사물의 시종을 주관하는 야누스Giano, 농경의 신인 사투르누스Saturno 그리고 산야의 신인 실바누스Silvano가 대표적인 신성들로 숭배되었다. 그 외에 이 기간의 다른 신성으로 집안의 불을 관장하는 라르Lari 신, 로마시대 집과 가정을 수호하는 페나테스Penati 신이 있었다. 그리고 얼마 있지 않아 이탈리아 기원의 다른 신들로 그리스의 제우스Giove에 해당하며 로마인들이 유피테르라고 불렀던 최고신, 전쟁의 신 마르스Marte 그리고 퀴리누스Quirino와 같은 신들이 출현했다.

공화정시대의 신들

로마인들의 새로운 통치체제인 공화정은 베너스Venere와 같은 에트루리아인들의 신성을 비롯해 특히 그리스 신성들의 유입을 더욱 촉진하는 계기가 되었다. 로마 종교의 전형인 관용과 유사화 덕분에 로마 신성의 일부가 헤라Era에 동화된 유노Giunone의 경우처럼 외형이나 인성, 그리고 여러가지 특징적인 측면에서 그리스 신성들에 동화되어 갔다. 반면에 전혀 다른 신성들이 새롭게 등장하기도 했는데, 대표적으로 바로 아폴론Apollo(포이부스)과 디오스쿠로이Dioscuri(폴룩스)를 들 수 있다. 실제로 종교에 대한 국가의 통제에도 불구하고 외국 신성들의 유입은 차단되지 않았고, 사회적으로나 정치적으로 위협이 되지 않을 때에는 오히려 장려되기도 했다. 그럼에도 불구하고 기원전 2세기에는 바쿠스, 즉 디오니소스에 대한 숭배가 강압적으로 금지되기도 했다.

제국의 신들

공화정 말기에 접어들면서 로마의 종교는 위기의 조짐을 드러내기 시작했다. 그리고 제국시대에는 그 증세가 더욱 악화되었다. 공공종교가 직면한 점진적인 침체의 원인은 여러 측면에서 관찰되었다. 이미 얼마 전부터 중동에서 기원한 키벨레Cibele, 이집트에서 기원한 이시데 Iside(이시스), 그리고 페르시아의 신인 미트라Mitra와 같은 신비의 숭배 대상들이 로마의 종교유산에서 중요한 비중을 차지하고 있었다. 게다가 시간이 흐르면서 종말론적인 특징들로 인해 이들의 중요성이 더욱 커져 갔다. 그럼에도 불구하고 이러한 신앙들은 시대의 변화에 따른 새로운 요구에 충분한 대안이 되지는 못했다. 다른 한편으로 전통종교에 대한 비판이 헬레니즘 시대의 철학적 흐름에 의해 제기되었는데, 이러한 비판들은 영혼의 개념을 파악하거나 신들의 성격을 규명하는

제국의 신들

대지의 여신 키벨레.

헤라클레스로 묘사된 코모두스 황제.

이집트 이시스 여신에서 기원한 이시데 여신.

것과 같은 종교적인 문제들에 나름대로의 대안을 제시했다. 이 시대의 또 다른 특징은 황제숭배였다. 가이우스 율리우스 카이사르와 옥타비아누스 아우구스투스에 대한 사후 신격화를 비롯해 황제숭배를 태양숭배에 동화시킨 것에서 디오클레티아누스의 신정정치에 이르기까지 그 폭이 지극히 방대했다. 제국의 여러 신앙이 뒤섞이는 제교혼효주의적諸敎混淆主義的인 성향이 지배적이었던 3세기는 신新플라톤주의적이고 오르페우스교적인 이론들이 새롭게 주목을 받는 시기이기도 했지만, 이 시대의 가장 두드러진 특징은 다른 무엇보다 기독교의 출현이었다. 새로운 종교인 기독교가 점차 국가의 종교로 확립되고 4세기에 공인된 이후로는 이교들의 종말을 재촉했다.

축제와 축제의식

고대 로마에는 가장 규모가 큰 공공축제만 해도 대략 45개가 있었다. 12월에는 농경신에게 제사를 지내는 사투르날리아Saturnalia 축제가, 2월에는 페랄리아Ferialia 축제와 파렌탈리아Parentalia 축제가, 4월에는 케레알리아Cerealia 축제와 비날리아 우르바나Vinalia Urbana축제가, 8월에는 농업주기에 연관된 오피콘시비아Opiconsivia 축제가 성대하게 열렸다. 이 시대의 고전자료들을 보면 로마 달력에 기록된 수많은 축제들 중에서 어떤 행사에 민중들이 가장 폭넓게 참여하고 있었는지 알 수 있다. 당시의 가장 대중적인 축제들 가운데 2월 15일의 루페르칼리아 축제와 같은 달 21일에 열리는 페랄리아 축제는 가문을 중심으로 거행되고, 2월 17일의 퀴리날리아 축제는 로마 시민의 구분 단위인 쿠리아

Curia들을 중심으로 열렸다. 그리고 3월 17일의 리베랄리아 축제는 때로는 아들의 성년을 축하하는 가족축제와 함께 거행되었고, 6월 11일의 마트랄리아 축제는 여성들을 위한 의식을 동반했다.

이러한 종교의식에는 종종 동물이 제물로 사용되기도 했는데, 이때에는 음식과 술이 함께 제공되었다. 로마도 재앙이나 예사롭지 않은 일들이 발생하는 경우에는 루스트라티오Lustratio(또는 루스트룸Lustrum) 의식을 치렀다. 루스트라티오 의식은 물로 씻거나, 올리브나 월계수의 가지에 물을 묻히거나 또는 성수채 Aspergillum라는 도구를 이용해 씻어 내는 고대의 정화의식이었다. 정화행위는 제물을 태워 발생하는 연기로 이루어지기도 하고, 동물이 제물로 사용되기도 했다. 고대 그리스에

사투르날리아(사투르누스) 축제. 12월 겨울 축제로 로마인들은 이때 빈부에 상관 없이 환락에 취했다.

서 이 의식은 개인이나 도시 차원에서 지은 죄를 씻어 내려는 목적으로, 그리고 오염된 성소를 정화할 목적으로 거행되었다. 그러나 이 의식은 로마로 유입된 이후에 지은 죄와는 무관하게 신성의 보호와 축

복을 보장하는 의식으로 전환되었다. 토지를 정화하거나(암바르발리아 Ambarvalia 의식) 양떼를 축복하는 의식(팔레스Pales 여신을 위한 팔릴리아 Palilia 의식)이 바로 그것이었다. 이 의식은 로마 군대에도 도입되어 전쟁에 출정하기 전에 거행되는 축복의식으로 활용되기도 했다.

종교행사

로마의 종교행사에서 가장 중요한 것은 신들의 의지를 드러내거나 암시하는 징조나 조짐에 대한 해석이었다. 구체적인 행동을 취하기에 앞서 신의 뜻을 이해하고 적합한 의식을 통해 축복을 보장받는 것은 매우 중요했다. 가장 빈번히 거행되었던 행사로 아래의 세 가지를 지적할 수 있다.

첫째로 새들의 비행과 관련해 점복사는 새가 비행하는 모습이나 울음소리를 관찰해 길흉을 점치곤 했다.

둘째로 짐승의 내장 읽기에서는 일반적으로 제물로 바쳐진 동물의 간이 관찰의 주요 대상이었는데, 이는 신의 뜻을 이해하기 위한 에트루리아인들의 관행에서 유래했다.

셋째로 징조나 특별한 사건, 자연재해, 전염병, 일식 현상 등을 어떤 의미로든 해석해야만 했는데(길조 또는 신의 노여움), 이때에는 사제가 이러한 현상의 의미를 해석하는 역할을 담당했다.

신성한 공간

로마인들의 신성한 공간은 신전이었다. 이곳은 하늘의 신성한 공간에 해당하는 축복의식의 성소이기도 했다. 숭배의식을 위한 로마의 건축물은 그 종류와 기능이 매우 다양했다. 재단齋壇은 종교의식과 헌물, 그리고 희생의식을 위해 마련된 성스러운 구조물이었다.

판테온.
돔 구조로 건축된 고대 로마의 만신전으로 7세기 이후부터는 가톨릭 성당으로 사용되었다.

보통 이러한 건축물은 물가나 숲 속에 지어졌지만, 재단은 점차로 도시의 내부나 공공장소, 또는 교차로 지역으로 옮겨져 건축되었다. 로마에서는 전면의 크기를 작은 규모로 건축한다는 의미에서 작은 신전으로 불리는 에디쿨라aedicula의 수가 매우 많았다. 로마의 신전들은 초기 에트루리아인들의 모델에서 기원했지만 얼마 되지 않아 그리스의 헬레니즘적인 건축물의 요인들을 모방했다. 그리스 신전과 달리 로마시대의 신전은 기단이 높이 세워지고 그 입구가 정면의 계단으로 통했다. 그 이외에 로마인들은 신전의 정면에 큰 의미를 두고 측면은 석주를 생략한 채 벽으로 두르는 정도에 머물렀다.

아버지의 가정, 아버지의 나라

로마의 경우에도 가족이 그 기원의 핵심이고 사회를 이끌어 가는 원동력이었다. 가족은 부권을 지닌 가부장에 속하는, 노예까지도 포함하는 부동산과 사람 등 모든 것을 의미했다. 가족의 기원에 있어 남성과 여성의 결합이 인간사회의 제도적인 구조에 편승해 필수적인 요인으로 작용했던 것이 사실이다. 가족에는 종족보존과 가문의 영속을 보장하고 대를 이어가는 후손들의 번영을 담보하는 것이 중요했기 때문이다. 로마의 가족은 단순한 사적인 사회조직이 아니라 오히려 공적인 사회조직이라는 특징을 지니고 있었다. 따라서 결혼하는 것과 후손을 보장하는 것은 사회적 의무인 동시에 필수불가결한 것이었다. 모든 것 즉, 잉태와 출산, 자녀교육, 종교의식, 경제활동 등이 가족의 범주 내에서 이루어졌다. 그 결과 가족의 구조는 곧 사회구조의 축소판이라 해도 과언이 아니었다.

고대 로마의 가부장제. 엄한 아버지 밑에서 아이가 교육을 받고 있다. 폼페이 벽화 부분.

가부장

로마의 역사에서 가부장Pater familias은 가족을 구성하는 재물과 인적 구성원 모두에 대해 절대적인 권리를 가지고 있었다. 오직 가부장만이 사거나 파는 권리를 행사할 수 있었으며, 적어도 왕정시대와 초기 공화정시대까지는 자식들에 대한 교육에도 직접적으로 개입했다. 그리고 오직 거부장만이 종교의식을 주관하고 제물을 바칠 수 있었는데, 이 모든 행위는 가정을 보호하는 신을 위한 것이었다.

가부장의 절대권력은 배우자와의 관계에서도 예외가 아니었다. 예를 들어 부인이 배신을 하거나 창고의 포도주를 몰래 소비했을 때에는 심한 경우 재판을 생략하고 살해할 수도 있었다. 어쨌든 로마법은 간통의 경우 이혼을 의무적으로 규정하고 있었지만 이 역시 가부장의 권리에 결코 우선하지 않았다. 물론 남편이 다른 기혼 여성과 부적절한 관계를 맺으며 부인을 배신하는 경우도 있었다. 하지만 이때의 처벌은 상대적으로 엄격하지 않았다. 부인을 배신한 것에 대해서는 처벌을 받지 않고 단지 다른 자유인의 부인을 범한 것에 대해서만 대가를 지불했기 때문이다.

가부장의 권력은 필요하다면 자식까지도 노예로 팔아버릴 수 있을 만큼 강력했다. 남녀를 불문하고 자식은 부친에 예속된 존재들이었다. 물론 여식은 유일하게 결혼을 통해 가부장의 영향권에서 벗어날 수 있었지만, 이것 역시 완전한 자유가 아니라 부친 대신 남편의 그늘에 놓이게 되는 것을 의미했다.

어머니상, 도미나

기독교가 등장하기 이전의 로마에서 모친의 이미지는 수많은 축제와 의식에서 알 수 있듯이 항상 풍요와 출산의 신비, 그리고 가문의 대를 이어 주는 역할로 표출되었다. 간단히 말하면 젊은 여성은 결혼을 통해 남편을 맞이하면 한 가족의 모권을 획득했다. 로마법은 명예에 있어서만은 여성의 권위를 인정했는데, 이것은 바로 모친의 기능과 직결된 것으로 당시에는 도미나Domina, 즉 여주인의 이미지로 표현되었다. 여주인의 가장 중요한 임무는 가내에서 노예들의 노동을 지휘하는 것이었다. 이 밖에 직물을 짜서 가족 구성원들의 의복을 만드는 일도 그에 못지않게 중요했다.

로마의 여성들은 가족에 속한 미혼의 여성을 제외하고는 모두 모친으로서의 능력에 따라 평가되었다. 여성의 일상은 주로 집안일과 정숙함의 범주로 제한되었다. 또한 이와 같은 활동의 제한성과 덕목은 항상 자신의 자리를 지키면서 남편의 일에 개입하지 않아야 하는 모범적인 신부상과도 일치했다.

고대 로마의 가족.
어머니가 아이에게 젖을 주고 있다.
로렌스 알마 타데마Lawrence Alma Tadema 작.

전통적인 가문의 여성은 힘든 가사에 노예를 부릴 수 있었지만 평범한 가문의 여성은 홀로 모든 일을 해결해야만 했다. 게다가 모친의 경우 자녀교육이 항상 필수적인 것만은 아니었다. 당시 로마에서는 출생 이후 초기의 몇 년을 제외하고는 자녀의 교육을 모친이 아닌 다른 사람에게 맡기기도 했다. 이러한 어머니의 역할은 부유한 계층의 경우 모친에게 좀 더 많은 여유와 자유를 제공했겠지만 빈곤한 계층에게는 큰 부담이 될 수 있었다.

여성의 역할

로마시대의 기혼여성은 남편에게 예속된 상태이기는 하지만 이전시대들에 비하면 비교적 많은 자유를 누리고 있었던 것이 사실이다. 공화정 당시의 엄격한 법 규정을 살펴보면 여성은 매우 구체적인 역할을 맡고 있었다. 여성은 집안을 단속하고 자식들을 양육하는 등의 일반적인 여성의 임무들을 수행하는 것 이외에, 종교의식이나 향연에 남편과 동행하거나 공중온천장에 자유롭게 출입할 수도 있었고, 경기장이나 극장에도 갈 수 있었다. 어쨌든 당시의 여성이 과거에 비하면 더 이상 부정적이지만은 않은 수준에서 재조명되기에 이르렀다. 제국이 성립하자 여성의 처지는 법적으로나 실제적으로, 즉 사회가 정당하다고 판단하는 일상적인 행위들에 있어 상대적으로 크게 개선되었다. 이러한 긍정적인 변화가 여성에게 가능했던 가장 근본적인 이유는 끝없는 전쟁으로 인해 미망인의 수가 증가하면서 수적으로 남성을 추월했기 때문이었다. 이제 여성은 새로운 환경에서 보다 많은 부와 자유를 누리면서 재판에서 스스로를 방어하는 것과 같이 과거에는 오직 남성에게만 허용되었던 활동도 수행할 수 있게 되었다. 게다가 서적이나 기록자료, 또는 수많은 흉상에서 볼 수 있듯이 적지 않은 여성이 작품활동의 영역에서조차 자신의 존재나 능력을 유감없이 발휘했다. 이처럼 로마 제정의 여성은 가정에만 머물기보다는 남편과 동등한 차원에서 사회활동을 하면서 때로는 여장부로서, 때로는 스캔들의 중심에서 자신이 할 수 있는 거의 모든 것을 즐기는 데 주저하지 않았다. 이러한 사실의 대표적인 사례로 아우구스투스 황제의 시대에 사랑의 시

고대 로마의
일반 여성을 묘사한 모자이크.

를 쓰면서 생계를 꾸려 갔던 여성시인 술피키아 Sulpicia를 꼽을 수 있다. 게다가 로마제국 말기에 접어들면서부터는 여성이 상속권을 행사하거나 보호자의 간섭에서 벗어나 원하는 행동을 할 수 있게 되었다. 원하는 경우에는 남편과 이혼 후 재혼하는 등의 결정도 스스로 내릴 수 있었다.

그럼에도 이와 같은 로마 여성들의 상황은 로마사회 전반의 보편적인 현상을 대변한다기보다는 대략적으로 상류계층의 여성들에 국한되었다고 할 수 있다. 반면 로마의 여성은 동방문명권의 수메르나 바빌로니아, 아시리아, 페니키아의 여성에 비해서는 월등한 지위와 자유를 보장받았던 것이 분명하다.

로마시대에 결혼은 정치적인 동맹을 맺기 위한 중요한 수단이기도 했다. 예를 들어 공화정 말기에 카이사르는 폼페이우스와의 연합을 위해 자신의 딸 율리아Julia를 그와 혼인시키기도 했다. 한편 이혼은 결혼에 비해 상대적으로 용이했다. 하지만 이 경우에도 역시—예를 들어 공화정 말기에—단지 상류계층의 여성들만이 자신의 의지에 따라 이혼을 결정하고 지참금의 반환을 요구할 수 있었다.

기독교시대의 여성

기독교가 로마의 국교가 되면서 로마 여성의 역할에도 상당한 변화가 나타났다. 오직 예수의 모친인 성처녀 마리아만이 유일신 종교의 사회에서 가장 높은 지위를 차지했는데, 성모에게 헌정된 수많은 축제와 의식이 이것을 증명한다. 그럼에도 불구하고 기독교시대 초기에는 여성이 신앙을 비롯한 여러 분야에서 높은 평가를 받고 있었다. 특히 이러한 이미지에는 다른 종교의 탄압 속에서도 배교를 거부하고 순교를 택한 데서 온 성스러움이 추가되어 있었다.

하지만 그 후 기독교는 여성을 불결한 존재로 간주하기 시작하고, 게다가 남성을 죄악에 빠뜨린 이른바 '악마적인' 존재로까지 비난했다. 이제 로마의 여성이 이러한 부정적인 굴레에서 벗어나는 유일한 방도는 새로운 생명을 부여하고 신비의 임신을 통해 세대의 연속성을 보장하는 것이었다. 이로써 여성과 어머니의 이미지가 확연하게 구분되었다. 전자가 악마적인 것에 접근된 모습이라면 후자는 모성을 통해 자신의 현실적인 지위를 초월해 합법적인 관계의 보다 높은 지위로 나아갈 수 있게 해주었다.

이후 부인과 모성의 이미지는 가톨릭의 영향하에서 정착된 결혼을 통해 신성한 것으로 포장되었다. 가톨릭 교회가 결혼과 합법적인 가정에 부여한 높은 평가는 죄악으로 낙인찍힌 육체적인 충동과 자유분방한 성관계를 통제하는 효율적인 수단으로도 활용되었다. 그 결과 순결한 신부新婦의 이미지는 가톨릭에 흡수된 로마 전통과 이후 현대에 이르는 유럽의 가톨릭문화의 신경계와 같은 존재로 군림하게 되었다.

가톨릭에서 여성에게는 종교와 가문에 예속된 존재로서 공적인 활동의 여지가 거의 없었다. 공개적으로 말을 하거나 가르치는 것은 결코 허용되지 않았다. 죄를 지은 것은 아담이 아니라 이브였다. 이것이 여성에 대한 전형적인 인식을 초래했다. 즉 여성은 허약한 존재로 결코 공적인 역할을 수행하거나 자신의 견해를 드러내는 데 적합하지 않다는 것이었다.

넉넉한 옷, 소박한 밥, 열린 집

전통의상

역사적으로 초기 로마의 의상에 대해서는 알려진 바가 많지 않다. 그럼에도 불구하고 우리는 로마인들이 현존하는 당시의 동상이나 조각에서 볼 수 있는 의상과 비슷한 옷들을 입었으리라고 미루어 짐작할 수 있다. 로마의 남성은 품이 넓은 셔츠와 같은 투니카Tunica를 입고 그 위에 망토인 토가Toga를 걸쳤을 것으로 추정된다.

● 토가와 페눌라

토가는 로마의 전형적인 의상이었다. 이 의복의 두드러진 특징 중 하나는 폭이 매우 넓다는 것이다. 실제 토가는 걸치는 사람의 체격과 비교했을 때 길이가 세 배이고 폭은 두 배에 달했다. 따라서 입을 때에는 가운데를 중심으로 수평으로 접어서 입었고, 이때 천의 주름이 자연스럽게 형성되었다. 입을 때에는 보통 왼쪽 어깨에 걸치고 길이의 3분의 1이 전면으로 부드럽게 흘러내리게 했다. 의복의 나머지 부분은 균형 있게 오른쪽 어깨를 휘감았는데, 이는 왼쪽 손목에 걸친 상태로 왼쪽 어깨를 휘감는 효과를 낼 수 있었기 때문이다. 전체적으로 만들어 지는 각이 토가를 가슴 부분에 고정시키면 자연스럽게 줄어들며 다시 전체적으로 주름의 효과를 만들어 냈다. 그리고 이것

그림의 오른쪽 여성이 페눌라를 걸치고 있다.
폼페이 벽화 중 부분.

토가를 걸친
아우구스투스 석상.

이 시누스sinus라 불리는 일종의 주머니와 같은 역할을 했다.

하지만 날씨가 추워지면 로마인들은 조금 무겁고 두꺼운 천이나 얇은 가죽으로 만든 망토인 페눌라paenula(파이눌라)를 어깨에 걸치고 다녔다. 대부분의 경우 페눌라는 앞을 잠그는 형태의 의상이었지만 가운데 부분으로 머리를 내밀기 위해 열린 상태로 입기도 했다. 따라서 팔 위에 걸치는 천은 주름진 형태로 높이게 되며, 이렇게 해서 움직임을

자유롭게 할 수 있었다. 규정상 페눌라에는 바느질로 꿰맨 모자가 달려 있었다.

● 투니카

투니카는 일종의 속옷으로 주로 집에서 입는 의복이었다. 품은 넉넉한 셔츠처럼 무릎까지 길게 늘어진 형태를 유지했다. 소매 부분은 넓었고 팔꿈치까지 덮으면서 점차 좁아지는 특징을 가지고 있었다. 하지만 시간이 지나면서 투니카는 거의 발까지 내려올 정도로 길어지고 면이나 천 또는 실크로 제작되기도 했다. 이 경우에는 남성이 결혼할 때 입는 전형적인 의상인 투니카 달라레라는 이름으로 불렸다.

규정상 남성은 머리에 장식을 사용하지 않았지만, 날씨가 추울 때는 예외로 페눌라를 입어 머리를 덮었다. 그 외에 시간이 흐르면서 먼저 몸에 끼는 투니카를 입고 그 위에 품이 좀 넉넉한 투니카를 중복해서 입는 습관이 생겨났다. 제국시대 말기(3~4세기)에는 사제나 배우들이 걸쳤던 민소매의 투니카가 유행했다. 한편 단지 투니카만 입고 외출하면 배우지 못한 사람으로 오해받을 수 있었기 때문에, 이러한 옷차림은 보통 노동자들 사이에서만 볼 수 있었다.

끝으로 투니카와 토가를 입은 뒤에 일종의 장식을 사용했는데, 이것은 사회계층과 부의 상징물이었다. 가장 보편적인 장식은 두 개의 보라색 줄을 이

투니카를 착용한 고대 로마의 남성. 세포리의 벽화. 2세기경.

용하는 것이었는데, 이것들이 각각 앞뒤로 어깨 위에 장식된 채 발까지 길게 늘어졌다. 원로원 의원들은 이러한 장식을 자유롭게 이용했고, 기사들의 경우에는 줄의 간격을 좁혀 사용했다.

점차 화려해지는 식탁

고대 로마의 만찬은 진정한 음식문화의 퍼포먼스를 경험하는 장소이기도 하고 시민의 사회적 소통을 위한 최적의 기회이기도 했다. 이러한 맥락에서 권문세가의 가장은 식탁을 함께하는 모든 손님에게 온갖 음식의 향연을 뽐내며 자신의 사회적 지위와 명성을 마음껏 드러냈다. 초기에는 음식의 양과 질은 자연환경에 따라, 그리고 주변종족과의 물물교환이 가능한가에 따라 극히 다양했다. 음식 취향과 습관도 시대에 따라 바뀌며 항상 같은 방식이 반복되지 않았다. 그 후 공화정시대에는 주로 농사와 목축이 식재료를 얻을 수 있는 주된 원천이었다. 이 시기의 가장 평범한 식재료는 폴렌타 죽을 위한 밀과 스페루토 보리, 그리고 콩과 야채였다. 이러한 재료가 주로 가난한 자를 위한 것이었다면, 부자는 온갖 종류의 육류와 생선 등을 이용해 보다 값이 나가고 조리에 시간이 걸리는 음식을, 그것도 낭비에 가까울 정도로 많이 소비했다. 특히 기원전 2세기부터는 오리엔트사회의 직접적인 영향하에 음식의 향을 중시하는 경향이 두드러지게 나타났다. 이에 심한 저항감을 드러내면서 농업 중심의 전통을 고집하던 카토Cato(기원전 234~149)는 간단하고 소박한 식사를 충고하면서 자신의 저서 《농업에 대하여De Agricultura》에서 리붐Libum 등과 같은 전통음식의 조리법

고대 로마의 정육점을 묘사한 부조.

을 소개했다.

보편적으로 로마인의 부엌에는 벽에 걸친 형태의 작업대가 갖추어져 있어 그 위에서 요리 준비를 하거나 오븐용 접시, 불 위에서 바로 요리해 식탁에 올리는 스튜 냄비, 그릴 등을 놓아 둘 수 있었다. 그리고 다른 한 쪽에는 벽난로 형태의 화덕이 있었는데 재가 음식에 들어가는 것을 방지할 목적으로 덮개가 마련되어 있었다. 한편 오븐은 규모가 큰 음식을 요리하는 데 적합했고 때로는 빵이나 과자를 굽는 데도 이용되었다. 부엌에서 요리를 할 때에는 나무장작을 사용했다. 요리를 할 경우 약한 불을 원할 때에는 타고 남은 재를 불 위에 덮고, 강한 불을 원할 때에는 주로 소탄을 이용했다.

로마인들은 보통 하루에 세 번 식사를 했다. 아침 식사는 렌타쿨룸 Lentaculum이라고 해서 소금을 넣어 구운 빵과 건포도, 올리브, 치즈(때로는 고기)로 해결했다. 하지만 이에 앞서 닭이 우는 이른 아침에 일어나면 전날의 남은 음식으로 시장기를 달랬다. 점심, 즉 프란디움 Prandium은 여섯 번째 시간인 정오에 먹었는데, 이때에는 따뜻한 음식이나 전날의 찬 음식을 먹었다. 하루 중 가장 중요한 저녁 식사인 케나 Cena는 오후 3시 또는 4시에 시작되는 것이 보통이었고, 이때에는 많은 음식을 소비했다. 본격적인 식사에 앞서 식탁에 전채Gustus가 올랐는데, 이때의 재료는 주로 채소였다. 이후 저녁 식사의 첫 번째 식탁 Primae mensae에는 고기와 생선으로 요리한 많은 음식이 오르고, 두 번째 식탁에는 오늘날의 디저트에 해당하는 것으로서 주로 신선하거나 말린 과일과 과자, 케이크 등이 준비되었다. 이때 음료로는 음식의 다양성과 달리 포도주가 유일했다. 하지만 이때의 포도주는 순수한 것이 아니라 꿀을 섞은 것으로서 새로운 향을 찾으려는 노력의 결과였다.

페트로니우스Petronius에 의하면 저녁 만찬에 참석하면 식사에 앞서 노예가 발을 씻겨 주었다고 한다. 로마인들이 거의 양말을 착용하지 않아 발이 쉽게 더러워졌기 때문이다. 로마 초기의 식사 방식은 우리의 일반적인 생각과 많이 달랐다. 당시 로마인들은 움막에 살면서 벽난로의 불에 지극히 소박한 음식만 조리했다. 하지만 시간이 지나면서 주변지역의 상인, 에트루리아인 그리고 그리스 세계와의 접촉이 본격화되면서 많은 변화가 나타났다.

고대 로마 초기에는 가족은 주로 부엌의 불 근처에서 식사를 했다. 이러한 관행이 부엌이 집 안으로 들어온 이후, 특히 제국시대에 이곳에서 불의 신인 라르

사과를 따고 올리브 기름을 짜는 모습을 묘사한 생 로맹 앙 갈의 모자이크. 2~3세기경.

로마시대의 만찬.　│　를 숭배하는 관습과 밀접한 관계를 형성했다. 그래
서 부엌에서 숭배되는 라레스Lares와 같은 신들에
게는 음식과 음료 등이 제공되었고, 아울러 죽은 자들의 재단에 남은
음식과 식사 중에 땅에 떨어진 음식 부스러기를 놓아 두기도 했다.

로마의 주택, 도무스

　로마의 가장 전형적인 주택인 도무스Domus는 폼페이 발굴을 통해
알려진 바와 같이 집의 중앙에 위치한 중정의 뜰을 중심으로 방들이
나란히 위치했는데 작은 정원이 있는 이탈리아 반도의 주택과 그리스
주택인 페리스틸리움Peristylium(회랑)이 절충된 형태로 발전했다. 특히
주택의 내부구조는 앞에서의 명칭들로 알 수 있듯이 주로 이탈리아 반

도의 전형적인 주택의 영향을 많이 받은 반면에 외형은 그리스의 영향이 지대했다. 로마의 주택은 대부분 사각 형태를 바탕으로 벽돌과—모래, 자갈, 물 그리고 시멘트로 반죽하여 만든—콘크리트로 건축했지만 오늘날의 그것과는 외형보다 내부공간에서 차이를 보인다.

당시의 주택은 열린 지붕을 통해 확보되는 공기와 빛을 중정의 뜰과 회랑으로 끌어들이는 구조를 가지고 있었다. 이것은 삶을 열린 자연과 동화시키려는 성향 때문이었는데, 당시로서는 지중해 및 반도 남부의 기후와 밀접한 관계에 있었다. 외적인 형태의 측면에서는 직선적이고 부드럽지 못한 느낌을 주었을 뿐만 아니라, 밖의 도로를 향해서는 밖으로부터의 소음이나 도둑의 침입을 방지하려는 목적으로 추정되는 담벼락에 위치한 작고 협소한 창문이 있었다. 또한 천정은 상감 장식이나 회반죽 장식의 구조를 띠고 있었으며, 바닥 장식은 모자이크가 지배적이었다.

규모 면에서 로마의 주택은 비교적 넓고 많은 공간을 확보했을 뿐만 아니라 위생적인 차원에서 화장실과 욕실, 냉온수도 구비하고 있었다. 특히 계절의 변화에 따라 중앙에 위치한 난로를 이용해 물을 뜨겁게 덥히거나, 심지어 뜨거운 공기를 이용해 바닥을 덥히기도 했다. 또한 창문은 색유리와 모자이크로 장식되었고, 내부의 공간에 다양한 형태나 모양의 조각품들이 장식으로 이용되었다. 발굴을 통해 드러난 로마인들의 주택, 특히 내부구조는 당시의 삶이 아름다움을 추구했다는 것을 보여 준다. 이것이 지중해의 주변지역에 위치한 주택의 전통을 형성하면서 오늘날까지 계승되었다.

물론 방 또는 부속건물, 정원의 수와 그 규모, 방의 장식과 인테리어는 시대(공화정, 제정 등)와 소유재산의 정도에 따라 극히 다양했다. 그럼에도 불구하고 내부공간으로서의 방과 집의 중앙에 위치한 작은 뜰은 대부분의 경우 공기와 빛에 민감한 구조를 반영했다. 그러면 로마주택의 내부구조를 구성하는 중정의 뜰과 회랑은 어떤 구조와 기능을 가지고 있었을까?

　중정의 뜰은 집의 내부구조, 즉 중앙에 위치한 뜰을 가리킨다. 이 공간의 가장 큰 특징은 이곳이 조상의 영정을 안치하는 데 최적의 장소였다는 것이다. 예를 들면 라르 신이나 페나테스 같은 주택과 가문의 수호신의 조각상이 위치했다. 예술작품, 사치품, 귀족의 신분과 부를 상징하는 표지들로도 장식되었던 이 공간은 가부장이 집안의 방문객이나 손님, 동료 등을 맞이하는 최적의 장소이기도 했다. 반면에 주택

로마시대 전형적인 도무스.

① 아트리움. 입구에서 들어갔을 때 나오는 공간인 중정.
② 콤플루비움. 중정에 빛이 공급되는 천장의 구멍.
③ 타블리니움. 가부장의 서재, 응접실 역할을 하는 일종의 사랑방.
④ 호루투스. 정원.
⑤ 베스티블룸. 방문객을 접대하기 위한 완충 공간.
⑥ 쿨리나. 부엌.

의 외부구조에 해당하는 회랑인 페리스틸리움의 중심에는 가족의 사적인 생활을 위한 공간으로 잘 가꾸어진 정원인 호르투스Hortus가 위치했으며, 이곳은 주인의 침대, 분수, 대리석 조각 등을 활용해 더욱 아름답게 꾸며졌다.

● **건축재료와 내부장식**

로마는 활발한 정복활동의 결과로 수많은 외부종족의 유입을 주도했다. 특히 군복무를 마친 군인들, 기업가, 상인, 수공업자, 예술가 등이 방대한 제국의 변두리지역들로부터 이주하면서 그 자체로 자신들의 관습과 풍속, 삶의 스타일을 함께 동반했다. 이처럼 로마의 강력한 지배를 배경으로 등장한 새로운 속주들과 증가한 지역주민들이 로마 문명의 안락함을 마음껏 누리면서 로마식 삶에 순응했다. 이것이 로마의 삶이 영국이나 도나우 지역의 삶과 크게 다르지 않았던 것에 대한 가장 설득력 있는 설명이 될 것이다.

로마시대의 건축은 2~3세기에 거의 대동소이한 형태로 발전했다. 단지 차이라면 돌이 부족한 지역에서는 벽돌이 주재료로 활용되었다는 것과, 도시생활에서 필수적인 물이 부족할 경우 수로가 상대적으로 길었다는 것뿐이었다. 로마시대의 가장 전형적인 건축용 재료는 벽돌이었다. 벽돌은 크게 두 가지 용도로 나눌 수 있는데, 하나는 주택 건축용이고 다른 하나는 군사시설의 건축을 위한 것이었다. 당시의 생산품으로는 기와, 대리석 이외에 타라토카의 노반露盤도 건축재료로 생산되었다. 기와에는 장식으로 사자나 메두사, 또는 가면을 조각해 악령을 멀리 하려는

도무스 침실의 모자이크 장식. 주술적인 기능을 부여한 뒤 주로 건축물의 가장 높은 곳에 사용했다. 벽돌에는 크게 두 종류가 있었다. 하나는 속이 꽉 찬 것이고, 다른 하나는 속이 빈 형태의 벽돌이었다. 특히 후자는 그 내부로 뜨거운 공기를 통과시킬 목적으로 생산했기 때문에 주로 바닥재로 사용되었다. 다양한 문양을 적용한 타일도 생산되었는데, 이것의 모양은 주로 사각형, 육각형, 팔각형이었다.

건축재료는 대부분 돌이었지만 벽의 용도로는 나무도 사용되었다. 부유한 계층의 주택에는 얼음, 포도주, 식료품을 저장하기 위한 창고도 만들어졌고, 지붕은 좁은 도로들에서 발생할 화재에 대비해 기와로 덮었다. 비교적 유복한 집의 경우 추운 날에는 뜨거운 공기를 이용한 중앙난방을 했다. 뜨거운 공기가 벽돌의 내부공간을 통로로 해서 바닥 전체로 순환했다. 굴뚝은 벽 외부에 위치했지만 가급적 많은 방들이 집중된 공간을 중심으로 설치되었기 때문에 공기순환에 있어 큰 역할을 했다.

2~3세기 로마는 주택에 강물을 끌어들임으로써 삶의 편의성을 더욱 높였다. 이러한 상수도의 기능은 특히 공중화장실 및 각 주택의 화장실을 위생적으로 유지하고 사용하는 데 있어 결정적인 역할을 했다. 물의 사용이 중요했던 만큼 사용량이 정부에 의해 엄격히 통제되었다.

로마 주택의 유리 창문은 특히 제국시대에 열효율 면에 있어서뿐만 아니라 삶의 질을 높이는 데 있어서도 크게 기여했다. 제국의 북부에 위치한 판노니아에서는 기원후 2세기에 유리가 도입된 직후부터 특히 겨울에 방이 밝아지고 일부 보온의 효과를 동반하면서 삶의 안락함을 향상시켜 주었다. 하지만 조명에 있어서는 아직도 가격이 별로 높지 않은 기름등잔이나 횃불과 같은 인위적인 조명이 부편적이었다. 또한 큰 부잣집을 제외하고는 각 방마다 조명장치를 두지 못했다.

집의 실내인테리어는 당시의 관점에서 보더라도 비교적 검소했다. 보통은 유리 장식이나 동銅 또는 쇠로 장식된 함들이 있었을 뿐이다. 의복은 주로 옷장에 넣어 관리했으며, 수건은 선반에 놓고 사용했다. 가치가 나가는 물품(돈, 보석, 서적 또는 문서들)은 책장이나 벽에 설치된 작은 공간에 넣어 두고 자물쇠로 채워 관리했다. 하지만 각 방의 내벽에는 아무런 장식도 첨가하지 않는 것이 보통이었다. 주택의 주요 장식으로는 벽화들이 거의 전부였다. 또한 유행과 스타일에서 지속적인 변화를 추구했지만 꽃 장식문양의 카펫과 대리석은 꾸준히 선호되고 있었다. 이와 관련해 대부분의 집에는 크고 작은 아틀리에가 달려 있었으며, 거리와 맞닿은 공간에는 작은 상점들이 들어서 있었다.

중세 유럽의 생활문화

성聖과 속俗이
어우러진 사회
─
이혜민

'중세'란 어떤 시대인가?

중세The Middle Ages란 서로마제국이 멸망한 476년
부터 15세기 말까지 약 1,000년간의 기간을 일컫는
다. 역사의 시대구분에서 '중세'는 인위적으로 규정
된 시기로서, 중립적인 개념이 아니며 부정적인 가
치판단을 포함하고 있다. 르네상스시대의 인문주의
자들은 문화의 절정기인 고대와 자신들의 시대 사
이에 위치해 있는 중세를 역사와 문화의 암흑기로
규정했고, 계몽사상시대에 미신과 광신으로 대표되
는 암흑기 중세의 이미지가 더욱 강화되었다. 그렇

중세 유럽인들의 세계관을 보여 주는 지도. 그들에게 세계는 T자 형태였으며 중심은 예루살렘이었다.

지만 중세는 단일한 시대가 아니고 또 그 이전 및 이후와 단절된 시대도 아니다. 중세는 다양한 사건과 문화, 가치 등을 포함한, 끊임없이 변화하는 시기였다. 생활문화에 있어서도 고대로부터의 연속성을 담지하면서 새로운 문화를 창조해 나가는 모습을 볼 수 있으며, 그중 상당 부분은 근대문화의 바탕이 되었다.

로마제국 멸망 이후 봉건시대의 형성까지

오늘날의 유럽인들은 고대부터 수많은 종족들이 섞이면서 형성되었는데, 그중에서 서유럽인의 조상이 된 가장 중요한 종족은 켈트족, 라틴족, 게르만족이다. 원래 유럽대륙에는 신석기시대와 청동기시대의 선주민들이 존재했지만, 기원전 8세기부터 기원전 5세기 사이에 인도유럽어족에 속하는 켈트족이 중부유럽에서 서유럽 쪽으로 이동해 오면서 선주민들을 정복하고 이 지역을 지배했다. 켈트족 다음으로는 로마의 라틴족이 서유럽지역을 제패했다. 기원전 1세기에 켈트족은 대부분의 서유럽지역에서 로마에 의해 정복되었다. 갈리아(프랑스의 옛 지명)의 켈트족은 카이사르의 정복 이후 동쪽의 게르만지역으로 다수 망명했지만 남아 있던 사람들은 로마문명에 동화되었다. 또한 로마인들이 갈리아로 대거 이주해 오면서 갈리아-로마gallo-romaine 문화가 꽃을 피웠다. 한편 원래 켈트족 정주지의 북부 혹은 북동부에서 살고 있었던 게르만족이 로마제국 시기에 서서히 로마의 영역 안으로 침투해 들어오면서 로마화되고 로마의 용병으로 활약하기도 했다.

로마세계와 게르만세계의 균형은 4세기 중엽에 중앙아시아의 유목민족인 훈Huns족이 우크라이나의 고트Goths족을 공격해 압박을 가하면서 무너지게 되었다. 5~6세기에 진행된 게르만족의 대규모 이동으로 476년 서로마제국이 멸망하고 서유럽과 북아프리카에 여러 게르만왕국들이 들어섰다. 서유럽지역을 정복한 게르만족은 대체로 로마인들에게 적대감을 보이지 않고 `토착민들과 서서히 융합해 나갔는데, 그 과정과 추이가 지역에 따라 다르게 나타났다. 갈리아지역에서는 프랑크왕국이라는 새로운 정치세력이 빠르게 확립되면서 정복자인 게르만족 지배층과 기존의 지배집단인 로마계 귀족 사이의 융합이 빠르게 진행되었다. 프랑크왕국은 메로빙거왕조Merovingian dynasty를 거쳐 카롤링거왕조Corolingian dynasty의 샤를마뉴시대에 이르기까지 예전의 서로마제국의 영역을 상당 부분 회복해 서유럽지역에 통일왕국을 건설했다. 이후 유럽문명의 중심이 지중해지역에서 북대서양지역으로 이동했다.

한편 로마제국 말기인 3세기부터 시작되어 4~5세기에 악화된 위기, 즉 전쟁과 재난, 주기적인 기근과 전염병 등으로 6세기까지 유럽의 인구가 크게 감소했다. 또한 같은 시기에 갈리아를 포함한 로마제국의 영토 내에서 지속적으로 경작지가 축소되고 비경작지인 숲과 자연 초지, 늪지 등이 확대되기 시작했다. 메로빙거왕조 시대인 6세기부터 8세기 중엽까지 유럽의 기후는 서늘하고 습했다. 그리고 이러한 기후조건이 광활한 삼림을 형성하는 데 일조했다. 10세기까지 유럽대륙은 삼림과 초지로 뒤덮여 있었다. 인구도 매우 적었다. 그래서 마을이나 인가가 광활한 숲의 바다 속에 드문드문 섬처럼 존재하고 있을 뿐이었다. 사람들은 숲에서 목재, 버섯, 밤, 개암나무 열매, 솔방울, 도토리, 꿀, 야생동물 등 생활에 필요한 물자들을 얻었다.

중세의 지배계급이었던 기사들.
13세기경.

유럽의 기후조건은 8세기부터 변화해 13세기까지 평균기온이 약 섭씨 1도 정도 오르고 날씨도 건조해졌다. 그 결과 예전에는 농사를 짓기에 지나치게 습했던 유럽 북부지역은 기후조건이 농사를 짓는 데 유리해졌지만, 이미 건조한 지역이었던 남부지역은 기후가 더욱 건조해지면서 오히려 농업경작에 불리해졌다. 서유럽 지역에서는 기후조건의 변화와 카롤링거왕조하에서의 정치적인 안정으로 8~9세기에 농업이 발달하면서 인구가 증가했다. 늘어난 입을 먹여 살리기 위해 대규모의 벌목과 개간사업이 이루어지고 숲이 사라진 자리에서 방목과 경작이 행해졌다. 그렇지만 9세기 말 이후부터 10세기까지 노르만Normans족과 마자르Magyars족의 대규모 침입으로 개간사업의 속도가 잠시 늦추어졌다. 이 시기에는 정치적으로 대규모 민족이동의 여파로 왕권이 약화되고 각 지역의 제후들이 권력을 장악하면서 지방분권적 봉건제가 형성되었다.

봉건제는 정치적으로는 권력의 파편화와 사유화, 지방분권화로 특징지어지며, 경제적·사회적으로는 장원 및 농노제도를 바탕으로 하고 있다. 카롤링거시대까지 존재했던 소규모의 자영농이 8~9세기에 와해되고, 9세기경부터 장원제와 농노제가 출현했다. 카롤링거시대의 자영농 중 일부는 직업적인 전사계급에 흡수되었다. 그 반면에 신분상승을 이루지 못한 이들은 인근의 부유한 지주나 군사지도자에게 신변보호의 대가로 자발적으로 혹은 강요에 의해 토지를 양도하면서 서서히 농노로 전락했다. 또한 고대의 유산인 노예 계급도 농노화되면서 점차 자유민 출신의 농노와의 구별이 불가능해졌다. 농노는 토지에 예속된 채 자유롭게 이동하지 못하고 영주를 위해 정기적으로 부역(무상노동)과 공납을 제공해야 하는 부자유스러운 신분이었다. 13세기까지 장원제와 농노제가 서유럽의 북부지역에서 농업생산 및 농촌생활의 근간을 이루었다.

전성기의 중세 유럽

11세기 이후 서유럽사회는 이민족의 침입이 종결되고 사회가 안정되면서 농사에 우호적인 기후조건을 바탕으로 경제적으로 크게 도약하기 시작했다. 1050년에서 1200년 사이에 장원제하의 유럽 농촌에서는 중요한 기술적 진보가 이루어지고 개간사업이 활발하게 전개되면서 '농업혁명'이 일어났다. 농업혁명은 우선 북부의 무겁고 습한 토양에 적합한 무거운 쟁기의 개발, 삼포제의 도입, 농작물의 다양화(귀리,

중세의 제노바. 1493년. 보리, 콩 등의 재배), 물방아와 풍차의 사용, 마
구의 발전과 말을 이용한 농경 등 기술적 발전
에 기반하고 있었다. 또한 11세기 이후 안정된 사회에서 인구가 크게
증가하면서 식량이 부족하게 되자 13세기 말까지 산림의 벌목이 대규
모로 이루어져 많은 숲이 경작지로 바뀌었다. 개간사업은 12세기에 절
정이 이르러 약 천만 헥타르의 경지와 수만 개의 마을이 생겨났다.

농업혁명은 서유럽사회에 큰 변화를 가져왔다. 인구의 급증과 노동
력을 절감시켜 주는 농기구 및 농사기술의 발전이 도시 성장의 밑바탕
을 제공했다. 또한 개간사업으로 토지가 늘어나면서 경작작물이 다양

성 밖의 들판에서 추수하고 양을 기르는 중세유럽의 농민들.

소가 끄는 쟁기로 밭을 가는 중세 유럽의 농민들.

화되고 농업의 전문화가 촉진되었다. 특히 면화와 염료 등의 재배와 목양의 확대는 직조산업과 같은 제조업에 원료를 제공하는 역할을 하면서 도시의 성장과 상업의 발달을 뒷받침했다. 또한 11세기 말부터 13세기 말까지 지속된 십자군전쟁은 동서양의 국제적 교류에 결정적인 역할을 하는 한편, 봉건제의 붕괴와 도시의 발전 등 중세사회의 변화를 촉진하는 데 큰 영향을 미쳤다. 십자군원정 시기에는 특히 베네치아와 제노바 같은 이탈리아 북부의 도시들이 새로운 무역로 개척으로 크게 번영했다.

11~13세기에 상업이 발전하고 도시와 화폐경제가 성장하면서 농촌에 지대의 금납화가 도입되어 농노의 부역이 감소했다. 그리하여 잉여 생산물을 판매해 부를 축적한 농노들이 자유민의 신분을 돈을 주고 사서 농노 신분에서 벗어났다. 또한 장원에서 탈출한 농노들이 도시에 정착해 자유를 획득하기도 했다. 또한 개간사업의 진척도 농노해방에 일조했다. 영주들은 개간사업을 주도하면서 노동력을 얻기 위해 새로 개간한 땅의 농노에게 자유신분을 부여하고 부역 대신 고정된 지대를 받았다. 13세기 말과 14세기 초에는 농노의 신분상승이 가속화되고 농민의 상황이 개선되었으며, 금납화의 수혜를 입은 소수의 부농이 출현했다. 그러나 동시에 토지를 상실해 농업 임금노동자로 전락한 가난한 농민층 역시 증가하면서 계층분화 현상도 나타났다. 그리하여 농촌사회에서 소수의 부농과 다수의 빈농 사이의 격차가 점차 벌어지게 되었다.

11세기에 시작된 경제적인 번영을 바탕으로 13세기 초에 이르면 서유럽인들의 생활이 상당히 유복해지고 생활수준도 향상되었다. 중세 중기에는 기근이 훨씬 줄어들고 콩 단백질을 섭취하는 등 식단이 개선되면서 사람들의 건강상태도 이전보다 향상되었다. 영주들도 늘어난 개간지에서 농민들로부터 지대를 받으면서 수입이 크게 증대했고, 그 결과 생활조건이 향상되어 사치스러운 삶을 영위하게 되었다. 중세 중기는 문화적으로도 융성해 수도원 및 성당부속학교, 그리고 새롭게 탄생한 대학을 중심으로 철학과 학문이 발달했다. 예술과 건축 분야에서는 로마네스크양식(11세기~12세기 중엽)과 고딕양식(12세기 후반~15세기)이 나타났다. 고딕시대에는 특히 도시를 중심으로 화려한 문화가 꽃을 피웠다.

중세 막기의 변화

중세 말기는 정치적·사회적·종교적·경제적으로 쇠퇴와 위기의 시기로 특징지어진다. 13세기 말부터 중세의 과거 문화와 사회가 서서히 붕괴해 가면서 큰 변화가 찾아왔다. 중세사회는 이미 13세기부터 지적·정신적 풍토가 변화하면서 전 사회가 세속화되기 시작했는데, 중세사회의 중심이었던 가톨릭교회 역시 예외가 아니었다. 세속적인 지식, 부, 권력을 추구하는 경향이 만연하고, 아비뇽 유수幽囚 사건으로 인한 교황의 위신 추락, 성직자들의 부패와 타락으로 인한 종교적·도덕적 위기 속에 가톨릭교회의 개혁을 요구하는 목소리가 커지면서 기독교사회가 크게 동요했다.

경제적인 면에서 중세의 농업은 1300년에 이르면 한계지까지 개간한 결과 식량의 생산량이 오히려 떨어지는 현상이 나타났다. 더욱이

흑사병의 도래.

14세기의 기후변화가 북부지역의 농업에 타격을 주었다. 이전의 건조하고 따뜻했던 기후와는 달리 14세기에는 소빙하기에 접어들면서 날씨가 추워지고 습도가 높아졌다. 유럽의 많은 지역에서는 호우에 의한 대홍수가 일어나고 기근이 창궐했다. 이러한 현상은 전반적인 경제적 쇠퇴를 야기했다. 더욱이 14세기에 전쟁과 흑사병으로 인구가 격감하면서 생산성이 부족한 개간지는 버려지고 입지가 좋지 않은 마을도 사라졌다. 한편 기근과 질병, 전쟁, 과중한 세금, 부익부 빈익빈 현상 등으로 고통을 당한 농민들과 도시민들이 대규모 반란을 일으켰다.

유럽사회에 괴멸적인 타격을 입힌 흑사병은 유럽인들에게 엄청난 정신적·물질적 충격을 주었지만, 그 후 인구가 급감하면서 오히려 식단에서 육식이 증가하는 등 전반적인 생활수준이 향상되는 현상이 나타났다. 15세기에는 식량의 소비인구가 줄어들면서 곡물가격이 저렴해지고, 그 결과 고기, 포도주, 치즈 등과 같은 사치스러운 음식물의 소비가 증가했다. 이에 따라 유럽의 각 지역에서 목양, 포도 재배, 맥주 제조용 맥아 재배 등 특화된 농업경영이 등장했다. 그렇지만 16세기에 들어서면 인구가 증가하면서 빵과 곡물 중심의 식단으로 복귀하게 되고, 유럽인들의 식생활이 15세기보다 열악한 상황에 놓이게 된다.

중세 말기는 기존의 체제가 붕괴해 가는 와중에 새로운 질서가 서서히 확립되어 가는 시기였다. 영국과 프랑스에서는 백년전쟁을 거치며 민족의식이 고양되어 근대적인 중앙집권적 국민국가의 기틀이 마련되었다. 또한 문화적으로는 이탈리아에서 14세기부터 '르네상스'의 문예부흥이 전개되고 있었다. 한편 프랑스와 플랑드르를 중심으로 한 북유럽지역에서는 후기 고딕양식 예술이 발전했다.

기독교가 새겨진 달력

4세기에 로마제국의 국교로 선포된 기독교는 유럽의 정치·사회·문화의 형성에 큰 영향을 미쳤다. 특히 로마가톨릭으로 개종한 프랑크왕국이 서유럽지역을 재통일하면서 본격적으로 전개된 중세시대에는 기독교가 지배적인 이데올로기로서 강력한 힘을 발휘하며 일상생활의 전반을 지배했다. 그렇지만 유럽사회의 기독교화는 단번에 이루어진 것은 아니었다. 오랜 시간 동안 고대의 이교적 전통과의 투쟁 및 타협을 거치면서 서서히 이루어졌다. 고대문명의 일부가 기독교적인 전통과 결합되면서 새로운 문화로 재탄생되기도 했다.

기독교라는 종교가 유럽인들의 일상생활에 영향을 미치는 양상 및 기독교문화와 이교적 전통의 융합은 달력(역법)과 종교축일에서 잘 드러나고 있다. 4세기에 기독교가 공인되면서 고대 로마의 달력에 의거해 치러지던 이교적 전통의 종교의식이 폐지되었다. 그 대신 주일dies dominica이 주간 단위 생활의 기본적 리듬의 중심축이 되고, 그리스도와 성모 마리아, 성인성녀들의 기념축일에 바탕을 둔 기독교식 달력이 만들어지면서 시간관념의 기독교화가 이루어졌다. 프랑스의 중세사학자 자크 르 고프Jacques Le Goff는 중세적인 시간을 종교적·성직자적 시간이라고 부르며 그리스도의 일생을 재구성하는 '제의적인 연표'가 중세적 사고의 본질적인 특징을 이루고 있다고 보았다.

기독교의 달력에서는 그리스도와 관련된 성탄절, 공현절, 부활절, 예수승천절, 성령강림절과 모든 성인성녀들을 다 기리는 만성절萬聖節 등이 가장 크고 중요한 축일인 대축일을 이루고 있었다. 이러한 대축일들은 큰 종교행사와 축제가 벌어지는 날인 동시에 농경문화와 경제생활의 지표가 되는 날이기도 했다. 예를 들어 부활절은 봄의 시작을, 만성절은 겨울의 시작을 알리는 축일이었다. 또한 예수승천대축일부터 성령강림대축일까지의 축일들은 농한기에 걸쳐 있고 또 농번기인 여름과 일부 가을철에는 대축일을 지정하지 않는 등, 기독교 달력은 자연의 시간에 의해 지배되는 농촌생활의 리듬에 맞추어져 있었다.

중세 기독교 전통으로부터 유래하는 종교적인 대축제들은 고대의 이교 축제들을 계승해 기독교화한 경우가 많다. 예를 들어 성탄절은 로마제국의 각지에서 1월 6일에 그리스도의 탄생과 세례를 기념했지만,

325년 니케아공의회에서 12월 25일을 예수탄신일로 정하면서 점차 이 날이 예수의 탄생일로 받아들여지게 되었다. 그리고 과거에 예수의 탄생일로 여겨지던 1월 6일은 공현절이 되면서 아기 예수가 동방박사들의 경배를 받은 날로 기념되었다. 그런데 12월 25일은 원래 로마의 이교적 태양 축제일인 '정복당하지 않는 태양의 탄생일natalis solis invicti'로 낮이 다시 길어지기 시작하는 동지를 기념하는 날이었다. 태양신에 대한 숭배는 고대 지중해 세계에서 보편적으로 나타나는 현상이었다. 이란인들은 12월 25일을 미트라(정의의 태양)의 탄생일로 생각했다. 미트라교는 공화정 말기 이후 로마의 일반대중과 하층민들 사이에서 널리 받아들여졌던 종교이기도 했다. 또한 고대 로마에서는 12월 17일을 농경신 사투르누스를 기념하는 축일인 사투르날리아로 지정하고 서로 선물을 교환하면서 흥겹게 지내는 전통이 있었다. 요컨대 고대의 겨울 농사 및 태양신 숭배 의식(동지 축제)과 기독교의 그리스도 탄생일 기념이 결합되어 성탄절 축일이 생겨났을 것으로 추정되고 있다.

2월 14일의 성 발렌타인 축일 역시 이교적 전통에서 기인하는 것으로, 원래 로마의 동절기 축제인 루페르쿠스(다산의 신) 축제의 전야제로부터 유래한 것이다. 그 외에 2월 2일의 성촉절은 게르만인과 스칸디나이바인들이 곰이 겨울잠에서 깨어나는 날에 벌이던 축제에 기인하며, 농번기의 시작을 알리는 6월 24일 세례자 성 요한 축일은 하지夏至의 짚불 축제라는 민속적인 기원을 갖고 있다.

그리스도가 십자가에 못 박혀 죽은 지 3일째 되는 날 부활한 것을 기념하는 부활절은 가장 크고 중요한 대축일로서 교회력의 중심을 이루

교회력과 가톨릭의 주요 축일

날짜	축일명	설명
이동축일	대림절	성탄절 4주 전 일요일에 시작
12월 25일	성탄절	동지 때의 태양 축제인 '정복당하지 않는 태양의 탄생일'로부터 기인
1월 1일	할례일	로마력 설날
1월 6일	공현절(에피파니)	아기 예수가 동방박사들의 경배를 받은 날 (동방교회에서는 그리스도의 세례일)
2월 2일	성촉절	게르만인, 스칸디나비아인들의 곰 숭배 (곰이 겨울잠에서 깨는 날에 벌이던 축제)로부터 기인
2월 14일	성 발렌타인 축일	로마의 루페르쿠스 축제(루페르칼리아)의 전야제로부터 기인
이동축일	사순절	재의 수요일부터 부활절 전날까지 그리스도의 수난을 40일간 기념
3월 25일	성모영보대축일	마리아가 천사 가브리엘에게서 구세주의 어머니가 될 것임을 계시받은 것을 기념
이동축일	부활절	춘분 후 만월 다음의 첫 일요일 (3월 22일에서 4월 25일 사이)
이동축일	예수승천대축일	
이동축일	성령강림대축일	
5월 31일	성모방문축일	마리아가 세례자 요한의 어머니 엘리사벳을 방문한 날을 기념
6월 24일	세례자 성 요한 축일	민속적 기원(하지의 짚불 축제) 농번기의 시작
8월 15일	성모승천대축일	
9월 29일	성 미카엘 축일	
11월 1일	만성절	모든 성인을 기리는 축일
11월 2일	위령절(만령절)	모든 죽은 이들을 기리는 축일

고 있다. 부활절 날짜와 관련해 많은 논쟁을 거친 끝에 춘분 후 만월 다음의 첫 일요일이 부활절로 지정되었다. 부활절 날짜는 음력과 양력을 함께 고려해 계산해 낸 것이기 때문에 매년 유동적으로 변화하는 이동축일이다. 부활절 전후에 배치된 그리스도의 생애와 관련 있는 축일들, 즉 성지주일, 참회화요일(사순절 전날), 재의 수요일, 사순절, 예수승천대축일, 성령강림대축일, 성삼위축일, 성체성혈대축일 등도 이동축일로서 부활절의 날짜에 따라 결정된다. 그중에서 특히 사순절은 부활절을 준비하는 참회기간으로 서방교회에서는 재의 수요일부터 부활절 전날까지 계속된다. 이 기간 중에 기독교 신도들은 금욕과 금식을 하는데, 이는 그리스도가 요단 강에서 세례를 받고 광야에서 40일 동안 금식기도를 한 것을 본받고 있다. 사순절은 세례를 받으려는 사람들이 준비하는 시기이자 죄인들의 참회 기간이다.

한편 금욕주의적인 사순절 직전에는 사육제carnival라 불리는 반反 사순절적인 축제가 벌어졌다. 'Carnival'이라는 단어는 어원상 'carne levare(고기를 제거하다)', 즉 음식에서 고기를 치워 버린다는 의미를 지닌 말이거나 'carne vale(고기여, 안녕)', 즉 고기와의 이별을 의미하는 말에서 유래한 것이라는 설명이 있다. 이교세계에도 사육제와 유사한 동절기 축제인 그리스의 디오니소스 축제, 로마의 사투르누스 축제와 루페르쿠스 축제가 있었지만 사육제가 이러한 이교 축제에서 유래한 것인지의 여부는 밝혀지지 않고 있다. 사육제가 시작되는 날은 지역이나 풍습에 따라 다르지만 대개 공현절인 1월 6일에 시작되어 참회화요일까지 계속되었다. 사육제는 재의 수요일 전前주에 절정을 이루었다.

〈파리 거리에서의 사육제〉 중에서. 에티엔 조라Etenne Jeaurat(1699~1789) 작.
사육제에는 여성이 북을 치는 '파격'이 이루어지기도 했다.

〈사육제와 사순절 간의 충돌〉 중에서. 피터르 브뤼헐Pieter Bruegel(1525~1569) 작. 1559년.

즉 금요일부터 일요일까지 요란한 축제를 벌이면서 고기와 술을 마음
껏 먹고 마셨다. 그리고 월요일에 잠깐 쉰 다음 재의 수요일 전날인 참
회화요일에 축제는 절정에 이르며 끝났다. 이 날 기독교인들은 사순절
이 도래하기 전에 집 안에 있는 고기를 모두 먹어 치웠다. 사육제는 일
상생활의 규율과 질서에서 벗어나는 기간으로 사회적인 금기를 넘어
서는 과도한 행동도 일정한 한계 내에서 허용되었다. 이 기간 동안 가
장행렬과 가면무도회가 요란하게 벌어지고, 기존의 지배질서를 거꾸
로 뒤집어 풍자하는 연극이 공연되었다. 종교개혁 이후 프로테스탄트
지역에서 이 무절제한 가톨릭 축제가 금지되면서 사육제의 풍습이 사
라지게 되었다.

한편 한 해가 시작되는 시점, 즉 새해 첫날이 지역과 시대에 따라 다
양하게 나타났는데, 중세시대에는 이 역시 기독교와 밀접하게 관련되
어 있었다. 고대 로마에서는 1월 1일이나 3월 1일을 새해 첫날로 정했
지만, 서유럽에서는 서기 1000년 이후 성탄절(12월 25일)이나 성모영보
일(3월 25일), 또는 부활절을 기점으로 새해를 정했다. 12세기에는 대부
분의 기독교세계에서 부활절을 새해의 기점으로 삼았지만, 부활절이
이동축일이기 때문에 부활절 날짜에 따라 한 해의 길이가 11개월에서
13개월까지 차이가 나는 문제가 생겼다. 중세 말기에 이르러 오늘날의
방식대로 새해 첫날이 1월 1일(기독교의 할례일)로 고정되었는데, 이러
한 변화에는 상인들의 영향이 크게 작용했다. 학자들은 중세시대에 여
러 가지 다른 역법들이 함께 쓰이고 지역과 시기에 따라 새해의 첫날
이 다르게 나타나는 이러한 현상을, 시간에 무관심한 중세인들의 태도

를 보여 주는 주요 사례로 손꼽기도 한다.

의복문화, 신분과 유행

의복의 가장 기본적인 주요 기능은 악천후로부터 신체를 보호하는 데 있다. 그렇지만 의복은 동시에 문화적·사회적·역사적 산물이기도 하다. 철저한 신분제사회였던 중세시대에 의복은 사회적인 신분 구분과 차별의 코드로 기능했다. 중세 유럽의 의복은 기본적으로 북방민족들이 입던 바지와 로마로부터 전래된 튜닉(투니카) 위에 망토를 둘러 입는 형태였으며, 여기에 비잔티움 복식의 화려함과 기독교의 금욕적인 요소가 결합되어 독특한 복식이 형성되었다. 로마제국의 멸망 이후에도 서유럽에 6세기까지 로마 복식의 영향이 계속 남아 있었지만, 7세기부터 비잔티움 복식의 영향이 침투하고 복식과 장신구에서 게르만 문화와 로마문화가 융합되는 모습이 두드러지게 나타났다. 또한 기독교의 영향으로 인간 인체의 곡선미가 발끝까지 내려오는 길고 두꺼운 의복에 의해 가려졌고, 중세 후기에 접어들어서야 비로소 도시문화와 상공업의 발전으로 여러 다양한 패션이 등장했다.

중세 초 게르만족의 복식: 튜닉

고대 로마 시대에 게르만족이나 켈트족과 같은 북방민족들은 수렵과 유목으로 생계를 유지하며 남유럽지역에 비해 춥고 습한 가혹한 기후조건 속에서 살았다. 따라서 보온과 활동성, 기능성에 중점이 두어지며 몸통과 사지를 감싸는 형태의 의복이 발달했다. 이러한 의복은 헐렁하게 둘러 입는 원피스식의 개방적 형태인 그리스·로마의 복식과 근본적으로 다른 것이었다.

북방민족의 남성들은 아시아로부터 바지를 받아들여 입기 시작했는데, 이 바지는 특히 말을 타기에 편하고 활동성이 좋다는 장점을 지니고 있었다. 켈트어로는 이들이 입던 통이 넓은 바지를 브라코bracco라고 하고, 라틴어로는 브라카이bracae라고 했다. 이후 12세기 중세 프랑스어에서 바지를 지칭하는 단어인 브레braies는 바로 여기에서 유래한 단어이다. 로마에서는 바지를 야만족의 옷이라 해서 귀족계층에서는 입지 않고 평민과 노예들만 입는 옷으로 여겼던 반면에, 비잔티움제국에서는 황제나 귀족도 바지를 입을 정도로 보편화되었다. 바지는 대개 발목 길이에 부리를 끈으로 오므리고 장딴지에는 가죽이나 천으로 된 밴드를 감아서 다리를 보호했다. 때로는 가죽끈으로 허벅지까지 X자형으로 묶어 바지를 다리에 밀착시킴으로써 활동성을 극대화했다. 한편 게르만족의 여성들은 6세기 메로빙거시대 아레군트Aregund 왕비의 부장품 유물에서 보이듯이 튜닉 안에 긴 양말을 신고는 가죽끈으로 양말을 칭칭 감고 X자형으로 묶어 고정시키기도 했다.

비잔티움제국과 게르만왕국에서 기본적인 복식이 된 튜닉은 로마에서 전래된 간소한 T자형 원피스였

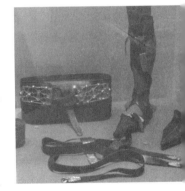

아레군트 왕비의 부장품. 활동성을 높이기 위해 다리에 묶었던 가죽끈과 구두. 6세기경.

다. 5세기부터 남성용 튜닉의 길이가 짧아지고 그 아래에 바지를 입거나 양말을 신었다. 그 반면에 여성용 튜닉은 발목에 이르거나 발을 완전히 가릴 만큼 길어졌다. 황제나 귀족 등 상류계급에서는 남녀를 불문하고 긴 튜닉을 입음으로써 노동을 하는 하층민들과 외양에서 뚜렷한 차별성을 두었다. 비잔티움제국의 튜닉은 로마의 투니카에 비해 색과 형태가 더 화려해지고 장식적이 되었다. 중세 초기에 서유럽의 복식문화를 주도했던 프랑크족의 귀족들도 화려한 직물에 자수와 보석 등으로 장식을 한 튜닉을 입고 부드러운 가죽이나 비단으로 만든 신발을 신었다. 그 반면에 평민들은 조잡하고 거친 직물로 만든 수수한 색상의 튜닉을 입고 조야한 가죽신발을 신었다.

게르만족의 튜닉은 초기에는 T자형의 단순한 형태였으나 점차 몸에 잘 맞는 형태로 재단되었다. 이 튜닉을 입고 허리를 끈으로 매거나 활동이 편하도록 양옆을 터놓고slash 입기도 해서 활동성을 지향하는 게르만족 특유의 성향이 로마로부터 도입한 의복에도 적용되었음을 알 수 있다. 튜닉의 소매는 좁은 것에서 넓고 짧은 것에 이르기까지 다양했지만, 튜닉 안에 껴입는 속튜닉(언더튜닉)은 소매가 좁고 길었다. 직물로는 보통 린넨이나 양모가 사용되었다. 계절복은 존재하지 않았다. 그래서 여름에 입던 옷을 겨울에도 그대로 입었다. 따라서 날씨가 추울 때에는 튜닉이나 다른 옷을 여러 겹 껴입었다.

로마네스크시대의 의복: 블리오
중세 초기에는 화려한 비잔티움 복식의 영향을 받았음에도 불구하

고 사회 전반적으로 경제와 문화가 발달하지 못
해 복식에 사용되는 원단이나 장식 등이 조악
한 편이었다. 그러나 중세 중기 이후 생활수준
이 향상되면서 복식에 대한 관심이 높아지고 재
단기술도 발전하였다. 로마네스크시대에는 십
자군원정의 영향으로 동방문화와 접하면서 다
양한 형태의 의복이 등장했다. 또한 견직물과
면직물 같은 동방의 산물들이 풍부하게 유입되
면서 견직물과 린넨, 견직물과 모직물, 린넨과
견직물을 혼방해서 짠 교직물이 의복의 원단으
로 사용되기 시작했다. 로마네스크시대의 복식
은 전체적으로 헐렁한 형에서 몸에 맞는 형으로
발전해 가는 과도기적인 성격을 지니고 있는데,
그 대표적인 예가 블리오bliaud이다.

블리오를 입은 여인.
앙제 대성당.

　11~12세기 남성과 여성의 기본적인 의복 중
하나였던 블리오는 달마티카와 튜닉이 변형된
옷이다. 초기 형태의 블리오는 달마티카처럼 몸
통이 헐렁하고 소매통이 넓은 원피스 드레스였다. 하지만 12세기부
터 상체의 윤곽선이 나타날 정도로 끼는 형태가 되었다. 블리오의 가
장 특징적인 점은 소매가 과도하게 길거나 넓다는 것이다. 소매의 끝
부분만 길게 늘이기도 하고, 땅에 끌릴 정도로 긴 깔대기형 소매를 팔
에 감거나 중간에 한 번 잡아매기도 했다. 여성용 블리오의 경우에는

특히 가는 허리와 배의 둥근 곡선을 강조했다. 이것은 기독교의 영향으로 몸을 완전히 의복으로 감싸고, 심지어 여성들의 경우에는 머리와 얼굴까지 완전히 감싸고 가리며 노출을 꺼렸던 중세사회에서 나타나는 눈에 띄는 두드러진 변화였다고 볼 수 있다. 또한 블리오에서는 당시 건축과 예술에서 특징적으로 나타난 수직선을 강조하는 경향도 보이고 있다.

로마네스크시대에는 흰색 린넨이나 얇은 울로 만든 일종의 속옷인 생즈chainse 위에 튜닉을 입고는 그 위에 블리오를 덧입고 다시 그 위에 망토를 둘렀다. 생즈는 발목 길이에 폭이 좁고 소매통도 좁아 몸이 끼는 옷으로 중세 말기에 슈미즈chemise로 변하게 된다. 또한 이 시기에는 여성복이 남성복보다 더 복잡하고 화려해져 남녀의 성별 차이가 복식에서 더욱 두드러지게 나타나게 되었다. 그 반면에 성직자의 복식은 변하지 않고 여전히 비잔티움제국에서 유래한 중세 초기의 전례복 형태와 동일한 모습으로 남아 있었다.

고딕시대로의 변화: 의복산업의 발전과 '유행'의 등장

고딕시대의 복식은 11세기부터 시작된 상업의 부활, 원거리상업의 발전, 기술발전, 도시의 부흥과 발달을 기반으로 하고 있다. 이 시기의 의복생산 과정에서 방적은 대개 가내수공업 형태로 농촌 여인들에 의해 행해지고, 그다음 공정에서 직공, 염색공 등 기능공의 손을 거치면서 직물이 생산되었다. 이를 도매상이 수합, 판매하면서 직물을 취급하는 가게가 번성하고, 의복 및 장신구를 전문적으로 취급하는 전문

점도 생겼다. 또한 기술의 발전으로 고급 모직물, 상급의 벨벳, 브로케이드 등 새로운 직물들이 개발되어 복식의 종류와 형태가 다양해졌다. 13세기 말부터 15세기 초 사이에 고급 직물을 풍부하게 사용하면서 점차 양감이 풍부한 의상, 필요 이상으로 장식된 의상, 기괴한 유행에 따르는 의상 등이 등장하고, 전문점들은 주고객인 귀족계층과 새롭게 대두하기 시작한 부르주아 고객의 기호에 맞추어 서로 치열하게 경쟁하며 기술개발에 전념하게 되었다. 그 결과 고딕시대에 창의성 있고 다양한 복식문화가 발전하고 이른바 복식에서 '유행'이라는 것이 처음 나타나게 되었다. 13세기 이후 크게 성장한 상인계급이 귀족들의 최신 패션을 모방하곤 했는데, 이에 사치금지법sumptuary law이 제정되어 귀족과 부유한 평민 간의 외양적 차이를 명확히 하려는 시도가 나타났다. 중세사회는 엄격한 신분제사회였고, 의복의 형태와 여기에 사용되는 재료, 색깔 등이 각 신분의 차이를 외양에서부터 분명하게 드러내는 표지로 기능했다.

쉬르코를 입은 기사.

고딕시대의 복식: 코트와 쉬르코

고딕시대에 새롭게 등장한 기본 의복으로 코트cotte와 쉬르코surcot를 손꼽을 수 있다. 코트는 남녀 공용의 튜닉형 드레스로 블리오가 사라진 후 대신 생겨났으며 13세기에 주로 착용했다. 코트는 블리오와 비슷한 의상이기는 하지만 그보다 단순하고 상체의 품이 비교적 헐렁한 형태이며 허리에 가는 허리띠만 묶어 주었다. 소매는 전체적으로 꼭 맞거나, 진동 부분은 넓고 손목에서 좁아지는 두 가지 형태가 있었다. 모직물로 짠 코트는 일반 서민들에게도 널리 애용되었다. 코트는 그 길이가 발등을 덮고 바닥에 끌릴 정

그림 왼쪽의 푸르푸앵을 입은 이가 검을 들어 무릎을 꿇은 기사의 목을 칠 준비를 하고 있다. 15세기.

도로 길어서 벨트를 매어 앞부분을 끌어 올리고 다니기도 했다. 이것은 15세기경에는 하이 웨이스트에 벨트를 맨 로브로 발전했다. 보통 슈미즈 위에 코트를 입고, 그 위에 다시 쉬르코나 그 변형인 쉬르코투베르surcot-ouvert를 입었다. 쉬르코는 십자군전쟁 당시 강한 햇빛의 반사와 눈·비·먼지로부터 갑옷을 보호하기

위해 병사들이 갑옷 위에 입기 시작한 옷에서 유래했다. 이것이 이후 차츰 일반인들에게도 전파되어 점점 코트 위에 착용하는 장식적인 겉옷으로 변화했다.

중세 후기의 갑주의 발달은 푸르푸앵pourpoint 혹은 더블릿doublet이라는 상의의 발달에도 영향을 미쳤다. 푸르푸앵은 14세기 이후 쇠사슬갑옷이나 비늘갑옷대신 판금갑옷이 발달하면서 몸을 보호하기 위

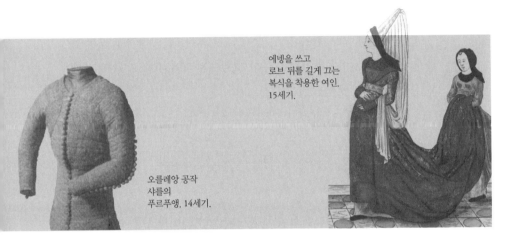

에넹을 쓰고 로브 뒤를 길게 끄는 복식을 착용한 여인. 15세기.

오를레앙 공작 샤를의 푸르푸앵. 14세기.

해 갑주 속에 입던 옷으로 17세기 중엽까지 다양한 형태로 변화하면서 주요한 남성 상의로 자리 잡았다. 초기의 푸르푸앵은 오를레앙 공작 샤를Charles d'Orléans의 옷에서 볼 수 있듯이 몸통에 꼭 맞게 재단했으며 소매가 좁고 길이는 엉덩이 선까지 내려오는 경우가 많았다. 그런데 14세기 중엽 이후부터 그 길이가 극도로 짧아지면서 허리를 조이고 가슴과 소매 부분은 패드를 넣어 부풀리기 시작했다. 원래의 군사적인

용도보다는 장식적인 측면이 강조되는 경향이 나타난 것이다. 남성들은 푸르푸앵의 하의로 브레나 쇼스를 입었으며, 상의의 길이가 극도로 짧아짐으로써 다리와 몸의 굴곡이 그대로 다 드러나게 되었다. 이러한 새로운 패션에 당시 성직자와 도덕주의자들이 크게 분노했다. 그들은 민망할 정도로 짧은 길이의 '저속한' 상의를 입고 다니는 남성들을 벌거벗고 다니는 짐승에 비유하며 맹렬히 비난했다. 또한 도덕주의자들은 당시 유행하던 여성복에 대해서도 비판을 서슴지 않았다. 예를 들어 귀족 여성의 로브 뒤에 길게 늘어뜨린 '꼬리'나 15세기에 널리 유행한 에냉hennin이라 불리는 뾰족한 고깔모자 역시 이들의 눈에는 대단히 '동물적'인 것으로 인식되었던 것이다.

식탁 매너의 등장

중세시대는 유럽 음식문화의 역사에서 중요한 의미를 갖고 있다. 바로 이 시기에 고대 로마의 음식 모델과 게르만족의 음식 모델이라는 서로 다른 상이한 음식문화가 서로 갈등을 일으키면서 오랜 시간에 걸쳐 서서히 융합했다. 여기에 중세인의 식생활을 규제하며 빵이나 포도주와 같은 음식물에 새로운 상징적인 의미를 부여한 기독교의 영향으로 독특한 식생활 문화가 형성되었다. 또한 복식과 마찬가지로 음식문화에서도 신분 간의 차이가 두드러지게 나타났다. 12~13세기경부터는 도시와 농촌 사이에서도 큰 차이가 나타나기 시작했다. 시칠리아나 이베리아 반도처럼 이슬람세계와의 접촉이 빈번했던 지역에는 시금치, 가지, 건면 등 아랍음식의 영향을 받은 재료나 음식들이 도입되었다. 13세기부터는 전반적인 생활수준이 향상되면서 새로운 음식이 나타나고 요리가 세련되어지기 시작했다. 또한 고대 이후 사라졌던 요리책이 다시 등장하며 식도락에 대한 새로운 관심이 대두했다.

로마식 식사방식의 점진적 소멸

중세 초기의 식사문화에는 로마제국시대의 전통이 많이 남아 있었다. 로마식 저녁 식사인 케나cena와 로마식 디너파티인 콘비비움convivium(연회)이 로마제국의 멸망 이후에도 6세기까지 지속되었고, 식사를 하는 방법 역시 로마적 전통을 따르는 사람들이 남아 있었다. 갈리아의 주민들은 여전히 로마의 전통에 따라 비스듬히 기대앉아 식사를 한 반면에 게르만족은 똑바로 앉아 식사를 했는데, 이러한 차이점이 당시 사람들에게는 일종의 문화충격으로 다가왔다. 예를 들어 6세기 말에 갈리아의 로마계 귀족 출신인 투르의 그레고리우스Grégoire de Tours가 손님들은 모두 기대앉아 있는데 안주인만은 똑바로 앉아 있던 만찬에 대해 기록했다. 6세기까지는 옛 로마식 식사법이 사라져 가는 와중에도 그 풍습의 명맥이 상류층에 남아 기대앉아 식사하는 로마 풍습과 똑바로 앉아 식사를 하는 게르만의 풍습이 공존했다. 그렇지만 로마식 식사법은 최고 상류층인 황제나 교황의 궁전에서나 명맥을 유지했을 뿐이고, 이후 8세기 말 교황 레오 3세 때에 잠깐 소생하기도 했지만 결국 역사의 뒤안길로 사라져 버렸다.

로마인이 포도주와 게르만족의 맥주

식생활에서 로마문화와 게르만문화의 대조적인 면은 식사하는 자세뿐만 아니라 주요 식재료에서도 나타났다. 고대 그리스와 로마의 문명은 농업경작에 기반을 두고 있었으며, 특히 밀, 포도, 올리브는 가장 중요한 작물이었다. 따라서 빵과 포도주, 그리고 올리브 기름이 고대 지중해문명을 상징하는 음식물이었다. 그 반면에 로마사람들이 '야만인'이라고 불렀던 북방민족들은 숲을 삶의 터전으로 삼고 채집, 사냥, 방목, 어로 활동을 주로 했기 때문에 그 주식은 육류와 우유, 치즈였다. 주류의 경우에도 게르만족은 포도주보다는 야생과일을 발효시켜 만든 시드르cidre와 보리나 다른 곡물을 발효시켜 만든 맥주의 일종인 에일ale을 즐겨 마셨다. 한편 지중해지역에서는 요리용 기름으로 올리브 기름을 사용한 반면에, 북부의 게르만족은 올리브 기름 대신 돼지비계를 녹여 만든 기름인 라드lard를 사용하였다. 돼지고기는 로마인들도 먹기는 했지만 특히 게르만문화에서 각광을 받은 육류였다.

초대 교회는 로마문명의 상징인 빵, 포도주, 올리브 기름을 종교적인 상징 및 도구로 사용함으로써 고대 로마 세계에 쉽게 동화될 수 있었다. 기독교 전례의 성찬식에서는 빵과 포도주가 사용되고, 성사聖事를 집행하고 성소聖所의 등불을 밝히는 데에는 올리브 기름이 쓰였다. 이에 따라 로마제국의 멸망 이후 유럽 전역으로 기독교가 확산되는 과정에서 빵, 포도주, 올리브 기름이 강력한 기독교의 상징물로서 유럽 북부 사람들의 생활문화에서도 중요한 위치를 차지하게 되었다. 그리고 교회와 수도원은 유럽 북부 지역에서 포도 재배와 밀 경작이 확대되는 데 크게 기여했다.

하지만 로마-기독교적인 음식문화가 확산되는 과정에서 토착문화와의 충돌과 긴장이 계속 존재했고, 이러한 갈등 과정을 거치며 양 문화가 서로 조화를 이루며 서서히 융합해 갔다. 예컨대 맥주는 북부의 이교도들이 성스러운 음료로 숭배하던 음료였기 때문에 처음에는 기독교의 포도주와 갈등을 일으켰지만 7세기 이후에는 수도사들의 식탁에 일상적인 음료로 등장했다. 7세기에 프랑크 귀족들이 수도원에 대규모로 입회했는데, 이때 게르만의 음료문화가 수도원에 유입되었을 것으로 추정된다. 9세기 이후에는 맥주에 홉을 첨가하는 기술이 등장했는데, 이것은 수도원에서 이루어진 혁신적인 발명이었다. 중세시대에 수도원에서 직접 맥주를 조제하던 전통이 오늘날까지도 계속 전해져 내려오고 있다. 중부와 북부 유럽에서 전례용품인 빵과 포도주, 올리브 기름을 일상의 음식으로도 소비하는 것은 상류계층에 국한되어 있었다. 음식의 소비에서 나타나는 사회적인 구별과 차이는 특히 빵과 육류의 소비 패턴에서 가장 두드러지게 나타났다.

부자의 음식과 빈자의 음식

고대 그리스·로마의 전통에서는 곡물로 만든 음식의 형태는 빵과 폴렌타polenta라 불리는 죽으로 양분되어 있었다. 음식문화에서 나타나는 이러한 이분법은 강력한 상징적인 의미를 지니고 있었다. 빵은 이상적인 음식으로 높이 평가된 반면에, 폴렌타는 농민과 가난한 사람들이 일상적으로 먹는 기본적인 음식이었다. 음식에 대한 사회적인 가치평가가 그 음식을 먹는 사람들의 사회적인 신분서열을 구분하는 데에도 반영되었으며, 이러한 전통은 중세시대에도 지속되었다. 더욱이 중세시대에는 빵이 그리스도의 몸으로 승화되어 신성한 의미를 지니게 된 반면에 폴렌타는 속된 음식으로 간주되었다.

중세시대에는 빵의 색깔에 의해서도 신분이 구분되었다. 4세기 이후부터 11세기까지 밀은 남부 유럽을 제외하고는 대개 상류층을 위해 소량으로만 재배되고 호밀의 경작이 확대되었다. 그 이유는 호밀의 생산성이 밀보다 더 높은 데다가 지력을 회복시키는 기능까지 갖추고 있었기 때문이다. 밀과 호밀의 차이가 빵 색깔의 차이로 나타났고, 그것이 이를 향유하는 계층의 사회적인 차이를 구분하는 상징적인 의미를 지니게 되었다. 흰 밀빵은 귀한 음식으로 상류층의 전유물이자 사치품이었던 반면에, 검은색의 호밀빵과 기타 잡곡류로 만든 빵은 농민과 하인들이 먹는 음식이었다.

중세의 빵 굽는 모습.

11세기에서 13세기 사이에 개간사업이 활발하게 이루어지면서 밀의 경작면적이 넓어졌다. 그리하여 호밀, 귀리, 기장, 보리 등 잡곡 대신 밀농사가 크게 팽창해 빵이 주식으로 등장하게 되었다. 그러나 흰 빵의 소비는 주로 지주들과 도시민들에 의해 이루어졌다. 농민들은 자신이 경작한 밀을 지대로 지주에게 넘겨주거나 도시에 내다 팔고 기장, 호밀, 귀리 등으로 만든 죽이나 여러 잡곡을 섞어 만든 검은 빵을 먹었다. 밀가루로 만든 흰 빵은 축제 때에나 먹는 별식이었다. 과거에 유럽의 많은 지역에서 일주일에 한 번만 빵을 구웠다. 유럽 북부에서는 심지어 1년에 2번 구울 때도 있었다. 따라서 빵은 대부분 딱딱했기 때문에 부드러운 상태로 먹기 위해 대개 수프에 부스러뜨려 넣어야 했다.

육식에 대한 갈망과 금기

유럽에는 오늘날까지도 밀을 먹는 남부의 문명인과 고기를 먹는 북부의 야만인이라는 통념적인 이미지가 남아있다. 빵문화와 육식문화에 대한 이러한 이분법적 사고는 고대 로마인들은 채식을 즐겼던 반면에 게르만족은 육식을 선호했다는 사실에 기인한다. 두 상이한 음식문화가 중세시대에 서서히 융합되긴 했지만 오랫동안 상호 갈등과 긴장관계가 완전히 사라지지 않았다. 로마의 음식모델과 게르만의 음식모델의 충돌과 대립은 경작을 선호하는 수도원문화와 숲·사냥·육식을 선호하는 귀족문화의 대비로 계승되었다.

게르만 전사에게, 그리고 이후의 봉건시대의 귀족들에게 고기는 육체적인 힘, 즉 전쟁 수행 능력을 기르는 데 필수적인 중요한 음식이었다. 따라서 육류가 무력과 권력의 상징이 되었고, 귀족계층은 많은 양의 육류를 소비함으로써 자신의 권력을 과시했다. 10~11세기에 봉건제가 확립되면서 행정권과 사법권을 장악한 '싸우는 자'들이 삼림자원에 대한 지배를 강화하기 시작했다. 이들은 비경작지 사용권을 제한

중세의 시장 풍경. 하거나 금지하면서 농민들이 비경작지에서 양을 목축하거
나 돼지를 치기 위해 도토리를 줍는 것도 제한했다. 또한 수
렵법을 제정해 숲에서 야생동물을 사냥하는 것을 금지했다. 사냥은 귀
족계급에게 일종의 모의전투 훈련인 동시에 신분적인 특권이 되었다.

그 반면에 가톨릭교회는 육식에 대해 강박관념에 가까울 정도로 거
부반응을 보이면서 채식문화를 추구했다. 허약하고 병든 이를 제외한
모든 수도자들에게 육식이 금지되었다. 이들에게 고기는 폭력이나 죽

104

음, 성욕 등과 관련지어지며 육체적인 쾌락을 충동질하는 악의 근원이자 상징으로 치부되었다. 더욱이 기독교적인 관점에서 육식은 제사에서 동물을 희생하고 그 고기를 먹는 이교적인 전통을 연상시켰기 때문에 더 큰 거부감을 불러일으켰다. 교회는 귀족계급이 열광하는 사냥에 대해서도 못마땅해하는 태도를 보였다.

귀족계급과 교회의 식문화에 대한 태도 및 이데올로기의 차이는 폭식에 대한 관점의 차이에서도 두드러지게 나타났다. 게르만문화에서는 대식가가 긍정적으로 평가되고 폭식과 폭음이 남성성과 육체적인 우월성을 보여 주는 것으로 간주되었다. 이러한 전통을 이어받은 중세의 봉건귀족은 고기를 폭식하는 것을 전사로서의 미덕이자 귀족신분의 상징으로 생각했다. 또한 항상 기근의 위협이 존재하던 중세시대에는 기사뿐만 아니라 모든 계층의 사람들이 기회가 닿는 대로 폭식을 하는 경향을 보였다.

그 반면에 기독교 윤리에서는 절제된 식생활을 미덕으로 삼고 6세기 이후부터 탐식을 원죄로 치닫는 유혹으로 간주하면서 일곱 가지 사악한 죄악[칠죄종七罪宗(Seven Deadly Sins)] 중 하나로 간주했다. 교회당국은 사순절과 금요일, 그리고 그 외의 규정된 금식기간 동안 평신도들의 육류섭취를 금지했다. 기도서의 달력이 중세인의 식생활을 규제한 결과, 야채나 치즈, 계란, 생선과 같은 대체음식들이 각광을 받았다. 또한 사순절 직전 사육제 기간에 마음껏 먹고 마시면서 긴 금식과 고행의 시기를 대비하는 풍습도 나타났다. 중세시대의 금식기간들을 계산해 보면 1년에 약 150일 이상이나 되었는데, 이러한 점은 유럽이 이슬람세계나 동아시아 등 다른 문화권에 비해 많은 양의 육류를 소비하는 육식 애호 문화를 가지고 있었다는 사실을 반증하는 것이기도 하다.

육식에 대한 교회의 거부반응에도 불구하고, 그리고 중세인들의 식단에서 가장 많은 부분을 차지하고 있던 것은 여전히 곡물이었음에도 불구하고 '농업혁명' 이후 유럽에서 육류의 소비가 크게 증가했다. 특히 도시지역에서는 14세기 후반 이후 육류 소비가 하층민에게까지 확대되었다. 농민과 도시민들이 주로 먹는 고기는 주로 보존 처리된 저장육이었고 특히 돼지고기를 가장 많이 먹었다. 모든 집이 고기 저장고인 라르다리움lardarium을 갖추고 있었다. 여기에 소금에 절이거나 훈제한 돼지고기, 소세지 등을 보관하고 일 년 내내 먹었다. 돼지는 초겨울에 대량 도축되었다. 도축 직후에는 신선한 고기를 먹을 수 있었지만, 대개의 경우 신선한 고기의 섭취는 귀족들과 부유한 사람들만이 누릴 수 있는 특권에 속했다.

매너의 발달과 향신료 애호

12~13세기경부터는 음식문화에서 나타나는 사회적 차별이 단지 양적인 면에 있어서 뿐만 아니라 질적인 면에서도 두드러지게 나타나기 시작했다. 농업혁명 이후 부유해진 농민들이 영주와 도시민들의 생활양식을 모방하려 하자, 귀족계층이 음식을 포함한 일상생활 전반에서 명확히 신분적인 구별의 선을 긋고자 했다. 그래서 이 시기부터 사회적 차별의 표지로서 궁정풍의 '매너'가 발달하기 시작했다. 귀족계층

이 요리의 모양, 냄새, 색깔, 구성, 음식의 접대방식, 연회장의 장식 등에 관심을 쏟고 식사도구 사용이나 음식을 먹는 방법 등에서 고상한 태도와 올바른 매너를 강조하면서 식사예법이 구체적인 형태를 갖추어 가기 시작했다.

그렇지만 이 시기는 식사 매너가 막 태동하고 르네상스시대의 근대적인 식사방식으로 이행하는 과정에 있었기 때문에 현대인들의 눈에는 낯설게 느껴지는 모습이 많이 있었다. 예를 들어 중세 말기까지 포크와 냅킨이 사용되지 않았다. 그래서 사람들은 손가락으로 음식을 집어먹으면서 식탁보에 손가락을 닦았다. 나이프는 고기를 써는 데에만 이용했는데, 이 경우 식사용 나이프가 따로 있지 않아 전쟁무기인 단검이나 단도를 식사 때 사용했다. 또한 접시가 14세기에 나타났지만 르네상스시대 초기까지 연회나 중요한 식사모임에서는 '빵 도마pain tranchoir' 라 불리는 둥글고 두껍게 자른 거친 갈색 빵 조각이 그릇 대용으로 널리 사용되었다. 식사 중에 빵 도마가 지나치게 소스에 젖게 되면 시중을 드는 하인이 새것으로 교환해 주었다. 식사가 끝난 후에 수거된 빵 도마는 가난한 사람들이나 걸인들에게 자선품으로 분배되었다.

사회적인 신분을 구별하고 권력과 부를 과시하는 사치스러운 음식물로 향신료 역시 빼놓을 수 없다. 고대부터 사용된 후추 외에 10세기까지 생강, 계피, 정향 등 다양한 향신료에 대한 관심이 높아졌다. 그 용도가 처음에는 의학용 강장제였지만, 11세기 말에 십자군원정의 영향으로 동방과의 접촉이 빈번해지면서 향신료의 유입이 확대되고 그것이 점차 식도락의 대상이 되었다. 13세기부터 유럽에서 향신료의 붐이 크게 일어나, 오랫동안 향신료 무역을 독점했던 베네치아 상인들이 큰 부를 축적했다. 그 후 17세기에 프랑스 궁정에서 마늘, 양파, 파슬리 같은 토속 향료를 아주 약간만 사용해 만드는 요리가 유행하기 전까지는 유럽 상류층의 요리에서 향신료가 과다하게 사용되는 현상이 나타났다. 비싼 향신료가 많이 들어갈수록 좋은 음식이라는 의식이 존재하고 있었기 때문이다. 향신료에 대한 강박관념이 도시의 부르주아계급에서 더욱 두드러지게 나타났다. 이러한 향신료에 대한 지나친 열정과 과소비현상을 프랑스의 역사가 페르낭 브로델Fernand Braudel(1902~1985)은 '향신료에 대한 광기'라고 부르기도 했다.

폐쇄적이면서 노출된 공간

주택은 추위와 위험으로부터 인간을 보호해 주는 보금자리이고 일상생활이 전개되는 장소이다. 중세유럽 문명의 특징인 지역적인 차이와 사회적인 불평등이 주거형태에도 나타났다. 가난한 농민들은 누추한 가옥에서 흙바닥 위에 골풀이나 나뭇잎을 깔고 살았지만, 귀족이나 부유층의 저택은 고급 건축용 석재나 벽돌, 단단한 목재로 정교하고 튼튼하게 지어졌다. 바닥은 깨끗하게 타일로 장식하기도 했다. 15세기부터는 주택문화에서 계층의 차이뿐만 아니라 도시와 농촌의 차이도 두드러지게 나타났다.

목재문화와 석재문화

도시 저택.
바닥에 타일이 깔끔하게
깔려 있다. 15세기경.

중세시대에는 석재, 목재, 진흙 등으로 건축물을 지었다. 어떤 재료를 얼마나 어떻게 사용하는가의 여부는 각 지역에 따라, 건물의 용도에 따라 그리고 각 신분계층에 따라 달라졌다. 학자에 따라서는 유럽의 건축문화를 사용되는 건축재료에 따라 남부의 목재문화와 북부 게르만지역의 석재문화로 구분하기도 한다. 또한 이러한 구분이 시기별로도 적용되어 다음과 같은 시대구분이 이루어지기도 한다. 고대에는 석재문화가 지배적이었다. 목재문화는 중세 초기부터 당시 풍부한 삼림자원을 가지고 있던 유럽 북부에서 확대되기 시작해 8~9세기 사이에 지배적인 건축문화로 자리 잡았다. 11

세기경에 이르러서는 성채나 일반 주택, 교회 건축에도 대부분 목재가 사용되었고, 이 때문에 화재가 빈번하게 발생했다. 석재문화가 다시 출현한 때는 12~13세기에 로마네스크 성당과 고딕 성당의 대규모 건축이 시작되면서부터이다. 이와 비슷한 시기에 예전에는 대개 나무로 지었던 방어용 성채들도 돌로 쌓아 올렸다. 이후 14~15세기에 도시지역에서 다시 목재문화가 유행해 '목골조 주택maison à colombages의 시대'라 일컬어지기도 한다. 그러나 이러한 도식화가 편리하기는 하지만 각 지역별, 시기별로 존재하는 다양성을 고려하지 않고 있기 때문에 주의를 기울여야 한다는 지적도 있다. 예를 들어 목재가 귀한 지역에서는 가난한 사람들이 그 지역에서 나는 석재로 집을 지었다. 또한 개간사업의 결과 목재가 예전보다 많이 귀해진 14세기에는 골조구조에만 목재를 사용하고 돌, 광석, 석탄 덩어리나 회반죽과 짚과 흙을 섞어 만든 혼합물로 집을 지었다. 즉 각 지역의 전통과 형편에 따라 구하기 쉬운 건축재료를 사용했고, 경제적·기술적인 요인 및 기술자의 존재 여부 등도 건축재료의 선택 및 건축형태에 큰 영향을 미쳤다.

목골조 주택. 스트라스부르.

집을 짓는 재료가 사회적인 신분을 나타나는 징표였지만, 그것이 도식적으로 구분되지는 않았다. 반드시 석재와 벽돌이 부유함을 상징하고 목재와 짚을 섞은 벽토가 가난을 상징하는 것은 아니었다. 예를 들어 가난한 도시민과 농민들의 집이 대개 나무와 진흙으로 지어지긴 했지만, 이러한 건축재료 그 자체가 '가난'을 상징하지는 않았다. 목재와 진흙으로 집을 짓는 관행은 옛 켈트족의 갈리아와 로마 지배하의 갈리아의 전통에서 전해져 내려오는 것으로서 중세 말기에는 목골조 주택이라는 아름다운 건축물을 낳았다.

요컨대 중세유럽의 주택건축에서 목재와 석재의 사용이 항상 엄밀하게 나눠지는 것은 아니었다. 다양한 재료들이 혼합되어 사용되었다. 중세 후기에 프랑스의 여러 지역에서 돌과 벽돌의 사용량이 증가했지만 목재 사용이 완전히 사라지지는 않았다. 예컨대 노르망디의 루앙Rouen에서는 12~13세기에 석재가 가옥건축에 주로 사용되었지만, 목재 가옥도 동시에 존재했다. 그러나 14세기 유럽에서 대개 석조주택을 선호했던 것과는 달리, 루앙에서는 목골조주택을 선호했다. 오늘날까지도 이 도시에는 고풍스러운 목골구조 주택이 시내 중심지에 산재해 있다.

농촌의 주택과 도시의 주택

오늘날까지도 그 흔적이 남아 있는 유럽 마을의 기본형태는 대체로 11세기경에 형성되었다. 마을은 영주의 성채, 교회, 공동묘지를 중심으로 구성되었다. 교회는 마을의 중심이자 생활의 중심지로서 유일하게 한 세대에서 다음 세대로 이어지는 튼튼한 건축물이었다. 농촌 마을의 배치는 자유롭고 무질서한 편이고 교통도 불편했다. 집들은 대개 밭 한가운데 위치해 있었지만 점차 길가에 가지런히 늘어서게 되었다. 농민들은 작고 누추한 오두막에서 살았다. 지붕은 낮고 종종 짚으로 덮여 있었으며, 창문은 박공 꼭대기에 아주 조그맣게 나 있어서 채광이 좋지 못했다. 농촌지역에서 오늘날 고고학적 발굴에 의해 출토된 집터의 유형은 몇 가지가 되지 않는다. 방 한 칸 혹은 두 칸짜리 허름한 오두막이 대부분이고, 가끔 약간 더 넓은 이층 오두막이 발견되기도 한다. 중세의 '기본적인 가옥형태'는 지방마다 그 유형이 다양한데, 대개 두 칸짜리 가옥으로 첫 번째 방에는 화덕이 있었고, 두 번째 방은 주거용으로 사용되었다. 여기에 축사가 가옥의 부속건물로 포함되어 훗날 농가의 형태로 발전했다. 집 옆에는 텃밭이 있어서 농민들이 여기서 채소를 키우고 양과 돼지, 닭 등 가축을 길렀다.

중세유럽의 도시에는 농촌과 달리 고층건물들이 많이 있었다. 그곳에서는 5~6층짜리 건물도 쉽게 찾아볼 수 있었다. 대개 아래층에는 여관, 술집, 빵집, 푸줏간, 대장간, 직물점, 염색소 등 상인과 수공업자들의 가게가 위치했고, 살림채는 위층에 있었다. 이러한 전통이 오늘날의 유럽 도시에 여전히 남아 있다. 도시의 고층건물들 사이에는 공간이 없었다. 건물 위층이 서로 붙어 있는 경우도 많았다. 방어상의 목적으로 도시의 건물들이 조밀하게 들어섰기 때문이다. 건물에 가로막혀 해가 들지 못하는 바람에 좁고 미로 같은 도시의 거리가 일 년 내내 어둡고 음산했다. 주택의 수명은 20년 정도에 불과해, 보수와 개축을 제대로 하지 않는 경우 때때로 길 위로 건물이 무너지는 대형사고가 일어나기도 했다. 이에 시당국이 건물 높이를 제한하는 법령을 발표하기도 했다. 귀족이나 부유층이 사는 고급 주택은 튼튼한 석재와 벽돌, 고급 목재 등으로 지어진 고층건물에 창살대가 있는 큰 창문이 있고 지붕 위에는 여러 개의 굴뚝이 솟아 있어 생활하기에 안락했다. 한편 중세유럽의 도시는 오늘날의 도시와 달리 목가적인 전원도시의 성격을 보였다. 도시 안에 채마밭, 과수원과 더불어 축사 등이 있어 돼지와 양, 소, 말 등의 가축들이 온 도시 안을 돌아다니곤 했기 때문이다.

채광과 난방

13세기 이전까지 중세유럽의 건물은 외형적으로 폐쇄적인 구조를 가지고 있었다. 신변의 안전을 위한 방어상의 문제에 더해 건축기술이 발달하지 못했기 때문이다. 넓은 거실이나 홀을 확보하기 위해서는 건물을 높이 지어야 하는데 건축기술의 한계로 창을 크게 내지 못했던 것이다. 농민들의 집에는 창문이 아예 없거나 아주 작은 창문만 있었다. 이는 영주의 성이나 교회건물도 마찬가지여서 창을 최대한 작게 내었다. 그 때문에 로마네스크시대의 건물 내부는 좁고 습하고 추운데다 무척 어두웠다. 어두운 실내는 동물의 지방을 녹여서 만든 양초로 밝혔다. 이후 13세기에 들어서 건축기술이 발전해 건물을 높이 짓고 창을 크게 낼 수 있게 되었다. 덕분에 햇빛이 성이나 교회 내부에까지 들어오게 되었다. 대성당, 교회건물, 성채의 커다란 창에는 스테인드글래스나 투명한 유리를 사용했다. 유리는 사치품이었기 때문에 유리창은 귀족과 부유층의 저택이나 큰 교회, 왕궁에서만 볼 수 있었다.

일반 주택에서는 외풍을 막기 위해 창을 기름종이나 밀랍을 칠한 천으로 가리고 날씨가 좋을 때에는 잠시 떼었다. 보온과 방어라는 두 가지 목적을 위해 창에 나무로 만든 덧창을 달고 밤이 되거나 집을 비울 때에는 이를 굳게 닫았다. 덧창을 사용하는 전통이 오늘날에도 유럽의 도시와 농촌의 가옥에 여전히 남아 있다.

　중세유럽의 주거형태는 더위에는 강한 반면에 습기와 추위에는 무척 약했다. 게다가 난방기술도 그리 발달하지 못해 사람들이 겨울에 난방이 없는 집에서 두꺼운 옷을 여러 겹 껴입고 살았다. 중세인들이 현대인들보다 훨씬 더 기름진 음식을 먹은 것도 난방의 미비라는 주거현실과 깊은 관련이 있었다. 게다가 바닥에 카펫을 깔지 않고 그냥 짚이나 풀을 깔아 놓고 생활했기 때문에 겨울이 되면 바닥이 얼어붙어 더욱 추웠다. 중세 말기에 부유층의 저택은 바닥에 마루나 타일을 깔고, 벽에는 벽걸이융단tapestry을 걸어 집을 장식하고 내부공간을 구획하는 동시에 벽으로부터 스며드는 찬바람을 막아 실내온도를 따뜻하게 유지했다. 그러나 이는 극소수의 특권계층만이 누릴 수 있는 사치였다. 조명과 난방 기능을 동시에 갖춘 대형 벽난로는 11세기에 등장했는데, 지중해 사람들이 사용하던 화로보다는 개선된 것이었지만 난방효과는 그리 좋지 못해 로마식 온돌인 히포카우스툼hypocaustum보다는 낙후된 난방기술이었다. 벽난로에 장작이나 이탄泥炭을 사용해 불을 지폈지만, 연기와 함께 열기도 빠져나갔다. 게다가 굴뚝이 통풍이 잘되면 그 만큼 난방효과가 떨어졌다. 중세의 가옥이나 수도원에서 가장 난방이 잘되는 곳은 화기를 사용하는 부엌과 인접한 장소였다.

생활공간과 가구

중세 농가의 부엌은 가옥 한가운데 위치한, 돌로 된 화덕을 중심으로 구성되었다. 이 화덕은 요리하는 장소일 뿐만 아니라 난방장치 구실도 했다. 큰 장원이나 성의 부엌에는 대형 화로가 있었고, 화재 위험을 방지하기 위해 부엌은 대개 본채와 떨어져 있는 경우가 많았다. 주방은 식당으로도 이용되었다. 중세인들은 다리가 달린 사각대四脚臺를 식탁으로 사용했다. 그들은 사각대 위에 널빤지를 얹은 다음 그 위에 식탁보를 씌우고 식사를 했으며, 식사를 마치면 판자를 내리고 사각대를 의자 대용으로 사용했다. 의자는 당시로서는 비싼 가구였다. 영주들이 소유한 상설常設 식탁은 대단한 부를 상징했다.

오늘날까지 남아 있는 가구들은 대개 14~15세기의 것인데, 그 대부분이 소부의 득권층과 부유층이 사용하던 것이었다. 중세인들이 가장 많이 사용하던 가구로는 큰 궤짝과 침대가 있다. 당시 옷장은 귀한 가구였다. 자물쇠가 달린 궤짝은 여러 가지 형태가 존재했으며 만능적인 다용도 가구로 사용되었다. 귀족들은 여기에 의복이나 개인용품 등을 보관했다. 여러 저택과 성채를 가진 귀족들의 경우 자신의 영지들을 순회하면서 거처를 옮길 때마다 궤짝에 모든 짐을 집어넣은 후 이를 들고 이동했다. 궤짝은 가난한 농민들도 사용하던 보편적인 가구였다. 농민들은 궤짝 속에 소금이나 빵 같은 식량을 저장하거나 의복을 보관했다. 그렇지만 중세 농가의 내부에 어떤 가구가 놓여 있었는지는 정확히 알 수 없다.

가구를 거의 놓지 않고 살았던 중세인들에게 침대는 궤짝 못지않게 중요한 가구였다. 당시 사람들은 짚을 깔거나 매트리스를 올려놓은 침대 위에서 홑이불을 덮거나 혹은 홑이불 없이 잠자리에 들었다. 중세인들은 잠잘 때 속옷을 입지 않았다. 옷을 벗고 맨몸으로 잠을 잤기 때문에 겨울철에는 노루나 양의 모피를 덮어 추위를 막았다. 침대 주위에는 린넨으로 된 시트를 둘러쳐 놓았는데, 이는 벽 틈으로 새어 들어오는 찬바람을 막거나 부부의 사생활을 보호하기 위해서였다.

위생과 냄새

중세시대에는 상하수도시설과 위생시설이 엉망이었다. 특히 많은 인구가 밀집해 사는 도시에서는 인구가 증가함에 따라 위생조건이 더 악화되었다. 시민들은 몇 개 되지 않는 우물을 공동으로 사용했고, 하수도라고는 좁은 도랑밖에 없었다. 급수관이나 하수관의 자재로는 석재, 목재, 구운 흙 이외에 납이 사용되어 사람들은 납중독에 걸리기도 했다. 화장실은 드물어 아주 부유한 집에서나 갖추어져 있었다. 거리는 사람들이 마구 버린 쓰레기와 배설물들로 매우 지저분했다. 《생드니 연대기Chroniques de Saint-Denis》는

15세기 독일의 거리. 짐승과 사람이 혼재한 가운데 곳곳에 널려 있는 오물로 지저분했다.

주변인들이 지켜보는 데도 아랑곳하지 않고 용변을 보고 있는 중세유럽의 남성.
그의 머리 위로 이층의 변기구멍이 뚫려 있다.

1200년경의 파리가 얼마나 지저분한 도시였는지를 다음과 일화를 통해 전해 주고 있다. 어느 날 프랑스 국왕 필립 오귀스트(필리프 2세)가 창가에 팔을 괴고 바람을 쐬고 있었다. 그런데 지나가던 수레가 요동을 치면서 오물을 튀기는 바람에 참을 수 없는 악취가 왕이 기대고 있는 창가까지 올라왔다. 끔찍한 냄새에 진저리가 난 왕이 구역질을 하며 얼른 창가를 떠났다. 일반 가정집에는 변소가 없어서 대소변을 모아 놓은 요강을 창밖으로 비워 버렸다. 그 때문에 사람들이 길을 걷다가 갑자기 위로부터 오물 세례를 받는 일이 빈번히 일어났다. 여러 도시의 당국에서 오물 투척을 금지하는 법령을 공포하기도 했지만, 사람들이 법을 무시하고 밤에 몰래 오물을 길바닥에 버리곤 했다.

중세인들에게는 위생관념이 결핍되어 있었다. 중세 말기의 영주들 중에 침실 안에 욕조를 설치하고 목욕을 하는 이도 있었으나, 중세인들은 대부분 목욕을 하지 않기로 유명했다. 목욕을 로마문화의 퇴폐적 잔재로 생각하며 금기시한 기독교 금욕주의의 영향 때문이었다. 여기에 더해서 15세기에 피부의 때가 역병을 막아 주는 보호막이라는 미신이 널리 퍼져 사람들이 목욕을 더욱 꺼리게 되었다. 중세시대에는 건강과 위생에 관한 많은 미신들이 떠돌았다. 예를 들면 중세인들은 나병 등 몸에 나타나는 여러 질병이 영혼의 타락에 의한 것이라고 믿었다. 또한 페스트의 원인은 악마가 공기를 더럽혔기 때문이고, 페스트가 악취에 의해 널리 퍼진다고 믿었다. 중세시대의 의학지식이 초보적인 수준에 머무른 데다가 위생 상태도 엉망이었다. 중세인들은 몸을 제대로 씻지 않았고, 옷도 자주 갈아입지 않았으며, 주거환경도 비

위생적이었다. 영주의 저택조차 무척 지저분했다. 영주의 성에는 바닥에 짚을 깔아 놓고 이를 교체하기는 했지만, 식사를 하면서 뼈나 음식물 찌꺼기를 바닥에 마구 버리는 데다 그안에서 키우는 개나 고양이 같은 가축들의 배설물 등도 묻어 있어서 매우 불결하고 더러웠다. 도시환경과 각 개인의 지저분한 위생상태가 역병이 발생했을 때 상황을 더욱 악화시키는 데 일조했다. 게다가 페스트 같은 대역병이 일어났을 때 사람들이 수도원이나 교회 같은 밀폐된 공간에 모여 집단적으로 신에게 구원을 요청하면서 전염병이 더 쉽게 확산될 수 있는 조건을 마련했다.

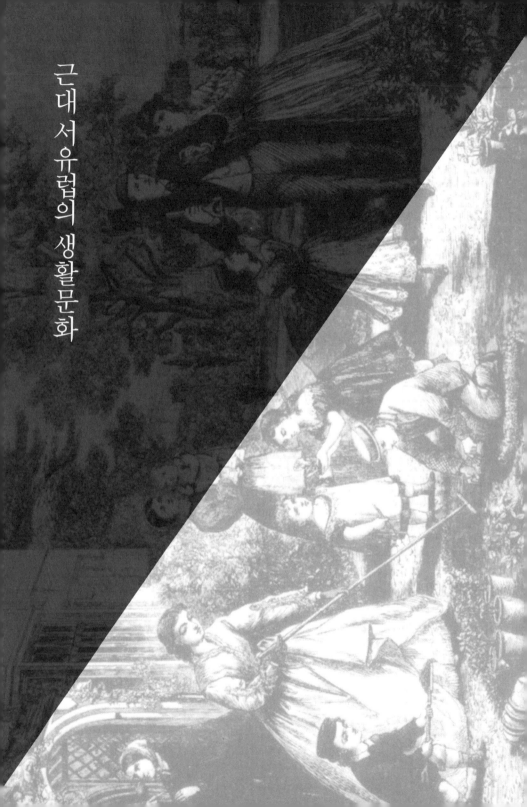

근대 서유럽의 생활문화

유행과
개혁의 시대
—
박재영·김진호

근대의 도래

유럽의 근대성Modernity은 다의적이고 광범위한 개념이나
일반적으로 르네상스와 종교개혁을 기점으로 심화된
개인주의, 산업화, 자유주의, 사회주의 등을 일컫는
다. 르네상스는 고대 그리스와 로마의 고전주의를
부활시키고 중세 교회와 봉건제도의 속박
으로부터 인간을 해방시키려는 시대사조였
다. 15세기에 먼저 이탈리아가 중심이 되어
발달했으며, 16세기에는 에스파냐에서 르
네상스운동이 융성하게 되었다. 에스파냐

* 이 글은 정부(교육과학기술부)의 재원으로 한국연구재단의 지원을 받아 수행된 연구입니다(NRF-2010-413-A00013).

근대 유럽 지도. 1660년대.　　　가 유럽의 다른 나라들보다 먼저 성장한 원인은 일찍이

절대왕정을 확립하고 1492년 콜럼버스에 의한 신대륙

의 발견과 식민활동으로 경제적인 풍요를 누릴 수 있게 된 데 있었다.

　일반적으로 역사가들은 근대를 16세기에서 19세기까지로 보고 있

는데, 유럽의 근대성을 설명하기 위해서는 종교개혁을 이해할 필요

가 있다. 중세에는 교속敎俗 간의 대립과 갈등이 있었고 이는 초대교

회의 본질과 거리가 먼 것이었다. 종교개혁은 초대교회의 순수한 신

앙과 본질로 돌아가기 위한 노력이었다. 루터Martin Luther(1483~1546)

는 원죄로 인해 전적으로 타락한 인간은 스스로 선을 행할 수 없고 그

리스도의 중재를 통해 믿음에 의해서만 의인이 될 수 있다고 강조했

다. 즉 구원의 문제에서 인간의 무능력함을 강조하면서 성서로 돌아

갈 것을 주장한 것이다. 이는 기존 중세 교회의 가르침과 권위에 대한 심각한 도전이었고, 독일 민중들은 루터의 사상에 동조하기 시작했다. 이를 통해 민중의 의식이 각성되고 보다 체계적으로 신학을 연구하려는 움직임, 종교적 자유, 나아가 인간의 자유를 향한 열망이 증대되었다. 칼뱅 Jean Calvin(1509~1564)의 장로교 개혁은 교회 내에 대의정치를 구현해 민주적인 운영을 가능하게 하고 만인이 교회의 행정에 참여할 수 있는 발판을 마련했다. 아울러 칼뱅의 보다 더 보수적인 신학은 아우구스티누스의 원죄론을 발전시켜 예정론이라는 교리를 형성했다. 이는 타락한 인간의 전적인 무능력함을 강조한 것으로, 후에

마틴 루터.

칼뱅.

인간의 자유의지를 강조한 아르미니우스주의가 이를 반박하기는 하지만 칼뱅의 중요한 신학 논제 중 하나였다. 이러한 예정론은 신에 의해 선택되었다는 선민의식과, 이를 통해 세속적인 직업관을 발전시켜 직업은 신이 주신 것이라는 소명의식을 갖게 했다. 또한 직업에 열심히 종사하는 것이 은혜로 구제받는 신앙인의 의무라는 생각을 발전시

컸다. 따라서 예정론은 절제, 근면, 검소, 이윤추구 등 금욕적 프로테스탄티즘Protestantism을 성립시키고 이윤추구가 죄가 아니라는 합리적인 생각을 갖게 했다. 즉 이윤을 추구하는 것은 신이 주신 직업에 대한 성실한 종사로 신께 영광을 돌리는 일이었다. 이는 상공업에 종사하는 계층으로부터 옹호되었고, 19세기 독일의 사회학자인 막스 베버Max Weber(1864~1920)는 칼뱅주의가 자본주의를 발전시키는 데 주요한 역할을 했다고 보았다. 이렇게 종교개혁은 유럽의 근대성이 발전하는 데 매우 중요한 역할을 했으며, 개인주의, 세속적인 직업관, 자유주의 등의 개념은 종교개혁을 기점으로 발전하게 되었다.

17세기부터 일어난 계몽주의Enlightment는 개인의 이성에 대한 신뢰와 이를 통해 무한한 진보와 발전이 가능하다고 믿는 사조로서 이성이 삶의 기초를 제공할 수 있다는 믿음에 관한 체계적인 표현이었다. 인간의 역사가 진보의 역사라는 특유의 낙관론이 유럽사회를 지배하게 된 것이다. 계몽주의 역시 다의적인 개념이고 각 나라마다 특색 있게 발전되었다. 영국이나 독일 지역의 계몽주의자들은 가톨릭의 보수성을 비판하는 내용을 기반으로 신앙심이 강한 데 반해, 프랑스의 경우에는 이신론이나 무신론자들이 대부분이었다. 백과전서파는 백과전서를 집대성해 사물과 역사, 사회에 대해 합리적인 개념을 정립하고 모든 종류의 지식을 체계적으로 정리하려고 했고, 이는 계몽주의자들의 사회개혁에 대한 노력으로 나타났다. 백과전서파의 연구는 절대주의에 적대적이었고, 당시 진행되고 있던 프랑스의 자본주의화와 산업화를 종합적으로 보여 주는 작업이었다. 또한 계몽주의자들은 대부분 자연권에 기초를 둔 주권국가의 개념을 도입했고, 백과전서파의 급진적 사상이 프랑스혁명에 영향을 미쳤다.

절대주의를 기반으로 한 국민국가의 성립은 부르주아의 성장으로 가능하게 되었다. 중세사회의 기반이었던 장원제가 화폐경제의 발전과 신대륙의 발견으로 해체되기 시작하고, 농민의 보유지가 세습적인 소작지로 인정되었다. 토지에 기반한 중세제도가 와해되면서 중세사회의 봉건제도가 서서히 붕괴되었다. 매뉴팩처Manufacture는 가내공업 시스템의 상인과 도시 길드의 속박에서 벗어나 자유로운 농촌 공업으로 성장하고, 근대는 복잡한 신분적 계층분화를 겪게 되었다. 이러한 시기에 왕이 부르주아와 귀족 간의 세력 균형으로 위상이 높아지고, 농업의 자본주의화와 상업의 성장은 부르주아의 지지와 유착을 필요로 했다. 이 시기 부르주아의 전폭적인 왕에 대한 지지가 이러한 절대주의를 가능케 했다. 특히 해외시장 개척 등의 대사업은 거상들의 도움을 필요로 하고 또 정치적 실권자의 보호 아래 추진될 수 있었다. 강력한 왕권을 유지하기 위한 관료제와 중상주의는 필수적인 것이었다. 이 시기에 왕을 중심으로 궁정문화가 발달하고, 부르주아는 이러한 궁정문화를 모방하게 된다. 귀족과 부르주아의 충성심이 왕에게 집중되어 절대주의가 형성되었지만, 부르주아의 불만은 점점 증대되어 갔다. 정치적인 실권이 없었던 부르주아는 시민혁명을 통해 절대주의를 무너뜨렸다. 프랑스혁명의 혼란을 수습한 나폴레옹Napoléon Bonaparte(1769~1821)은 프랑스혁명 전쟁을 이어받아 유럽 전역을 석권하면서 프랑스혁명의 자유주의와 민족주의를 고취시키고 봉건사회에 익숙해 있던 민중들이 제후와 영주의 속박에서 벗어나게 해줌으로써 그들의 해방자 역할을 했다.

개인주의를 기반으로 하는 자유주의는 만인평등을 바탕으로 억압적이고 차별적인 전통적 계급사회를 해체하고 민주주의와 법치주의를 확산시켰다. 자유주의는 정부 권력에 대한 저항이라는 정치적 운동에서 태동했고 법의 필요성을 강조했다. 정치적 자유주의는 만인평등, 인간의 불완전성, 비판의 자유 등을 강조했고, 경제적 자유주의는 산업화 이후 경제활동의 자유, 재산권의 확립 등을 중심으로 발전했다. 자유주의는 국민들에 대한 정부의 자의적인 규제나 횡포에 반대하며 국민들의 동의를 얻은 공정한 법을 위반하지 않는 한 개인의 자유와 재산을 완벽하게 보장해야 한다고 주장하는 것이었다. 이러한 자유주의의 확산은 근대사회의 기본적 가치가 되었다.

산업화는 혁명이라 불릴 만큼 혁신적이었고 사회 전반에 획기적인 영향을 주었다. 가장 먼저 산업화가 시작된 곳은 영국이었는데, 영국은 이미 중세 길드의 해체와 인클로저운동을 통해 산업화의 기틀을 마련해 놓고 있었다. 인클로저Enclosure운동은 중세 장원제를 해체하고 근대 농업자본주의 시대를 열었다. 소지주(젠트리Gentry)들과 자영농(요먼Yeoman), 그중에서도 부유한 자들이 농경에 집착하지 않고 모직물공업이 발달하자 토지를 과감하게 개조해 목장을 만들었다. 이로 인해 중소농들이 토지에서 유리되어 자유 임금노동자를 형성하고 도시로 대거 유입되었다. 이는 농민층의 계층분화를 촉진하며 영국 산업화의 배경이 되었다. 지속된 인클로저운동은 농업의 자본주의화를 초래하고 농업개량과 농업경영의 능률화를 가져왔다. 이러한 농업혁명과 더불어 새로운 동력인 화석연료를 기반으로 하는 증기가 출현하고, 원료 수집의 효율화, 새로운 형식의 노동과 노동자 조직, 공장이 보편화되었다. 그리고 급격한 산업화는 새로운 계층분화를 야기했다. 산업화는 노동자계급에게 매우 비참하고 힘든 고난의 삶을 야기했다. 단조로운 생활이 반복되고 노동자에 대한 착취가 극에 달하며 산업화의 심화로 발전된 자본주의 초기의 문제점들이 드러나기 시작했다. 19세기에 이르러 노동조합의 발전, 노동자들의 정치개입, 산업화에 대한 정부의 적극적 개입이 필요하다는 사회적 공감대의 형성이 개혁을 가져왔다. 그러나 이러한 온건한 개혁을 거부한 마르크스Karl Heinrich Marx(1818~1883)는 자본주의의 붕괴를 예견하며

인간이 자기 자신을 회복하는 사회, 자본의 노예가 되지 않는 사회의 건설을 주장하고 노동계급의 혁명을 강조하며 사회주의 사상을 발전시켰다.

그러나 궁극적으로 산업화는 심지어 하층계급에게조차 생활수준의 향상을 가져왔고 더 많은 여가시간과 가능성을 제공했다. 산업화는 사회구조를 바꾸

산업혁명기 공장에서 일하는 아이들.

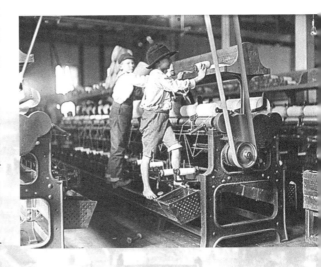

었다. 산업화 이전에는 대부분의 사람들이 소속감이 제공되는 작은 마을에서 살았다. 그러나 산업화는 사람들을 자연으로부터, 그들의 출생지로부터 유리시키고 전통적인 생활방식들을 약화시켰다. 이 장에서는 르네상스에서 19세기에 이르기까지의 서유럽의 생활문화사를 영국, 프랑스, 독일을 중심으로 살펴보고자 한다.

의상의 사회적 역할

르네상스시대

프랑스는 1492년 이탈리아를 침공한 샤를 8세 이래 이탈리아 르네상스의 예술작품들과 접촉할 기회가 많았고, 프랑수아 1세는 라파엘로나 레오나르도 다빈치 같은 예술가들을 파리에 초청해 예술의 발전에 힘을 기울였다. 1517년에 시작된 루터의 종교개혁이 새로운 사회질서를 마련하는 계기가 되고, 유럽의 열강들이 각종 진귀한 물품을 확보하기 위한 목적에서 무역과 식민지 정복에 눈을 돌리게 되었다. 스페인은 해상활동을 통해 국력이 한층 신장되자 많은 금, 은, 보석을 복식에 장식했다. 당시의 복식과 관련해서 말하면 이탈리아의 베니스, 밀라노, 피렌체, 제노바 등에서는 비단과 레이스가 생산되었고, 영국과 프랑스는 모직물을 생산했다. 또한 무역의 발달로 중국과 사라센에서는 비단을, 이집트와 인도에서는 면직물을 주로 수입했다. 새로운 무역로의 개척으로 부유한 상인층이 생겨나고 이로 인해 신흥 부유층이 등장하게 되었다. 아울러 복식이 이들의·재력 과시를 위한 방편으로 다채롭고 과장된 형태로 변화되었다.

중세의 신神 중심의 세계에서는 몸을 감싸는 것이 복식의 주류였다면, 르네상스시대에는 육체의 아름다움을 추구하고 표현하는 것이 복식의 가장 큰 관심거리였다. 르네상스시대의 복식은 15세기 후반의 초기 르네상스 복식과 16세기의 후기 르네상스 복식으로 분류된다. 초기 르네상스 복식은 고딕 복식의 형태가 많이 남아 있기 때문에 오히려 후기 르네상스 복식에서 독특한 르네상스 양식이 나타난다. 이 시기의 의복은 신분과 물질적 풍요의 표현수단이 되었고, 새로운 많은 천들이 유입되면서 풍성하고 과장된 실루엣이 그 특징이 되었다. 15세기 말부터 서유럽에서는 속옷이나 안감이 보이게 하는 슬래시Slash가 매우 유행했다. 슬래시는 1477년에 독일 군인에 의해 유행되고 그 후 프랑스에서 영국으로 보급되었다. 처음에는 전쟁 중 찢어진 군복을 텐트나 깃발 조각 등으로 기워서 착용한 데서 착안되었다. 그러나 르네상스시대에 이러한 기법이 의복의 요철을 강조하며 하나의 패션으로 자리 잡게 되었다. 귀족들은 다양하고 독특한 슬래시 기교에 만족하며 사치와 허영을 충족시켰다. 남자들은 셔츠 위에 더블릿doublet을 입고 그 위에 저킨jerkin을 겹쳐 입기도 했다. 아래에는 호즈hose를 입었다. 더블릿은 16세기 남성들의 대표적 상의였다. 이는 중세 후기의 푸르푸앵pourpoint에서 발전해 허리선에 짧은 스커트를 부착하고 가슴을 강조하기 위해 패드를 넣어 불룩하게 만들었다. 신체보호의 목적으로 패드를 넣었던 것이 신체의 선을 과장하는 방향으로 발전해 나갔다. 르네상스 중기 이후 호즈는 윗부분이 양파 모양인 트렁크 호즈trunk hose로 바뀌고, 후기에는 베네치안이라는 품이 넓은 반바지가 등장했다. 직물 사이의 안감이 보이면서 이 시기의 복식은 화려함을 더했다. 남성들의 겉옷은 남성미를 과시하기 위해 어깨, 가슴, 소매 등을 과도하게 부풀리고, 다리에는 꼭 끼는 호즈를 입고 심을 넣어 돌출시킨 코드피스 codpiece로 남성미를 강조하기도 했다.

프랑스 왕비 엘레노르 도토리슈.
바스크 지방의 스커트와
소매에 슬래시 기법을 사용한
옷옷을 입고 있다.

15세기 여성의 복식은 넓고 긴 로브robe의 스커트가 파딩게일 fardingale에 의해 종 모양의 형태가 되고, 이후 프랑스식 원통형 실루엣으로 변화되었다. 그리고 여자들은 여성미를 선정적으로 나타내기 위해 목둘레를 깊이 파고 가는 허리를 더욱 강조하기 위해 소매와 스커트를 크게 부풀렸다. 이러한 실루엣의 변화는 재단법의 발전을 촉진시켜 중세적인 튜닉 스타일의 재단에서 상·하의로 구분된 투피스 재단으로 발전했다.

16세기에는 유럽의 여러 왕실 간의 결혼과 교역의 확대, 빈번한 여행 등으로 의복의 기본 스타일은 국제적이면서 옷감과 세부 장식에서는 국가적인 특징이 나타났다. 특히 16세기 초기에는 과장되지 않은 단순함과 자연스러운 선으로 구성된 절제된 디자인이 특징인 이탈리아 복식의 영향이 컸다. 16세기 전반에는 독일식 의상이 유행을 선도

용병과 창녀.
남성은 과장되고 화려한 상의와
다리에 달라붙는 바지를 입었고 여성은 소매를 부풀린
투피스를 입고 있다.

했다. 옷감을 터서 안감이나 속옷이 보이게 하는 슬래시가 성행하고, 의복에 심을 넣어 부풀리는 퍼프puff 기법이 유행했다. 16세기 후반에는 스페인이 유행을 주도했는데, 에스파냐 복식의 특징은 견고하고 딱딱해 보이는 실루엣과 옷감 등으로 종교와 관련된 형식성, 엄격성 등을 나타내는 것이었다. 그리고 스커트가 부풀게 하는 파딩게일과 코르셋corset이 여성의 허리를 가늘게 조이고 스커트를 확대시켜 여성의 복

131

엘리자베스 1세와 헨리 8세.
엘리자베스 1세의 초상화에서는 러프 칼라의 상의와 파딩게일과 코르셋을 입어 잘록한 허리를 강조한 스커트를 확인할 수 있으며
헨리 8세에서는 짧은 머리카락과 모자, 어깨가 강조된 상의를 볼 수 있다.

식에 획기적인 전환을 가져왔고, 이것이 이후 약 300여 년간 여러 가지 형태와 재료가 활용되면서 유럽의 여성 복식을 주도했다. 여성 가운의 경우 허리를 가늘게 조이기 위해 철제 코르셋을 착용하고 가느다란 허리를 강조하기 위한 예각 허리선의 스토마커로 장식했다. 예를 들어 16세기 말 앙리 2세의 아내인 카트린 드 메디시스는 13인치를 이상적인 허리 치수로 인식했다. 그녀는 전설적인 철제 코르셋을 도입했다는 명성을 얻었다. 또한 셔츠에서 러프가 유행했는데, 러프는 맞주름을 잡은 수레바퀴형 칼라를 말한다. 러프는 카트린 왕비가 이탈리아에서 프랑스로 가져온 이후 유행했다. 특히 엘리자베스 1세의 초상에서 볼 수 있는 여러 겹의 레이스와 주름이 있는 러프는 러프 칼라의 극치를 보여 준다. 한편 러프 칼라는 머리를 곧게 세우는 자세를 취해 일할 필요가 없다는 것을 나타내는 귀족문화의 전형이었다. 엘리자베스 여왕의 몇 점의 초상화 속에 그려진 러프는 부동자세를 취하게 할 정도로 매우 섬세했다. 러프는 1580년대에 대유행을 하고 이 시기가 지난 후 간소한 칼라가 성행하면서 사라져 갔다. 소매에도 다양한 특징이 있었는데 주로 슬래시와 퍼프 등을 응용해 독특한 모양을 냈다.

스커트 역시 파팅게일 착용을 통해 원추형으로 부풀게 했다. 또한 스커트의 앞을 열어서 장식적인 언더스커트를 보이기도 했다. 파팅게일은 1545년 이후 에스파냐에서 베르튀가댕으로 처음 출현했다고 알려져 있는데 이후 매우 광범위한 계층으로 급속히 전파되었다. 파팅게일은 스페인의 펠리페 2세와 메리 튜더의 결혼식 때 영국에 처음으로 등장했다. 원통형의 스커트와 버팀대인 휠 파팅게일은 호화로우며 위풍당당한 외관이어서 주로 궁정복이나 의식복으로 이용되었는데, 일상생활을 하는 데 불편해서 소수 귀족들만 착용했다. 엘리자베스 여왕은 이를 즐겨 입으며 화려함과 위엄성을 과시했다. 소매로는 부피가 큰 소매나 행잉 슬리브를 달았다. 이는 팔꿈치 위에 구멍이 있어서 속에 입은 화려한 드레스의 소매가 보이게 되고 그 밑부분은 늘어지는 특징을 지녔다.

르네상스 초기 남성의 헤어스타일은 머리카락이 어깨까지 내려오는 길이였으나 1520년경에는 턱까지 오는 길이로 짧아지고, 1530년경에는 매우 현대적인 모습으로 바뀌었다. 후기에 러프칼라가 유행하게 되자 머리를 자르고 단정하게 다듬었다. 여성들의 머리는 후드에 가려져서 잘 보이지 않았지만 일반적으로 가운데 가르마를 타고 이마를 모두 드러냈다. 모자를 쓰지 않을 때에는 양옆 머리를 컬curl하고 나머지 머리는 간단히 뒤로 모은 다음 많은 보석 등으로 장식했다.

특히 16세기에 자수법이 발달하면서 의복에서부터 신발, 머리 수건에 이르기까지 모두 수를 놓았다. 심지어는 옷감 전체에 수를 놓기도 했다. 자수기법이 다양하게 개발됨과 아울러 수공업에 의한 레이스의 보급이 16세기 복식미의 특징 가운데 하나이기도 했다. 또한 16세기는 펄 에이지pearl age라 불릴 만큼 진주, 다이아몬드, 에메랄드 등 보석을 왕과 귀족들의 의상이나 단추, 장신구에 많이 사용했다.

바로크시대
근세 초기에 유럽사회에서 가장 광범위하게 이루어진 사치생활은 의복을 통해서 나타났다. 의복은 단지 일상생활에서만 의미를 갖는 것이 아니라 신분사회에서 신분을 표시하는 본질적인 요소였다. 17세기에 이르러 생겨난 바로크 양식은 르네상스시대의 고전적인 조화와 균형에 비해 남성적이고 딱딱한 양식을 나타냈다. 바로크 양식은 절대주의의 궁정문화와 반종교개혁으로 나타난 양식으로 르네상스의 고전주의적 균형과 조화의 미를 무시하는 부조화와 동적이고 정열적인 특성을 보여 주었다. 바로크는 '일그러진 진주' 를 의미하는 에스파냐어 '바루카barrucca' 에서 유래된 말로 '이상한 모양, 기이한 모양' 을 뜻한다. 17세기 초기는 1609년 에스파냐로부터 독립한 네덜란드의 시대로 네덜란드의 시민혁명이 네덜란드를 유럽의 강국으로 만들고 유럽의 중심이 되게 했다. 네덜란드는 종교적 자유를 찾아 이주한 칼뱅주의 개신교도들이 많았으며 이를 바탕으로 시민계급이 성장해 있었다. 네덜란드는 1648년 베스트팔렌 조약으로 독립을 인정받았다. 그에 따라 17세기 초에는 복식에 있어서도 스페인풍의 귀족적인 복장이 힘을 잃고 합리적이고 실용적인 복장을 택하는 네덜란드식 시민복이 확산되었다. 네덜란드는 귀족 중심의 복식에서 벗어나 자유로운 시민과 프로테스탄트 정신에 기반을 둔 실용성과 합리성을 강조하며 프랑스와 함께 17세기 유럽의 복식을 이끌었다. 이렇듯 네덜란드의 청교도풍인 소박한 복장이 바로크 초기의 복식에 많은 영향을 미쳤다. 네덜란드풍의 복식과 더불어 30년전쟁의 영향으로 1630년대에는 프랑스의 군인들이 목을 보호하기 위해 목에 머플러를 두른 데서 유래한 크라바트Cravatte가 등장했다. 또한 해상권을 장악한 영국도 절대왕정 체제에서 왕을 중심으로 패션을 선도하고, 프랑스도 루이 13세와 루이 14세의 통치시기에 절대왕정과 발전된 경제를 기반으로 후기 바로크 패션을 주도했다. 왕을 중심으로 하는 상류층의 문화와 호화로운 사교생활이 그대로 복식에 반영되었고, 이것이 네덜란드식 시민복과 융합해 독특한 바로크 양식을 만들어 냈다.

이 시기에는 왕의 취향이 복식의 유행에 커다란 영향을 끼쳤다. 궁정이 중심이 되어 복식문화를 이끌고 간 것이다. 영국은 1588년에는 에스파냐의 무적함대를 물리쳐 국가발전의 토대를 마련하고 1600년에는 동인도회사를 설립했다. 1603년 엘리자베스 여왕이 사망한 뒤 제임스 1세의 통치시대에 들어와서는 왕과 의회 간의 갈등과 크롬웰혁명, 1655년의 흑사병의 만연 등과 청교도의 영향으로 복식이 검소해지는 경향을 보였으나, 1660년 왕정이 복고되어 찰스 2세가 즉위하게 되자 다시 화려해졌다.

프랑스는 종교개혁을 감행했던 앙리 4세의 뒤를 이어 왕위에 오른 루이 13세와 14세 통치시기에 절대왕정을 기반으로 유럽의 패션을 선도해 갔다. 17세기 후반에 등장한 퐁탕주 머리장식은 루이 14세가 총애하던 마담 퐁탕주의 영향을 받은 것이고, 이탈리아 모드는 앙리 4세의 왕비인 마리 드 메디시스(메디치)에 의해, 에스파냐 모드는 루이 13세의 왕비인 안 도트리슈(에스파냐 국왕 펠리페 3세의 딸)에 의해 각각 프랑스에서 유행했다. 이 시기에 활약했던 루벤스, 벨라스케스, 베르니니, 렘브란트, 반 다이크 등의 화가들은 당시의 복식이 사실적으로 묘사했다.

17세기 초기의 복식은 네덜란드의 영향으로 검소하고 단순한 형태로 변했다. 남성 복장의 경우 기능성을 살린 시민복의 성격을 띠게 되었다. 궁정과 귀족 중심의 패션에서 벗어나 부유해진 상인과 중산계층의 의상이 유행하게 되어 근대 시민복의 발달을 가져오는 중요한 변화가 일어난 것이다. 특히 남성 복식에서는 더블릿과 바지culotte의 형태에서 변화가 나타났다. 그리고 조끼, 코트, 크라바트 등이 정착되면서 유럽 각국의 왕실, 기사계급, 네덜란드 시민계급의 남자 복식을 주도했다. 더블릿의 경우 르네상스시대에 비해 예각 허리선이 없어지고 스커트 부분이 길어지게 되었다. 장식적 효과를 나타내던 기존의 슬래시와 퍼프는 긴 슬래시 형태로 바뀌었다. 쥐스토코르는 루이 14세 시대에 귀족풍에 대항해서 착용한 남성의 상의로 처음에는 시민적이었으나 점차 귀족복으로 정립되고 금은 장식이나 자수에 의해 계급 및 신분을 나타냈다. 17세기 후반의 남자 바지인 퀼로트는 다리에 꼭 끼는 무릎 길이의 짧은 바지로 몸에 밀착되었다. 이것은 검정색 벨벳이나 흰색 사틴 모직물, 가죽 등으로 만들었다. 랭그라브rhingrave는 네덜란드 농부들의 의상을 응용해 옷의 실용성을 강조한 의복으로 루이 14세 시기에 프랑스에 등장한 이래 각국에서 입었다. 랭그라브는 여성복과 같이 러플이나 레이스 및 리본 루프들로 섬세하게 장식되었으며 루이 14세도 즐겨 입었다. 여성 의복은 16세기초의 화려함이나 인체의 과장이 사라지고 소박해졌다. 네덜란드의 영향으로 스커트에 파딩게일을 넣어 부풀리지 않고 속에 코르셋을 입지 않았으며, 짧은 길이의 퍼프 소매와 편안한 실루엣이 특징이었다. 네덜란드의 시민혁명이나 잉글랜드의 청교도혁명으로 인해 어둡고 장식이 없는 형식의 여성 의복이 유행하기도 했지만, 왕을 중심으로 한 상류층의 화려한 의상이 이러한 검소한 의상의 유행 확산을 막았다. 중기에는 바로크적 특색을 나타내며 다시 코르셋으로 조이고 예각허리선을 드러냈다. 그러나 스커트에서는 파딩게일을 사용하지 않고 여러 겹의 페티코트petticoat로 부풀렸다. 후기에는 드레스 윗부분에 보석이나 장신구를 단 스토마커stomacher, 여러 겹의 목둘레 레이스 등이 특징으로 나타났다. 가운의 스커트를 뒤로 보내 언더스커트를 보이게 했으며, 이에 따라 언더스커트에도 화려한 장식을 했다. 러프가 유행한 16세기와 달리 네크라인 칼라가 비교적 낮아지고 후기로 가면서 네크라인이 깊이 파지기 시작하면서 그 사이로 어깨가 노출되었다. 여성 복식은 1620년대 이후로 스커트에서 후프hoop가 생략된 자연스러운 실루엣으로 바뀌고, 1630~1640년대에 걸쳐 네덜란드의 영향이 프랑스나 영국의 여성 복식에도 나타나기 시작했다. 이 시기 여성 복식의 기본은 바디스bodice, 스커트, 오버드레스였고, 속에는 슈미즈, 속치마, 페티코트petticoat를 입었다. 바로크시대의 여성 의상은 바디스와 스커트가 허리선에서 붙어 있는 원피스 형태와 분리되어 있는 투피스 형태가 있었고, 이것들을 겉에 입는 의복이라는 의미보다는 의복 전체whole dress라는 의미로 가운이라고 했다. 일반적으로 이 시기의 복식은 레이스, 리본, 루프가 장식의 중심이 되었으며, 이러한 과대 장식이 여성 복식에는 우아하고 여성스러운 느낌을 주었으나 남성 복식에는 오히려 경박한 느낌을 주었다. 후기에는 직물공업의 발달과 프랑스 궁정 귀족 중심의 화려한 복식에 의해 변화가 초래되었는데, 이와 같은 프랑스 모드가 '판도라'라고 불리는 인형에 입혀져서 각국으로 전파되었다.

이 시대 남성의 머리 모양은 가장 여성스럽고 풍성했다. 러프 칼라와 휘스크 칼라가 유행하던 초기에는 짧은 머리가 유행했고, 폴링 칼라가 유행하기 시작하면서 어깨까지 내려가는 풍성한 머리카락이 유행했다. 아울러 이 시기에는 가발도 유행했는데, 그 종류로 러브록love lock, 페리 위그peri wig, 풀버텀 위그full bottom wig 등이 있었다. 그리고 크기가 커진 가발로 인해 대부분 모자를 손에 들고 다녔다. 여성들은 대부분 가발을 쓰지 않았다. 바로크 초기에는 머리를 높이 빗어 올린 후 뒤로 넘기고 리본, 진주, 보석, 헤어핀 등으로 장식했다. 중기에는 머리카락을 양옆으로 부풀리거나 어깨까

| 남녀를 가리지 않고 유행한 러프 장식.

지 늘어뜨렸다. 루이 14세 때에는 여성들의 새로운 머리 장식으로 퐁탕주fontange가 등장해 30여 년간 지속되었다.

절대주의시대에는 식사나 거주장소보다 의상이 개인이나 계급을 표현하는 데 더 적합했다. 의복이 사람을 보호하는 기능을 하는 외에 의상 착용자의 지적 태도와 종교적 성향, 사회적·경제적 지위 그리고 성

16세기 베네치아에서 유행한 여성 복식.

적 역할을 나타낸다고 할 때, 의상의 사회적 역할이 절대주의시대에 가장 극명하게 나타났다고 할 수 있다. 또한 르네상스 이후 의상에 나타난 에로티시즘의 표현이 절대주의시대에 극치를 이루었다. 남성들은 어깨에 심과 패드를 넣어 볼록하게 입음으로써 상단 부분이 넓게 보이게 해서 위용을 나타내려 했고, 아래쪽으로 내려갈수록 날렵해지는 몸매를 보이고자 하의를 꽉 조이게 입어 역삼각형의 자태를 추구했다. 이는 남성의 복식에 나타난 에로티시즘의 표현이었다. 그 반면에 여성들은 로브 데콜테Robe dé collet를 통해 가슴이 돋보이게 하고 허리가 가늘어 보이게 하는 동시에 상의가 몸에 꼭 끼게 했다. 하의는 부풀어 오른 스커트를 입어 에로티시즘을 강조했다. 르네상스 이후의 인간세계의 강조가 이러한 변화를 야기하고, 그것이 절대주의시대의 향락적인 상류문화의 뿌리가 되었다.

로코코시대

18세기는 바로크시대의 중후하고 화려한 복식에서 로코코 스타일의 우아하고 섬세한 복식으로 변화한 시기이다. 로코코는 루이 14세 사후(1715)부터 프랑스를 중심으로 전개된 유럽의 예술양식이다. 유럽사에서 로코코시대는 일반적으로 초기(루이 15세의 섭정시기, 1715~1725), 중기(루이 15세의 친정기, 1725~1774), 후기(루이 16세의 통치기, 1774~1792)로 구분된다. 로코코의 어원은 프랑스어의 '로카이유Rocaille'와 '코키유Coquille'로 정원의 장식으로 사용된 조개껍질이나 작은 돌의 곡선 장식을 의미한다. 로코코 예술양식은 프랑스의 살롱을 중심으로 유럽 여러 나라로 전파되고, 신흥 부유층 부인들을 중심으로 제각기 독자적인 장식미술의 양식으로 발전해 율동적인 곡선을 주제로 하면서 화려하고 세련된 귀족풍의 문화로 자리 잡았다. 로코코 후기에는 프랑스가 문화적으로는 앞섰으나 정치적·경제적으로는 식민지 확대와 산업혁명을 통해서 영국이 월등히 우세했다. 이 시기에는 부르주아층의 급성장으로 인해 부인들의 살롱문화가 만연했다. 살롱문화는 우아하고 섬세하며 부드러웠다. 복식 측면에서도 남성보다 여성 복식의 발달이 두드러졌다. 루이 15세의 궁정과 귀족계급의 성향이 프랑스 복식문화를 보다 관능적이고 우아하게 만들었다.

프랑스 루이 15세의 애인 마담 퐁파두르Pompadour와 마담 뒤바리Du Barry, 루이 16세의 왕비인 마리 앙투아네트Marie Antoinette가 당시 프랑스의 복식에 많은 영향을 끼친 대표적인 인물들이다. 유럽의 다른 국가들에서도 프랑스의 복식 유행을 따랐기 때문에 이들은 당시 유럽의 패션리더 역할을 했다. 퐁파두르는 음악이나 연극, 회화, 조각 등 다방면에 관심과 재능이 있었으며 직접 예술가들을 후원하기도 했다. 그리하여 그녀의 개인적 취향이 프랑스 예술 전반에 발전적인 영향을 끼쳤다. 마리 앙투아네트는 로즈 베르Rose Bertin를 왕실 전속 디자이너로 기용해 자신의 의상을 만들게 하고 베르사유 궁전의 정원에 작은

다리에 달라붙는 하의를 입은 루이 14세(왼쪽).
가슴이 파인 형태의 드레스를 입은 마담 퐁파두르(오른쪽).

농장을 만드는 한편, 젖을 짜는 처녀 역을 맡아 시골풍의 옷을 입고 연극에 출연하기도 했다. 이러한 왕비의 옷차림에서 비롯된 새로운 아이디어가 복식에 도입되어 유행하기도 했다. 당시 프랑스인들은 온 나라가 연극에 열중하고 있다는 말이 나올 정도로 연극을 즐겼다. 그리하여 화려하고 독특한 의상과 분장을 하고 출연한 여배우들이 사교계의 꽃이 되기도 했다. 1770~1780년경에는 마리 앙투아네트가 프랑스의 패션을 주도했다. 로코코시대 복식의 특징은 꽃, 리본 장식, 루프, 꽃바구니 등의 유연한 모티브가 건축의 벽면 장식, 직물의 문양, 의복 장식 등에서 기묘하게 어울리며 부드럽고 섬세하며 우아한 느낌을 주는 데 있다. 루이 16세 재위 초기의 로코코 스타일의 원숙기에는 섬세하고 화려한 의상이 유행했지만 1780년경부터 영국 의상의 영향을 받기 시작하면서 단순해지기 시작했다. 르네상스시대 이후 수세기 동안 여성의 옷차림은 코르셋, 페티코트, 어깨와 가슴 그리고 등허리의 곡선이 드러나는 드레스 등 점점 더 에로틱해지는 경향을 보였다. 18세기의 복식은 가장 화려하고 아름다운 과도한 장식들과 섬세함으로 로코코시대의 복식을 대변했다. 이 시기 여성의 코르셋은 허리가 가늘어 보이게 하기 위한 의복으로 슈미즈 위에 입었다. 코르셋 구성법은 로코코 전성기인 18세기에 가장 발달했으며, 당시 코르 발리네corps a baleines라는 버팀대를 사용했다. 파니에panier는 16세기 스페인의 베르튀가르를 응용한 옷이다. 파니에는 스커트 의상을 돋보이게 하도록 슈미즈 위에 착용했다. 로브robe는 길게 늘어지는 형태의 의상으로 루이 14세 재위 말엽 임산부가 입는 실내 드레스로 유행했다. 아비 아

프랑스혁명 직전 유행했던 매우 화려한 형태의 복식.

과도한 머리장식을 풍자한 삽화. 1780년.

라 프랑세스habit a la francaise는 남성용 궁정 공식 복장으로 쥐스토코르, 베스트, 퀼로트 한 벌로 구성되었다. 쥐스코트르는 몸에 밀착된 형태였고 베스트는 스커트에 주름을 넣었으나 후기에는 직선적인 형태로 변화했다. 퀼로트는 무릎 길이에 꼭 맞는 형태였다. 프락 아비예Frac habille는 루이 16세가 영국 평민들의 실용의복인 프록frock을 변형시킨 공식복장으로서 아비 아 라 프랑세즈보다 실용적이고 불필요한 여유분을 제거해 활동적인 형태를 띠었다. 또한 18세기의 복식에서는 동양문화의 영향도 빠뜨릴 수 없다. 유럽국가들이 중동이나 극동지역과 무역을 활발하게 추진하면서 페르시아, 중국, 인도, 일본 등과 접촉할 기회가 늘어났다. 그리하여 동양의 직물이나 건축양식, 가구, 도자기 등이 유입되어 유럽의 예술가와 장인들에게 영향을 끼쳤다.

로코코시대 남성의 헤어스타일을 살펴보면 머리 뒷부분이 강조된 가발이 사용되었다. 이러한 가발이 1730년경에 나타나기 시작했으며, 검은색 리본이 달린 타이 위그tie wig, 머리에 뿌린 분가루가 떨어지는 것을 받아 담는 크라포crapaud라는 주머니가 달린 백 위그bag wig, 피그테일pigtail에 매듭이 지어지는 피그테일 위그pigtail wig 등 여러 가지가 있었다. 머리에는 포마드를 바르고 하얗게 분을 뿌렸다. 여성의 헤어스타일은 1760년경부터 크고 높아져서 마치 탑을 쌓아 올린 것 같은 형태가 되었다. 어떤 머리 모양은 높이가 3피트나 되는 것도 있었는데, 이런 건축적인 머리형은 남성 미용사들에 의해 만들어졌다. 이러한 높은 머리를 만들 때에는 말총을 채워 넣은 일종의 쿠션과 같은 패드와 가발 등을 이용했다.

오늘날 우리는 때와 장소에 따라 옷을 구별해서 입는 것을 아주 당연시 여긴다. 그러나 당시만 해도 남녀를 불문하고 거리나 시장, 심지어 교회에서도 집에서 입는 옷을 그대로 입는 것이 보통이었다. 다만 작업복만큼은 집에서 더 이상 입지 않게 되었다. 집에서만 입는 옷이 밖에서 입는 옷과 구별되기 시작한 시기는 18세기 말 여가시간이 생기면서, 또는 여가라는 개념이 발달되면서부터였다.

몸의 굴곡이 그대로 드러날 정도의 얇은 옷감
으로 만든 슈미즈 가운.

시민혁명 이후

시민혁명 시기에는 시민계급이 귀족계급에 대항해 자유를 찾기 위한 해방전쟁을 벌였는데, 이것의 직접적인 자극제는 프랑스혁명과 나폴레옹의 유럽 해방 전쟁이었다. 나폴레옹은 프랑스혁명의 이념을 전 유럽에 전파했다. 이렇게 프랑스가 정치적인 면에서 선구자적인 역할을 하자 그 복식도 크게 변화를 겪게 되었다. 로코코 양식에 대한 반동과 로마 공화정을 공식적 귀감으로 삼는 신정부의 영향으로 고전을 따르는 고전주의 복식이 생겨났다. 따라서 르네상스 이래 약 300년간 귀족문화를 기반으로 전성기를 구가했던 호화로운 복식이 혁명을 주도한 부르주아에 의해 일소되었다. 당시의 이상적인 모델로 고대 그리스로서 고전풍이 여러 가지 형태로 나타났다. 복식에 있어서도 변화가 생겨 로코코의 귀족 스타일에서 고전적인 스타일로 변모했다. 특히 프랑스의 경우 혁명 시기였던 1789년에서 1795년 사이, 루이 16세 시기보다 단조롭고 단순한 형식의 의상이 유행했고 사치스러운 복식이 사라졌다. 동시대의 영국과 독일의 스타일은 프랑스에서 유행한 것이다. 남성 복식은 사치스럽고 화려한 귀족적인 차림에서 활동적이며 실용적인 형태로 변화했다. 이 시기의 혁명군은 영국의 해병이 입던 상의, 조끼, 긴 바지를 입었는데, 퀼로트를 입지 않은 차림이라고 해서 상퀼로트sans-culotte라고 했다. 여성 복식 또한 간소하게 변화했다. 허리선이 약간 높아진 영국풍의 로브와 더불어, 영국적이면서 고전적인 스타일인 잉글리쉬 프록이라고 불리는 드레스 형태의 옷이 유행했다. 총재정부 시기인 1795년에서 1799년 사이에는 민주제를 정착시켰던 고대 그리스와 로마 공화정을 동경해 고전적인 스타일이 등장했다. 여성들 사이에서는 얇은 흰색의 옷감으로 만든 슈미즈 가운chemise gown이 유행했다.

제1제정시대(1799~1815) 여성들의 옷은 16세기의 형태를 따랐기 때문에 엠파이어 스타일이라고 한다. 이 스타일은 칼라나 소매에서 그 특

프랑스혁명기 이후
프랑스에서 유행했던 남성 복장.
이전에 비해 간소해지면서
군인의 복식을 차용했다.
1795년. 동판화.

크리놀린.

징이 두드러지게 나타났다. 여성들은 머슬린으로 만든 반투명한 슈미즈 가운chemise gown을 입었다. 1803년 파리에서 감기가 유행했을 때 이 병을 머즐린 병muslin disease라고 부를 정도로 겨울에도 비칠 정도로 얇은 옷이 유행했다. 여성들은 자연스럽게 고대풍(엠파이어풍) 양식의 옷을 입었다.

제정시대에는 많은 종류의 제복이 등장했다. 제복은 색상이 극히 호화로웠는데, 위장을 목적으로 주로 흙색으로 일관되던 것과 달리 군대의 서열을 구별하기 위한 외부적인 표지를 나타내게 됨으로써 보다 절제된 남성적 성향을 향상시켰다. 로베스피에르 정부 이후 1795년 수립된 총재정부는 공무원복 제정에 열성을 쏟으며 500인회의 의원들과 공무원들에게 새로운 직위를 표시하는 공무원복 착용을 의무화했다. 새 정부의 제복에 대한 집념은 집권층이 단일한 의복을 통해 국민정신의 총화를 이루어 보고자 하는 데서 비롯된 것이었다. 학생조합(부르센샤프트)에 속한 학생들의 정식복장도 제복과 관련되어 있었다. 19세기 초반에 학생들은 고대의 독일식 의복, 즉 반쯤 달라붙는 드레인파이프 바지와 무릎까지 내려오는 옛 독일식 반코트를 입었다. 그리고 민주주의 사고방식의 증거로 베레모를 썼다.

1849년 부르주아 자유주의 혁명이 끝나 가고 있을 때 계층 간의 패션에서는 상당한 차이가 나기 시작했다. 그리하여 파리는 다시 유럽 패션의 리더가 되었다. 이때 선풍적인 인기를 끈 것이 크리놀린이었다. 18세기 부르봉왕조의 화려한 모드를 따랐기 때문에 신新로코코 스타일이라고도 하는데 리본과 레이스를 많이 사용했다. 따라서 코르셋

을 입어 허리를 조이고, 스커트 속에는 프란넬 페티코트flannel petticoat
와 크리놀린, 혹은 칼리코로 만든 페티코트 외에 여러 개의 페티코트
를 겹쳐 입었다. 크리놀린은 린넨에다 말의 털을 넣어 두껍고 빳빳하
며 잘 꺾어지지 않는 천이었다. 후에 이 크리놀린으로 만든 페티코트
자체를 크리놀린이라 했고, 이것에 의해 실루엣이 정비되었다. 크리놀
린 스타일은 1860년부터 쇠퇴하기 시작하더니 옆과 뒤를 부풀린 버슬
이 크리놀린을 대체했다.

기성복의 출현

유럽에서 19세기는 산업혁명의 완성기로서 과학이 눈부시게 발달
하고 자본주의가 성숙한 시기였다. 식량의 대량 증산과 의학과 약학
의 발전 등으로 유럽의 인구 또한 급증하고, 농촌의 인구가 도시로 몰
려들어 노동자계급을 형성하면서 자본가와 노동자, 그리고 중산층과
소시민층으로 구성되는 자본주의 사회가 출현했다. 이러한 사회적 변
화가 지금까지의 왕실과 귀족 중심의 패션에서 일반 시민이 중심이 되
는 대중적인 패션으로의 전환을 가져왔다. 특히 기성복의 출현이 이를
방증한다. 직물생산의 기계화로 옷감이 대량으로 공급되고 19세기 중
엽 재봉틀의 발명으로 기성복의 생산과 보급이 촉진되었다. 기성복의
생산은 소규모 공장과 대규모 공장의 경쟁을 초래해 생산품의 가격하
락을 가져오고, 또 이것이 패션을 만들고 유통시키는 사람들과 패션을
소비하는 사람들의 교류를 넓혔다. 기성복들의 생산은 많은 사람들에
게 최신의 유행 상품을 제공했다. 따라서 이제 더 많은 사람들이 의류

소비에 있어서 패션산업에 의해 조종될 가능성이 커졌지만, 이런 변화는 어떤 면에서는 의복의 대중화를 의미했다. 아울러 기성복의 발달은 의복의 표준화를 촉진시켜 이전의 복잡하고 디테일한 의복이 없어지고 단순하고 기능적인 복식의 기본이 정립되었다. 특히 윗도리, 조끼, 바지로 구성된 양복 모드는 의복을 통해 남성과 여성의 차이를 강조하며 남성 중심주의와 남성의 성적 매력을 강조했다. 이 시기의 복식에서 국제화 현상이 뚜렷하게 나타났다는 점 또한 간과할 수 없다. 통신과 수송기관의 발달로 여행이 자유로워지며 유행하는 패션이 빠르게 퍼져 나가 지역이나 민족의 특성을 나타내는 의복은 민속의상으로 남게 되었다. 그리고 일반 대중은 국제적으로 표준화된 일상복을 착용하게 되었고, 아침·오후·저녁에 입는 옷의 구별이 뚜렷해지면서 의복에 대한 새로운 에티켓이 생겨나기도 했다.

대중 속으로 퍼진 음식문화

한 민족의 식습관은 보수적 성향이 매우 강하기 마련이어서 각 민족마다 특유의 음식문화가 오랜 세월 동안 끈질기게 이어져 오고 있다. 따라서 음식문화는 언어와 더불어 민족의 정체성을 나타내는 중요한 요소이기도 하다. 또한 외국의 신기한 음식들은 지금까지 경험해 보지 못한 독특한 풍미를 제공하기도 하지만 그 지역과 나라의 문화를 들여다볼 수 있는 거울이기도 하다. 여기에서는 서유럽 3국 음식문화의 특징, 그러한 음식문화가 정착하게 된 원인 그리고 음식문화의 형성에 작용한 요인들에 대해 살펴보고자 한다.

육식문화와 향신료

서양인들은 전통적으로 맥류의 경작과 목축을 병행해 왔다. 목축은 고기와 젖을 생산한다. 고기와 젖에는 아미노산, 핵산 같은 맛 성분이 풍부하기 때문에 몇 가지 향신료를 써서 고기의 누린내를 없애고 그 맛을 북돋아 주는 것으로 충분하다. 향신료는 식물의 씨앗이나 껍질, 열매, 뿌리 등으로 후추, 생강, 고추와 같이 특정한 맛을 지니기도 하지만 대개 맛보다는 특유의 향을 내기 위해 사용한다. 그래서 향신료 산지인 인도와 인도네시아의 말라카 제도는 서양인들이 향신료를 확보하려는 각축장이 되기도 했다.

역사적으로 볼 때 향신료가 유럽인들의 미각을 지배한 시기는 11세기와 17세기 사이였다. 즉 십자군원정으로 유럽 밖의 나라에 대한 관심이 일기 시작할 때부터 네덜란드와 영국인들이 동인도회사를 설립하고 식민지 활동을 활발히 전개하던 시기까지 향신료를 애용했다. 17세기 이후 향신료는 흔한 것이 되어 세계 무역품에서 최고의 위치를 상실했다. 유럽인들의 미각은 후추를 맵게 친 음식에 더 이상 매혹되지 않았고, 이국의 향신료보다는 자신이 속한 지역의 허브와 몇 가지 향신료로 맛을 내는 방식으로 바뀌었다.

중세시대에 서양의 지배계급이 요리 본래의 맛을 알아차리기 어려울 정도로 향신료를 과다하게 사용한 이유는 고기의 부패와 냄새를 막기 위해서라기보다는 자신들의 지위와 신분을 과시하기 위해서였다. 상류층은 사냥이나 개인 소유의 농장을 통해 항상 신선한 고기를 공급받고 있었으므로 고기의 부패와 그 냄새를 걱정할 필요가 전혀 없었기 때문이다. 귀족들은 향신료를 서로 보석처럼 선물하고 귀중품처럼 수집하기도 했다. 심지어 후추를 엮어 진주 목걸이처럼 목에 걸기까지 했다. 중세인들에게 향신료는 동양이라는 전설적인 파라다이스에서 온 신비로운 사절로 그들의 신분과 권위를 나타내는 상징이었다. 그러나 중세 말기에 귀족층에 국한되던 향신료의 소비가 도시의 부르주아계급에까지 확대된 결과 향신료의 수요가 폭증하게 되었다. 수요는 증가한 반면에 원거리의 복잡한 수송절차, 높은 관세, 정치적 이유 등으로 공급은 크게 제한되었다. 이러한 이유로 15세기에 후추의 가격이 인도에서 이탈리아의 베네치아로 오는 도중에 거의 30배나 뛰어올랐다. 상인들은 높은 관세장벽을 피하며 더 많은 상품을 수송할 수 있는 새로운 루트가 필요했고, 이것이 신항로의 개척으로 이어졌다.

식재료의 변화

16세기에 인구가 크게 증가하면서 식량수요도 늘어났다. 당대 유럽에서는 늘어난 식량수요를 충족시키기 위해 새로운 작물을 찾게 되었는데, 일부 지역에서는 쌀이 이 역할을 했다. 이렇게 유입된 쌀은 에스파냐로부터 네덜란드로 퍼져 갔다. 메밀의 경우에는 네덜란드에 먼저 보급되었다가 독일, 프랑스, 이탈리아로 확산되었을 것으로 추측된다. 옥수수는 유럽에서 새로운 작물이었다. 콜럼버스가 첫 항해 중에 옥수수를 발견해 1493년 유럽으로 들여왔다. 당시 에스파냐의 카스틸라Castilla 왕정이 콜럼버스의 항해를 후원했으며, 콜럼버스는 세 차례에 걸쳐 신대륙을 항해했다. 그는 쿠바의 원주민으로부터 옥수수 재배법을 익히기도 했다. 초기에는 옥수수가 휴경지에 파종해서 사료로 사용되었기 때문에 다른 작물을 대체해 식용으로 재배되는 경우는 드물었다. 옥수수는 지주, 지대와 관계없는 텃밭에 재배되었을 가능성이 높다. 텃밭에는 농민들이 스스로 원하는 것을 심을 수 있었다. 지대를 내지 않았기 때문이다. 옥수수는 이러한 텃밭에서 재배되었다. 이렇듯 유럽의 지배문화가 옥수수를 배척했기 때문에 고급 요리책에서는 오늘날까지도 옥수수가 거의 등장하지 않는다. 쌀, 메밀, 옥수수는 재배가 확산되었지만 농경작물에서 지배적인 위치를 차지하지는 못했다. 감자는 1539년 스페인인들이 페루에서 발견해 에스파냐로 들여왔지만 정작 에스파냐에서는 확산되지 못했다. 감자에 주목한 곳은 이탈리아였다. 프랑스 경제사가인 페르낭 브로델은 이탈리아가 인구과잉에 따른 식량난을 해결하고자 감자에 대해 관심을 가졌다고 분석했다. 감자는 도입 초기에 흰색 고급버섯의 의미를 가진 타르투폴로tartufolo로 불렸다. 1573년 상그레 병원의 물품 구매 자료에 감자가 기록된 것을 볼 때 당시 이미 감자가 식재료로 널리 쓰였음을 알 수 있다. 독일에서도 16세기 말에 감자가 등장하며, 잉글랜드는 1588년에 월터 롤리Walter Raleigh 경 덕분에 신대륙으로부터 감자를 직접 받아들였다. 엘리자베스 여왕이 대서양시대를 열어 월터 롤리와 그의 이복 형제인 험프리 길버트Humphrey Gilbert를 지원해 버지니아Virginia 주를 개척했다. 감자가 유

르네상스시대의 연회.
식탁의 대부분은 각종 육류 요리가 차지하고 있다.

럽에서 중요한 음식이 된 것은 18세기에 이르러서였다.

사료를 통해 16세기 중엽부터 유럽인들의 육류 소비가 줄어듦을 알 수 있다. 그 원인으로는 인구의 증가, 농촌 목초지의 감소, 임금의 하락, 도시 내 가축사육의 금지 등 여러 가지를 꼽을 수 있다. 유럽의 인구는 1500년대에 이르러 급격히 증가해 1600년에는 1억 1천만 명이었을 것으로 추산된다. 13세기의 흑사병이 발생하기 전의 유럽의 인구가 9천만 명이었으므로 이는 흑사병 이전 수준을 상회하는 수준이었다. 그러나 목축업이 이러한 인구증가와 보조를 맞춰 생산량을 같은 속도로 증가시킬 수는 없었다. 물론 이것이 식탁에서 완전히 육류가 없어졌다는 것을 의미하지는 않는다. 그러나 육류의 소비가 감소했다는 것은 기정사실이었으며, 이로 인해 식사에서 빵이 반드시 필요했다. 근대 초기의 육류 소비의 감소는 식탁에서의 육류 소비 빈도를 통해 사회계층을 알 수 있는 척도로 작용했다. 또한 육류의 소비 감소와 빵 소비의 증가는 음식 상태의 개선이 아니라 식사가 단조로워지는 질적인 악화로 볼 수 있다. 식량 사정의 악화는 빵 굽는 오븐의 약탈 같은 범죄를 양산했다. 이는 생산 부족뿐만 아니라 자본주의의 발전 및 그로부터 유래한 프롤레타리아화 과정과도 연관이 있다. 특히 국왕은 국민들의 식량을 보장해 주는 사람이었으며 이러한 역할을 감당하지 못하면 폭동이 발생했다. 1789년에 민중들이 루이 16세를 베르사유에서 파리로 끌고 갈 때 그를 '빵 장수'라고 불렀다. 즉 국왕은 빵 값을 안정시켜야 하는 의무를 가지고 있었다. 사회사학자인 캐플란Steven L. Kaplan은 18세기 파리 시민의 삶에서 빵의 경제적·사회적·상징적 역할을 유기적으로 관련지어 분석했다. 캐플란 역시 루이 16세를 빵 장수the baker of last resort라고 지칭했다. 그는 프랑스혁명 당시 파리 시민들이 빵 값을 내려 달라고 요구하고, 빵 값이 하락되지 않으면 부르봉 왕조를 멸망시킬 것이라고 한 과격한 폭도들의 양상에 대해 기록하고 있다. 빈민의 증가는 도시민들의 자기보호를 강화시키고 약자들을 성 밖으로 내쫓기도 했다. 브로델은 이를 가리켜 '부르주아의 잔혹성'이라고 말했다. 부르주아의 잔혹성은 16세기와 17세기에 더욱 심해졌다. 빈민들의 주변화가 체계적으로 이루어진 것이다. 페르낭 브로델은 영국이 빈민법poor law을 제정했으나 이 법이 오히려 빈민들을 억압했다고 보았다. 브로델에 의하면 1656년 부르고뉴의 디종Dijon 당국은 사적인 자선과 빈민들의 유숙을 비롯해 모든 종류의 부조를 금지시켰다. 빈민들이 시를 떠나게 하기 위해서였다. 근대 시기 인간은 식량부족과 질병 속에서 투쟁을 벌이고 있었다. 영양부족이 질병의 확산 요소였고, 페스트와 결핵, 매독 등이 지배자와 피지배자를 분리했다. 즉 기근과 질병이 계급 분화의 원인으로 나타나며 그것을 상징하고 있었다.

독일인들과 프랑스인들은 고기를 많이 먹었다. 북유럽의 음식문화는 육류의 소비 및 생산과 관련 있는 것이 사실이다. 15~16세기 네덜란드 군인들은 에스파냐나 프로방스, 이탈리아 군인들보다 더 많은 육류를 섭취했다. 이는 종교적 이유와 관련이 있다. 종교개혁 이후 종교개혁가들은 음식에 대한 교회측 주장의 정당성을 부인하고 전적으로 각 개인의 선택으로 일임했다. 개신교회는 사순절, 금식 등 가톨릭의 금식규정을 거부했으며, 특히 육식에 대한 금지 규정을 공격했다. 그리하여 북독일, 스칸디나비아, 스위스, 스코틀랜드, 잉글랜드 등 프로테스탄트의 영향력이 강한 지역에서는 육류의 소비가 증가했다. 중세시대에는 사순절의 관련규정으로 인해 고기와 생선을 번갈아 먹는 데 익숙해져 있었고, 조리에서도 동물성 지방과 식물성 기름을 번갈아 사용했다. 종교개혁에 대한 반응으로 가톨릭측은 트렌토공의회 이후 각 개인의 행동을 통제하려 했다. 종교개혁이 유럽의 어업에 심각한 타격을 입혔다는 것이 일반적으로 받아들여지는 정설이다. 그러나 종교개혁이 포도주 생산에까지 영향을 주지는 않았다. 프로테스탄트지역이었던 북유럽에서 포도주는 사치스러운 소비 품목이었다. 반면 17세기에 이 지역에서 맥주의 생산과 소비가 늘어났다. 또한 가톨릭과 개신교는 동물성 지방의 사용과 관련해서도 대립했는데, 중세 샤를마뉴 Charlemagne(742~814)도 북유럽의 수도원에는 알프스 이남의 수도원처럼 올리브 기름이 없기 때문에 식물성 지방을 대신할 동물성 지방 사용 권한을 교황으로부터 받으려 했다. 이처럼 종교개혁은 기독교세계의 분열을 가져왔으나 한편으로는 문화적 통합과 교류를 야기했다. 마르틴 루터의 식탁담화에 맥주를 마시는 독일인이 나올 만큼 맥주는 곧 독일을 가리키는 이미지였다. 맥주는 흐린 날씨와 추운 기후를 지닌 곳에서 즐겨 마시는 음료였으며, 게르만족과 켈트족은 이미 고대부터 맥주를 마셨다. 독일에서는 아침부터 저녁 식사에 이르기까지 맥주가 빠지지 않았다. 9세기부터 홉Hop이 들어간 맥주를 생산했으며, 13세기에 이르면 홉이 광범위하게 경작되었다. 1662년에 와인 생산으로 유명한 보르도Bordeaux 당국이 맥주 양조를 금지했는데, 이는 맥주가 와인을 대체하지 않을까 우려했기 때문이다.

올리브 기름의 사용은 버터의 등장으로 줄어들기 시작했다. 14~15세기의 소 사육의 증가로 버터 생산량이 늘어났기 때문이다. 이러한 현상은 북유럽뿐만 아니라 이탈리아, 에스파냐 등 전 유럽에서 찾을 수 있다. 북유럽에서는 올리브 기름이 생산되지 않아 전량 수입에 의존했는데, 종교개혁으로 인해 식물성 기름인 올리브 기름을 사용하는 요리법이 줄어들게 되었다. 종교개혁 이전에는 사순절에 육류를 금했고 버터 역시 금지되었다. 그런데 종교개혁으로 유럽의 음식문화에 변화가 생겼다. 엘리트들은 희소성, 비싼 비용, 배타적 성격에 의해 음식의 소비패턴이 결정되었다. 향신료의 경우 천 년 동안 부자들의 식탁 표지였으나 수입량이 늘고 희소성이 사라지자 그들의 식탁에서 사라졌다. 14세기에서 15세기에 이르러 설탕이 본격적으로 요리에 사용되었다. 그 전까지 설탕은 의학적 용도로 사용되었고 감미료로는 주로 꿀이 사용되었다. 15세기의 유럽에서는 베네치아에서만 설탕을 볼 수 있었다.

1493년 콜럼버스는 신대륙을 항해하면서 카리브 해 지역의 사탕수수의 경작과정을 자세히 기록하고 있다. 카리브 해 연안의 기후는 사탕수수를 경작하기에 알맞은 조건이었다. 16세기 말에 설탕은 약국에서만 구할 수 있는 환자들만의 것이었다. 그러나 음식으로 사용하려는 수요가 늘게 되었다. 이 수요를 충족시키기 위해 유럽의 상인들은 사탕수수의 단일경작을 도입하고 노예를 사용했다. 설탕이 약이 아닌 음식으로 쓰이는 데 기여한 것은 바로 차문화였다. 설탕은 정제과정이 워낙 까다로웠기 때문에 소량 생산되었고, 또 귀하기 때문에 차와 함께 음식으로서 귀족들의 문화를 대표하는 상징체계가 된 것이다. 그런데 17세기 초반에 설탕의 정제방법이 혁신적으로 개량되었고, 이러한 설탕 정제기술의 발전은 산업혁명에 지대한 공헌을 했다. 설탕을 대량으로 생산하기 위해서는 주철의 가공 및 주형의 제작 기술 등이 필요했기 때문이다. 1750년에 이르면 영국에만 120여 곳의 설탕 정제소가 있었다. 정부가 설탕에 막대한 세금을 부과했지만, 19세기에 이르러 글래드스턴 내각은 설탕세를 폐지해 설탕이 대중화되는 데 일조했다.

과거 유럽에는 포도주나 맥주 같은 알코올 음료의 소비량이 많은 편이었다. 당시 음식을 보관하는 방법으로 염장을 사용해 그 음식을 먹었을 때 갈증이 지금보다 훨씬 심했기 때문이다. 또한 포도주의 경우 강장제와 치료제의 기능도 지니고 있었다. 증류주, 커피, 차, 초콜릿 음료 등은 도입 초기에는 엘리트들이 독식했으나 점차 대중화되었다. 알코올의 증류는 연금술의 소산이었다. 커피는 에티오피아와 다른 동아프리카 지역이 원산지로서 13~14세기에 유럽으로 도입되었다. 16

세기 후반부터 베네치아 상인들의 주도로 유럽에 들어 온 커피는 그들에게 큰 성공을 가져다 주었다. 이를 바탕으로 커피 플랜테이션이 네덜란드의 식민지인 자바와 프랑스의 식민지에서 시작되어 중남미의 에스파냐 및 포르투갈의 식민지로 확산되었다. 커피가 큰 성공을 거둔 곳은 1643년에 도입된 파리였다. 이때 의사들은 커피의 음용을 만류하며 의학적인 용도로만 사용하도록 했다. 1700년에 이르러 네덜란드가 식민지인 자바 등에서 커피나무를 재배하는 커피 플랜테이션을 운영하고, 에스파냐는 중남미 등지에서 커피 플랜테이션을 운영했다. 영국에서는 동인도회사의 이해관계로 차를 마셨지만, 커피는 당시의 이성적인 문화 속에서 명석함, 우아함, 자유로운 사고 등의 상징으로 굳어졌다. 커피는 전통적인 귀족의 게으름과 둔함을 불식시키고 지성과 효율성을 상징하는 음료로 여겨졌다. 카페 혹은 상층 부르주아들의 살롱은 계몽주의 문화의 특권이었고, 태동 중인 자본주의의 핵심인 노동과 생산성을 강조하는 부르주아 윤리는 커피를 소중한 상징으로 삼았다. 포도주와 맥주는 마시다보면 자칫 아침부터 머리가 무거워 일을 효율적으로 하지 못했던 데 반해 커피는 각성 효과가 있었다. 이에 따라 근대에 이르러 유럽인들은 커피라는 부르주아 음료에 익숙해지게 되었다. 예를 들어 리옹의 상인인 실베스트르 뒤푸르Sylvestre Dufour는 커피의 각성 효과를 높이 평가했다. 그는 1671년에《커피의 진정한 가치 The Most excellent Virtues of Mulberry, Called Coffee》라는 책을 집필하고 커피에 관한 권위 있는 연구를 제시했다. 18세기 말부터는 커피가 대중 음료가 되면서 포도주를 대체했다. 노동자들 역시 커피가 더 경제적이고 포만감을 느끼게 한다고 보았다. 커피를 많이 마시면 저녁까지 버틸 수 있는 힘을 얻을 수 있다고 생각할 정도였다. 그러나 이러한 커피의 성공은 영국에서는 차로 인해 방해를 받았다. 영국의 경우 왕정이 복고될 시점인 1660년경 찰스 2세의 포르투갈 출신 아내가 차를 즐겨 마시며 차문화를 궁정에 정착시켰다. 17세기 후반만 해도 18세기에 차가 영국의 국민음료가 되리라 예상한 이는 아무도 없었다. 차의 확산은 당시의 무역상인들의 작품이었다. 당시 영국은 면직물을 인도와 중국 등지로 수출하고 돌아올 때는 텅빈 채로 돌아오곤 했다. 그러자 무역상인들과 동인도회사는 차를 수입하고 대중화시킴으로써 이러한 운송상의 낭비를 줄이려 했다. 이에 따라 인도와 중국에서 들어온 차가 널리 확산되었다. 1690년에서 1750년까지 차의 수입이 폭발적으로 늘어나 사탕수수의 수입을 능가하게 되었다. 결국 차가 영국에서 포도주와 맥주를 대체하는 기호품으로 자리 잡았다. 차 수입의 증가는 영국 은의 대량 유출로 이어졌다. 영국의 무역업자들은 이러한 무역적자를 해소하기 위해 청에 아편을 팔았는데, 이는 중영전쟁(아편전쟁)의 원인이 되기도 했다.

● **영국, 퍼브와 커피 하우스**

영국은 프랑스와 도버 해협을 끼고 있는 섬나라로 위도는 비교적 높지만 편서풍과 걸프 만류 덕분에 온난다습한 해양성 기후를 나타낸다. 겨울에는 춥지 않으나 비 오는 날이 많고, 바람이 적은 날에는 안개가 많이 낀다. 영국 남부는 경작에 적합하고 일찍부터 목축업이 발달했다. 따라서 예로부터 양고기가 육류의 주공급원이었고, 소시지나 베이컨 형태의 돼지고기와 가금류의 섭취도 많았다. 섬나라인 덕분에 생선의 가공산업도 발달했다.

여기에 종교문화와 경제생활이 상호 관련된 예를 또 하나 든다면 금요일과 여러 다른 기독교 축일에 육식을 피하고 생선을 먹었던 가톨릭의 전통이다. 이것은 어업의 발전 또는 쇠퇴와 깊은 연관관계를 맺고 있었다. 이탈리아나 에스파냐와 달리 풍부한 어장을 소유하지 못한 나라들은 유럽의 대서양 연안 국가들로부터 말려서 저장한 생선, 즉 건어포를 수입했는데, 이는 주로 금요일의 식사를 위해서였다. 당시에는 냉동선이 없었기 때문이다. 이로 인해 대서양 연안의 어부들은 특별한 수요를 즐겼다. 그들은 신의 섭리와 관련해 자부심이 강한 어부들로서 어부 출신인 예수의 수제자 베드로가 이들의 수호성인인 경우가 많았다. 금요일의 생선 식사 전통과 어업 간의 관계는 영국에서 성공회가 성립된 1534년 이후 영국 어업계에 나타난 큰 위기에서 발견된다. 이 위기가 초래된 원인은 가톨릭지역인 영국에서 개신교인 성공회가 탄생하면서 금요일에 육식을 피하고 생선으로 대체하는 규정이 폐지되었기 때문이다. 그 결과 생선 수요의 극적인 감소와 공급과잉으로 영국 어업계에 큰 불황이 닥쳤던 것이다. 결국 많은 어부들이 선원으로 직업을 바꾸면서 그 숫자가 줄어들어 공급과잉의 문제가 해결되었다. 이는 또한 영국 해군력의 강화에도 크게 기여했다.

영국과 아일랜드는 기후와 지리환경이 비슷하다. 그리고 역사적 과정 속에서 서로 영향을 주고받으며 전통적인 식습관을 형성했다. 주요 식재료도 비슷하며 조리법도 유사하다. 차, 맥주, 위스키를 즐기는 점 또한 비슷하다. 영국에서는 삶거나 오븐에 넣어 굽는 방법으로 간단하게 음식을 조리하며, 음식을 만들 때 향신료와 양념을 거의 사용하지 않고, 먹기 전에 소금, 후추, 향신료를 뿌린다. 전통적인 아일랜드 음식은 감자, 고기, 야채를 중심으로 한 것으로 단순하고 소박하다. 특히 감자는 아일랜드인의 식사에서 대들보 역할을 하며 영국에서도 많이 이용된다. 육류 음식은 영국과 아일랜드의 식사에서 아주 중요한 위치를 차지한다. 몇 가지 형태의 고기나 생선 요리가 대부분의 식사에 포함되고, 여기에 계란, 우유, 치즈가 추가된다.

또한 영국과 아일랜드의 식사에는 다양한 해산물도 포함되어 있다. 대중적인 길거리 스낵으로 대구나 명태 같은 흰살 생선 조각에 반죽을 묻혀 튀긴 뒤 튀긴 감자와 함께 먹는 피시 앤 칩스Fish & Chips가 있다. 앞에서 말한 대로 가톨릭에는 금요일이나 그 밖의 금식일에 고기 대신 생선을 먹는 관습이 있었는데, 영국 정부가 16세기 중반에 어업 보호라는 취지 아래 이 관습을 지키도록 법으로 정했다. 그러나 생선은 저장, 운송 등의 문제로 염장한 청어 외에는 일반 서민들이 먹기에 값이 너무 비쌌다. 그 후 1860년대에 증기선에 의해 트롤 어업이 시작되면서 생선이 흔해졌는데, 그즈음에 런던 및 맨체스터 등의 공장에서 집으로 식사하러 갈 수 없는 노동자들을 위해 점심 식사로 배급을 시작하면서 생겨난 음식이 바로 원래 영국의 해안가 마을에서 즐겨 먹던 음식인 피시 앤 칩스이다. 가공된 생선도 전채나 아침 식사에 자주 이용되었다. 예컨대 키퍼kippers(소금에 절여 말리거나 훈제한 생선), 스코틀랜드산 훈제 연어와 청어 등이 그것이었다.

영국의 식단에서는 유제품과 계란도 중요하다. 계란은 전통적으로 아침 식사로 제공되며, 치즈는 서민들의 휴식공간인 퍼브pub에서 제공되는 점심 식사에서 중요한 위치를 차지하는 식품이다. 퍼브의 점심 식사는 한 조각의 체더 치즈와 빵, 양파 피클, 맥주로 구성된다. 영국에서 생산되는 치즈로는 체셔 치즈cheshire cheese(우유로 만든 치즈로 약간 짭짤하다)와 스틸턴 치즈stilton(우유로 만든 경질 치즈로 푸른 곰팡이를 넣고 숙성시킨다. 맛은 진하고 강하며 부드럽다)가 있다. 빵은 식사의 중심은 아니지만 경시되지도 않는다. 아일랜드에는 효모 대신 베이킹 소다를 넣어 만든 소다 빵이 더 흔하며 전통적으로 늘 식사에 나온다. 감자의 경우 매시드 포테이토mashed potato(삶아서 으깬 감자)를 '매시mash'라고 부르며, '뱅어즈 앤드 매시bangers & mash'는 소시지와 매시드 포테이토를 말한다. 감자는 스튜나 파이로도 요리해 먹는다.

영국인들이 가장 흔히 마시는 음료는 차, 맥주, 위스키이다. 차는 1610년에 네덜란드의 동인도회사를 통해 유럽에 전파되었고, 그 후 스칸디나비아, 프랑스, 영국, 러시아 등으로 퍼져 나갔다. 차는 특히 영국에서 인기를 끌었는데, 영국에 차가 도입된 것은 1657년이며 18세기 초엽부터 녹차에 설탕과 우유를 넣어 마셨다. 이 무렵 차는 영국 상류사회에서 '생명의 피'로 불릴 만큼 귀한 것이었고, 신분에 따라 차의 종류는 물론 차 마시는 방법도 달랐다. 영국인들은 거의 식사 때마다 차를 마시며 하루에 적어도 두세 번 티타임을 가진다. 특히 우유와 설탕을 넣은 진한 홍차를 선호한다. 홍차가 영국인들에게 중요한 음료가 된 것은 18세기부터이며, 19세기 중엽에 들어서면서 서민들 사이에서 향기 좋은 차를 마시는 것이 유행하게 되었다. 홍차는 영국인들과 아일랜드인들이 가장 즐기는 음료이다. 티 하우스Tea House는 대중들이 자주 이용하는 휴식과 사교의 공간으로 오후에는 따뜻한 음료와 케이크를 먹고 밤늦게 저녁식사를 하기도 한다. 커피도 애호되는 기호품으로 거품을 낸 생크림과 달콤한 황설탕, 위스키whiskey를 넣은 아이리시 커피가 유명하다. 아일랜드에서는 검고 독하며 상당한 열량을 제공하는 흑맥주 스타우트stout를 즐겨 마신다. 영국의 퍼브에서는 '비터 맥주bitter beer'라는 홉의 쓴 맛이 강한 짙은 황갈색의 맥주가 흔히 제공된다. 위스키는 아일랜드와 스코틀랜드에서 제조된다. 아일랜드 위스키는 맥아(보리싹)를 으깬 뒤 발효시키고 증류해 만들며, 스코틀랜드의 스카치 위스키Scotch whiskey는 맥아를 넣지 않은 위스키를 혼합해서 만든다. 스카치 위스키가 더 독하고 스모키하다.

퍼브는 영국 특유의 분위기가 물씬 배어나는 장소로 티 하우스나 바Bar와는 다른 문화적·사회적 기능을 하고 있다. '영국'하면 퍼브를 연상할 정도로 영국 문화의 상징으로 여겨지고 있다. 퍼브는 11~12세기에는 여관에 딸린 술집을 의미했는데, 대중들의 휴식처이자 사교클럽으로서 '퍼블릭 하우스Public House'라고 불리기 시작한 것은 17세기 후반부터였다. 퍼브는 단순히 술을 마시는 장소의 차원을 넘어 지역사회의 구심점 역할을 하고 있으며, 퍼브의 주인 역시 지역사회의 공인으로 여겨지고 있다. 퍼브에서는 맥주, 스카치 위스키, 진jin, 와인, 알코팝alcopops(알코올이 들어간 청량음료) 등을 판다. 맥주가 가장 인기가 높으며 가내제조한 맛있는 맥주를 맛볼 수 있다. 그리고 맥주에 치즈, 빵 등을 곁들여 간단한 식사도 할 수 있다. 쇠고기와 소의 콩팥을 넣은 푸딩steak & kidney pudding도 단골 메뉴이다. 영국은 퍼브 사회Pub Society라고 불릴 정도로 퍼브문화가 영국인들에게 자리 잡고 있다.

영국의 대표적인 음식으로는 로스트 비프roast beef, 요크셔 푸딩 Yorkshire pudding, 트라이플trifle 등이 있다. 로스트 비프는 등심을 덩어리째 구운 뒤 한 조각씩 얇게 썰어 겨자 소스나 호스래디시(서양고추냉이) 소스horseradish sauce를 곁들여 먹는 요리로 주로 요크셔 푸딩과 함께 먹는다. 또한 차게 식힌 다음 얇게 썰어 샌드위치에 넣기도 한다. 요크셔 푸딩은 밀가루, 계란, 우유로 만든 반죽에 로스트 비프를 구울 때 흘러나온 육즙을 부어 구운 빵이다. 가장자리는 바삭하게 부풀어 오르고 가운데는 움푹 들어간 모양을 하고 있다. 트라이플은 스펀지 케이크, 체리, 커스터드 소스, 잼 혹은 과일을 깊은 그릇에 층층이 넣고 맨 위에 생크림을 얹은 영국의 디저트로 특별한 날에 단골로 등장한다.

영국에서 차문화가 발달한 이유로는 먼저 비가 자주 오고 날씨가 습해 영국인들로 하여금 따뜻한 차를 갈망하게 했다는 점을 들 수 있다. 그리고 석회 성분이 많아 수질이 좋지 않은 점도 차문화의 확산에 기여했다. 또한 인도산 차가 싼값에 수입된 것도 차가 영국에서 널리 사랑받는 데 일조했다. 차보다 한발 앞서 서구에는 커피가 퍼져 있었다. 처음에는 차가 커피에 비해 상당히 비쌌으나, 동양의 차 무역을 장악한 영국이 차의 관세를 내리는 방법으로 소비의 증대를 꾀한 결과 하층 노동자들에게까지 차의 수요가 확산되었다. 17세기에는 차를 중국에서 직접 수입하기 시작하고 19세기에는 영국의 식민지인 아샘 지방에서 자생하는 차가 수입되면서 차문화의 확산이 촉진되었다. 명차 브랜드와 커피 하우스도 영국식 차문화를 만드는 데 한몫했다. 1706년에 설립된 트와이닝을 비롯해 포트넘 앤 메이슨, 브르크 본드, 립턴, 해로즈 등은 세계적인 명차 브랜드이다.

중국 상인들과의 차 교역에 대한 기록은 1644년에야 나타나고 있다. 1657년 일반적인 차 시판이 시작되었는데, 런던의 담배상이자 커피 하우스의 주인인 토머스 게러웨이가 가게에서 찻잎을 팔고 마시게 한 데서 비롯되었다. 커피 하우스는 남성이 주로 이용하는 사교의 장이었으므로 이 무렵에는 아직 차가 널리 보급되지 않았다. 이런 상황에서 1662년 영국 국왕 찰스 2세에게 시집을 온 포루투갈의 공주 브라간사의 카타리나Catharina(캐더린)가 영국 상류사회에 차문화 바람을 일으켜, 그녀로 인해 차가 상류문화로 자리 잡게 되었다.

이에 따라 1700년에 이르기까지 급속히 인기를 얻어 차가 런던에서 1만 500개 이상의 커피 하우스에서 판매되기에 이르렀다. 선술집 주인들은 급속히 퍼져 가는 커피점의 유행에 당혹스러워 했고, 이것은 주류 판매로 얻어지는 세입이 줄어들게 된 정부 또한 마찬가지였다. 18세기 중반에 이르러서는 차가 맥주와 진을 대신하며 영국인들이 가장 즐겨 마시는 대중음료가 되었다. 런던 사람들은 처음 만나 인사를 나누며 "당신의 단골 커피 하우스는 어디냐" 하고 묻는다고 하는데, 런던 커피 하우스의 시초는 1652년 토머스 트와이닝이 낸 '톰의 커피 하

▲ 영국의 시인 리처드 브레이스웨이트의 《Lawes of Drin-king》(London, 1617) 표지에 실린 윌리엄 마셜의 목판화. 윌리엄 셰익스피어, 존 던 등 프라이데이 스트리트 클럽의 주요 회원들이 이용하던 퍼브 머메이드태번Mermaid Tavern의 모습.

19세기 말 '피시 앤 칩스' 상점의 모습.

▲ 헨리 싱글턴의 〈에일하우스 문 앞에서The Ale-House Door〉 1790년. 에일하우스는 고풍스러운 영국의 선술집이다.

▲ 영국 최초의 커피 하우스인 '톰의 커피 하우스Tom King's Coffee House'의 18세기 초 모습. 1738년.

우스'였다. 이곳은 법조인, 시인, 작가들이 단골로 출입하면서 '신사들의 클럽'으로 발전했다. 커피 하우스가 남성 중심으로 발달했다면, 1730년대에 '티 가든tea garden'은 공원이나 유원지에서 차를 마시며 음악을 즐기던 곳으로 여성의 사교무대로 자리를 잡았다. 그러나 티 가든은 19세기부터 유행하게 된 가정의 식사 습관인 '애프터눈 티'에 밀려 사라졌다.

영국인들이 즐겨 마시는 차는 홍차에 우유를 넣은 부드러운 밀크티 milk tea이다. 차가운 우유를 먼저 잔에 부은 뒤에 뜨거운 차를 잔에 부어 마시는 차로서 일명 '잉글리시 티English tea'라고도 한다. 한편 상류 계층의 영국인들은 우유를 넣지 않는 홍차를 즐겨 마신다. 홍차를 마실 때는 은쟁반에 놓여진 도자기잔에 마신다. 이렇게 함으로써 이들은 자신들이 속한 계급의 우월성을 과시하기도 한다. 식탁에 수프가 등장하지 않는 음식문화 때문에 영국인들은 차 혹은 포도주를 마시는 방식으로 수분을 공급한다.

아울러 유럽의 식사예절 중에 여러 사람들이 함께하는 식탁에서 방귀를 뀌는 행위를 금지한 것은 상당히 오래전까지 거슬러 올라간다. 인간의 자연스러운 생리현상인 방귀가 식사예절에 관한 문헌을 번역하는 사람들에 의해 입에서 나오는 트림과 동일한 것으로 번역되기도 했지만, 트림이 유럽사회에 의해 너그럽게 수용된 반면에 방귀는 계속해서 좋지 못한 행위로 간주되어 왔다. 하지만 식탁에서 코를 푸는 행위는 식사예절에 반하는 행위로 치부되지 않았다.

● 프랑스 , 레스토랑과 카페

유럽의 요리 하면 프랑스를 떠올릴 만큼 프랑스 요리가 세계적 명성을 얻고 있는 데는 그만한 이유가 있다. 지중해, 대서양, 북해를 연결시켜 주는 위치에 있는, '유럽문명의 교차로' 라는 입지적 조건이 프랑스를 다양한 민족들의 음식문화가 활발히 교류되는 장으로 만들었기 때문이다. 또한 기름진 토양과 바다에서 생산되는 좋은 품질의 식재료도 프랑스 요리가 세계적 명성을 얻는 데 일조했다. 프랑스는 옛날에 갈리아Gaule인들이 살던 땅이었다. 갈리아인들의 음식 맛은 거칠었으며, 이후 골 지역으로 이주해 온 프랑크인들은 골의 음식전통을 이어받았다. 프랑크족들이 그 땅의 산물로 고대 로마의 문화와 요리법을 받아들여 만들어 낸 것이 프랑스 요리의 출발점이었다. 중세에 와서 전쟁과 역병, 기근이 계속되자 민간의 요리 전통의 명맥이 수도원을 통해 유지되다가 생활이 나아지면서 점차 그 지방 특유의 향토요리로 발전하게 되었다.

르네상스시대는 프랑스 요리에 있어서도 새로운 변화의 시기였다. 1533년 이탈리아 피렌체 메디치 가의 카테리나Catherrine(카트린)가 앙리 2세와 결혼하면서 프랑스 요리의 르네상스가 시작되었다. 그는 당시 가장 앞서 있던 피렌체의 세련된 문화와 다수의 요리사, 새로운 식재료를 프랑스에 가져왔다. 그의 영향으로 중세 이래 무겁고 복잡했던 프랑스의 궁정요리가 좀 더 다양하고 섬세한 음식으로 바뀌어 갔다. 이렇게 음식문화가 정교해진 현상은 절대주의시대의 바로크 예술과 관련시켜 이해할 수 있다. 바로크문화가 절대주의의 권위를 뒷받침해

주는 역할을 했다는 측면에서 볼 때, 요리의 내용과 식사예절이 우아하게 지켜지는 식탁은 절대주의 권위의 한 척도였기 때문이다. 과식과 과음을 뽐내던 시대는 가고 예절을 갖춘 식사를 즐기는 식문화가 자리를 잡아 갔던 것이다. 포크 및 식탁보의 사용도 상류사회의 필수적인 식탁예절이 되었다. 냅킨도 새로 개발되었다. 이러한 식탁도구들의 사용이 필수적으로 요구되었을 뿐만 아니라 이들을 우아하게 사용하는 기술 또한 중요했다. 식사시간에 먹는 일에만 몰두해서도 안 되고 교양 있는 대화를 즐길 수 있어야 했다.

17세기에 이르러 프랑스인의 식습관은 형식과 내용 면에서 모두 큰 변화를 보였다. 17세기 전반기에 주목할 만한 것은 앙리 4세의 요리장 라바렌의 출현이고, 후반기에는 이후 대식가로 알려지게 된 루이 14세의 탄생이다. 섭정시대(루이 15세의 재위기간 중 1715~1742)에 들어와 프랑스 요리는 완성에 도달하고, 웅장함이나 화려함보다는 아름다움이 칭송을 받았다. 루이 15세는 세련된 미식가로 스스로 요리를 조리하기도 했다. 이 무렵 부엌에 드나드는 귀족도 나타나 요리에 귀족들의 이름이 붙여지기도 했다.

그다음 시기에 프랑스 요리의 진정한 창시자라고 할 수 있는 마리 앙트완 카렘Marie Antoine Carême(1783~1833)이 나타났다. 18~19세기 프랑스 궁정과 상류층의 기름지고 정교하며 공이 많이 들어가는 요리인 그랑드 퀴진Grande Cuisine의 전통이 완성되는 나폴레옹시대에 활동한 그는 프랑스 요리를 예술의 경지까지 올려놓은 인물로 평가된다. 그 자신이 위대한 요리사이자 제과장일 뿐만 아니라 이론가이기도 해서 많은 저작도 남겼다. '프랑스 요리의 아버지', '요리사의 왕'으로 칭송되기도 할 정도로 프랑스 요리가 프랑스다워진 것은 그가 출현한 이후부터라고 할 수 있다. 프랑스에서 레스토랑은 1782년에 보빌리에가 파리에서 가장 큰 요리점을 경영하면서 본격적으로 시작되었다는 것이 정설이다. 그는 미식가이자 요리법 해설가로서 프랑스 요리의 기본서라고 할 수 있는 《요리의 기술》을 펴내기도 했

'프랑스 요리'의 창시자 마리 앙트와 카렘

다. 그가 개업한 레스토랑은 장관들이나 외교관들이 주된 고객이었다. 프랑스대혁명 이후 왕족과 귀족들을 위해 일했던 요리사들이 앞다투어 레스토랑을 개업하기 시작해 그 후로 프랑스 고급 요리가 대중화되었다. 그리하여 1804년에 이르자 파리의 레스토랑이 500군데에 달했다.

근대 프랑스의 요리는 두 가지 유형의 전통에 기초하고 있다. 부유층의 요리인 오트 퀴진haute cuisine과 민간의 향토요리인 퀴진 뒤 테루아cuisine du terroir가 그것이다. 부유층의 요리는 궁정과 귀족의 기호에 기반을 두고 지역성을 초월해 발달해 왔는데, 버터와 크림이 많이 사용되어 맛이 농후하고 요리법이 복잡하며 식재료가 값비싼 것이 특징이다. 오트 퀴진은 프랑스어로 고급 요리high cooking라는 의미를 지니

고 있으며 나폴레옹시대의 앙트완 카렘에 의해 시작된 요리 스타일이다. 오트 퀴진은 오늘날에도 서양의 고급 레스토랑 요리의 핵심을 구성하고 있으며, 그랑드 퀴진과 퀴진 클라시크cuisune classique가 포함되어 있다. 그랑드 퀴진은 18~19세기 프랑스 궁정과 상류층의 기름지고 공이 많이 들어간 요리를 말하며 오직 특권계층만이 그 맛을 향유할 수 있었다. 그러나 프랑스혁명 이후 궁정요리사들이 레스토랑을 개업하면서 그랑드 퀴진이 점차 일반인에게도 알려지게 되었다. 퀴진 클라시크는 19세기 말에서 20세기 초에 걸쳐 그랑드 퀴진이 단순화되며 세련미를 갖추게 된 요리로, 값비싼 식재료를 사용해 음식의 시각적 효과를 강조한다. 퀴진 클라시크의 전형적인 음식으로는 푸아그라foie gras, 캐비어, 송로버섯, 오묘한 맛을 내는 소스, 계란을 거품 내서 구운 수플레soufflé, 얇고 바삭한 층으로 겹겹이 이루어진 패스트리, 보석처럼 투명한 고기 젤리 아스픽aspic, 색색의 설탕으로 유리 조각처럼 빚은 사탕 과자, 위스키와 코냑을 넣고 불을 붙여 요리하는 플랑바주flambages 등이 있다.

푸아그라, 캐비어, 송로버섯은 유럽의 3대 진미로 알려져 있으며 프랑스 고전 요리의 전형적인 식재료이다. 푸아그라는 '기름진gras 간foie' 이라는 뜻으로 거위나 오리를 좁은 우리에 가두고 강제로 옥수수와 콩 사료를 많이 먹여 살을 찌우면 간에도 지방이 쌓여 본래 크기의 5~10배로 늘어난다. 중후한 맛이 일품이며 송로버섯과 그 맛과 향이 잘 어울린다. 송로버섯[트러플truffle]은 떡갈나무 뿌리 근처에서 자라나며 주름진 두꺼운 껍질에 덮여 있다. 송로버섯은 재배가 되지 않아 야

그랑드 퀴진은 18~19세기 프랑스 상류층만 맛볼 수 있었던
기름지고 정교하며 공이 많이 들어간 요리를 말한다. 니콜라스 아르놀Nicolas Arnoult의 그림(18세기 중반)에는
그랑드 퀴진을 맛보는 이러한 프랑스 귀족의 모습이 담겨 있다.

위르뱅 뒤브와Urbain Dubois의 《La Cuisine Classique》(1864)에 실린 퀴진 클라시크 요리 그림들.
값비싼 식재료를 사용하고 음식의 아름다운 차림새를 강조하는 퀴진 클라시크의 특징을 잘 보여 준다.

생에서 자란 것을 돼지나 개의 후각을 빌려 찾아낸다. 프랑스와 이탈리아의 일부 지역에서만 생산되기 때문에 값이 매우 비싸다. 송로버섯은 진한 향과 깊은 맛이 나며, 얇게 썬 뒤 올리브 기름에 담가 트러플 오일 truffle oil을 만들어 쓰기도 한다. 캐비어는 철갑상어 알을 소금에 절인 것으로 카스피 해 산을 최고로 친다. 퀴진 뒤 테루아는 프랑스 각 지방의 산물을 본 재료로 민간에서 개발한 향토요리를 말한다. 고급 취향의 오트 퀴진과 달리 조리법이 비교적 단순하고 소박한 것이 특징이다.

포도의 경작과 포도주의 제조는 지중해 국가들의 공통점이지만 "포도주가 빠진 식사는 태양이 없는 낮과 같다"는 말이 있을 정도로 프랑스인들의 포도주 사랑은 각별하다. 프랑스식 정찬에는 포도주가 빠질 수 없는데, 이는 포도주와 프랑스 음식이 서로의 맛을 한결 북돋워 주기 때문이다. 포도주는 음식의 맛을 북돋우고 부드럽게 하기 위한 조미료로도 사용된다. 포도주를 넣은 요리로는 뵈프 부르기뇽(쇠고기를 적포도주로 찐 것), 코크 오 뱅(수탉을 포도주로 찐 것), 물 마리니에르(홍합을 백포도주에 찐 것) 등이 유명하다. 소스를 만드는 데도 포도주가 사용되는데, 요리하는 동안 알코올 성분이 다 날아가고 포도주의 향과 맛이 음식에 배어 훌륭한 요리가 만들어진다. 프랑스의 포도 산지는 보르도Bordeux, 부르고뉴Bourgogne, 알자스Alsace, 샹파뉴Champagne, 발레 뒤 론Vall e du Rhône, 발레 뒤 루아르Vall e du Loire 등 여섯 지역으로 구분된다. 보르도와 부르고뉴는 적포도주가 주로 생산되며, 알자스와 발레 뒤 루아르는 백포도주가 유명하다. 론은 개성 있는 적포도주와 백포도주가 균형을 이루며, 샹파뉴에서는 유명산 샴페인이 생산된다.

치즈는 포도주, 빵과 더불어 프랑스인들이 가장 즐기는 음식이다. 포도주의 안주로 먹거나 빵에 얹어 먹기도 하며 간식으로 과일이나 주스와 함께 먹기도 한다. 또한 치즈는 전채요리로 가볍게 먹거나 디저트 코스에 나오기도 한다. 프랑스 치즈의 종류로는 염소젖으로 만든 색이 희며 신맛이 나는 셰브르chevre, 노르망디의 유명한 치즈로 조세핀 황후의 체취가 난다며 나폴레옹이 즐겼던 카망베르Camembert, 숙성도에 따라 신맛과 쏘는 맛이 나며 '치즈의 여왕'이라 불리는 브리Brie, 이탈리아 고르곤촐라Gorgonzola, 영국 스틸턴Stilton과 더불어 세계 3대 블루 치즈 중의 하나인 로케포르Roquefort 등이 있다.

프랑스 빵은 곡물 자체의 맛을 한껏 살린 음식으로 바게트baguette처럼 주식으로 먹는 빵은 버터나 우유 등 부재료를 첨가하지 않고 구수한 맛을 내는 것이 특징이다. 바게트는 설탕이나 지방이 전혀 들어가지 않고 밀가루, 물, 소금, 효모만으로 만든다. 크루아상은 버터가 듬뿍 들어가 부드럽고 고소한 빵으로 아침 식사 때 즐겨 먹는다. 크레페Creperie는 납작하게 지진 밀전병에 갖은 재료를 넣고 돌돌 말아 먹는 빵이며, 브리오슈brioche는 머핀 위에 작은 모자를 올려놓은 것 같은 모양의, 버터 향이 많이 나는 빵으로 아침 식사 때 즐겨 먹는다.

프랑스식 정찬은 오르되브르horsd'œuvre수프, 생선 요리, 소르베sorbet, 주요리, 샐러드, 디저트, 과일과 음료의 순서로 나온다. 오르되브르는 전채前菜로서 모양은 예쁘게, 양은 적게 준비하며 푸아그라 테린fois gras terrine(푸와그라를 부드럽게 다져서 양념한 요리), 캐비어, 에스카르고escargot(부르고뉴 지방의 민물 달팽이), 생굴이 고전적인 메뉴이다.

주요리는 육류나 가금류 등의 고기 요리로서 채소와 전분 요리가 곁들여져 나온다. 전형적인 메뉴는 쇠고기의 연한 부위를 구운 스테이크 종류인데, 쇠고기 안심을 두툼하게 잘라 구운 것으로 매우 부드럽고 풍미가 뛰어난 샤토브리앙chateaubriand, 안심의 중간 부분을 잘라내 구운 것으로 기름기가 적으면서 육질이 연하고 부드러운 필레 미뇽filet mignon이 유명하다. 특히 프랑스인들은 디저트를 먹기 위해 긴 코스 요리를 다 먹는다 해도 과언이 아닐 정도로 디저트를 매우 중시한다. 단맛이 나는 케이크나 생크림을 뿌린 구운 사과, 요구르트나 부드러운 치즈 등에 과일을 넣은 콩포트 등 맛과 모양에서 예술의 경지에 이른 디저트들로 정찬의 대미가 장식된다.

또 하나 프랑스 근대 식생활의 특징 중 하나로 음식점의 발달을 들수 있다. 프랑스혁명기에는 음식점과 살롱문화가 경제투쟁과 정치투쟁, 그리고 조합조직을 위한 집회장소로 사용되기도 했다. 그래서 일찍이 17세기부터 하층계급의 여자들도 음식점에 출입할 수 있었다. 많은 커피 하우스들이 프랑스대혁명기에 중요한 역할을 했는데, 지배계급에 불만을 품은 파리의 시민들의 커피 하우스, 즉 카페를 찾아와 연설을 하며 여론을 형성하기도 했기 때문이다. 당시 신문으로는 《가제트 드 프랑스La Gazette de France》와 《주르날 드 파리Le Journal de Paris》가 있었을 뿐이고 그나마 대중들의 흥미를 끌지 못하는 기사들로 채워져 있었다. 또한 중요한 것은 일반 대중들의 상당수가 글을 읽지 못했다는 것이다. 이러한 사람들을 위해 커피 하우스에서 연설자는 기사내용을 보충해 주는 해설자 역할을 담당했다. 커피의 원산지는 에티오피아로 알려져 있으며 기호품으로서 유럽에 정착된 시기는 17세기 중엽이다. 17세기에 이르러 커피 하우스가 유럽의 시민들의 인기를 끌며 속속 개점되었다. 커피 하우스는 상업과 정치 및 사회 활동의 중심지로 자리매김하게 되었다. 이탈리아의 희극 작가 골도니가 유명한 희곡인 〈커피점La bottega del caffè〉를 쓸 당시 유럽 커피 하우스의 역사는 100년의 전통을 지니고 있었다. 서유럽 최초의 커피 하우스는 1645년 이탈리아에서 개점되었다. 그 후 커피의 음용이 이탈리아 전역으로 확산되고, 소박한 카페보다 화려한 설비를 갖춘 카페들이 속속 등장했다. 유럽 각국의 커피 하우스는 먼저 항만도시를 중심으로 개점했다. 영국에서는 1650년 유대인이 '더 그랜드 카페The Grand Cafe'라는 이름의 카페를 개점했다. 17세기 말경의 런던에는 약 2천 곳의 커피 하우스가 성행하고 있었을 것으로 추산되고 있다.

프랑스혁명은 레스토랑의 등장을 가속화시켰다. 1782년에 프로방스 백작(훗날 루이 18세)의 요리사였던 보빌리예Beauvilliers가 레스토랑을 개업했으나 혁명 이전까지는 다양한 요리를 제공하지는 못했다. 길드의 통제를 받고 있어서 빵가게에서는 과자를 만들지 못하고 파이가게에서는 끓인

프랑스에서 가장 오래된 카페인 프로코프Café Procope의 18세기 모습. 볼테르, 콩도르세, 디드로 등이 둘러앉아 간단한 식사를 하며 토론하고 있다.

요리를 만들 수 없었기 때문이다. 그러나 이러한 규제가 혁명으로 인해 사라져 가고 있었다. 혁명으로 인해 길드가 해체되고 있었기 때문이다. 또한 혁명으로 인한 귀족의 몰락으로 귀족 밑에서 일하던 많은 요리사들이 일자리를 잃고 파리로 모여들어 보빌리예처럼 레스토랑을 개업했다. 부르주아들도 레스토랑의 유행으로 인해 귀족들의 고급 문화를 즐길 수 있게 되었으나 아직 먹는 즐거움에 익숙하지 않았다. 이에 미식가들이 등장해 부르주아들의 음식문화를 돕고 지식을 동원해 음식의 유행을 선도해 갔다.

또한 카페는 프랑스혁명 중에 혁명의 방향을 모의하는 장소로도 이용되었다. 자코뱅당의 새로운 지도부는 지롱드당의 붕괴를 카페 코라차Café Corazza에서 논의했고, 이들은 나폴레옹의 등장으로 일소되었다. 나폴레옹은 이러한 카페들을 폐쇄했다. 커피 하우스는 혁명 이후에는 사교장소로도 이용되었다. '카페 실브'라는 커피 하우스에서는 나폴레옹 지지자들과 부르봉 왕가 지지자들이 회합하기도 했다. 1815년 이후 왕정복고의 시대에 '카페 토르토니'는 상류사회의 사교계에 유명한 커피 하우스였다. 7월혁명으로 부르주아 출신인 루이 필립이 왕위에 오르자 카페의 객실이 만원을 이루기도 했다.

● **독일, 수도원과 호프**

독일 음식은 주재료의 자연스러운 맛을 중요시하는 전통이 있다. 독일인들은 먼 옛날부터 돼지고기와 소시지를 많이 먹었으며 감자를 제외한 야채 섭취는 적은 편이다. 가장 흔한 채소 요리는 시큼한 맛이 나는 양배추 절임인 자우어크라우트Sauerkraut이다.

독일에서 소시지와 햄 같은 육가공식품이 발달하게 된 이유는 독일의 자연환경과 관계가 깊다. 독일은 강우량이 적으면서 겨울이 춥고 길기 때문에 밀 경작이 어려울 뿐만 아니라 땅이 척박해 다른 곡물들도 잘 자랄 수 없었다. 이러한 자연환경 때문에 사육기간이 비교적 짧은 돼지가 가장 적절한 식량공급원이었다. 그래서 독일 농부들은 돼지의 사료가 부족해지는 겨울이 오기 전에 돼지를 잡았다. 도살한 돼지를 보통 소금에 절여 놓고 이듬해 봄까지 아껴 먹었는데, 소시지와 햄은 이렇게 고기를 오래 저장하기 위해 발달한 음식이다.

독일의 돼지고기 가공 식품은 부르스트Wurst(소시지), 살라미Salami, 슁켄Schinken(햄), 스펙Speck(베이컨) 등으로 구분된다. 소시지는 부스러기 고기를 소금에 절인 후 향신료를 섞어 반죽한 다음 창자나 둥근 틀에 넣고 익힌 것으로 수분 함량에 따라 드라이와 도메스틱으로 나뉜다. 드라이 소시지의 대표적인 것이 살라미이며, 도메스틱 소시지는 흔히 부르스트라고 부른다. 부르스트는 무수히 많은 제조법이 있으며, 조리 방법이나 내용물, 양념에 따라 그 종류가 매우 다양하다. 그중에서 바이에른 지방의 대표적인 소시지인 바이스부르스트Weisswurst(물에 삶아 먹는 흰 소시지)와 뉘른베르커부르스트, 튀링겐 지방의 그릴용 부르스트, 프랑크푸르트의 뜨거운 물에 데워 먹은 소시지인 프랑크푸르터Frankfurter 등이 유명하다. 슁켄은 쇠고기, 돼지고기, 칠면조 등의 살코기를 덩어리째 훈제 가공한 것이며, 스펙은 베이컨으로 잘 알려진 돼지고기 가공 식품이다. 독일인들이 소시지를 먹을 때 빼놓지 않는 것이

19세기 독일 베를린의 정육점 모습. 1889년.

20세기 초 독일 맥주홀의 모습. 《The Sphere》 1902년 1월 30일.

겨자 소스이다. 서양 겨자라고 알려진 머스터드 소스를 독일에서는 젠프Senf라고 하는데, 바이스부르스트를 먹을 때에는 달착지근하고 작은 알갱이가 있는 새콤한 겨자소스를 찍어 먹는다.

그리고 독일인들은 물 대신 맥주를 마신다는 말이 있을 정도로 일부 여성이나 아이들을 제외하고는 맥주를 음료수처럼 마신다. 독일 맥주가 유명한 까닭은 전국 각지에서 생산되는 약 7천여 종이나 되는 다양성에도 기인하지만, 무엇보다 맥주의 순도 때문이다. 1516년 이래 독일의 맥주 양조방식은 '순도 유지법'의 적용을 받았다. 즉 이 법에 따라 호프, 물, 맥아의 순수 자연원료 외에 방부제 같은 화학물질을 첨가하면 처벌을 받았다. 독일 맥주는 오로지 엿기름, 호프, 효모, 물 등 네 가

16세기경 독일 풍경을 보여주는 판화.
많은 돼지를 사육하는 데서 당시 독일인들이 돼지고기를 많이 먹었음을 알 수 있다.

지 재료만으로 빚는다. 이 외에는 어떠한 첨가물도 넣지 않는 것이 독일 맥주 맛의 비결이다. 독일의 수도원은 독일 맥주가 형성되는 데 실질적인 공헌을 했다. 맥주는 수도사들에게 중요한 영양공급원이기도

했다. 종교상의 이유로 금식을 많이 하는 수도사들은 금식기간에 육류를 대신해 영양분을 보충해 줄 무엇인가가 필요했는데 그것이 바로 맥주였다. 독일은 각 지방마다 그 지방 특유의 맥주 종류가 너무나 많고 다양하기 때문에 아무리 독일인이라도 그 많은 맥주를 다 마셔 보는 것이 불가능할 정도이다. 그러나 전국적으로 비교적 인기 있는 맥주들도 있다. 체코 맥주에서 유래했으며 맑고 깨끗한 맛이 나는 필스너Pilsner, 적갈색이 나면서 호프 맛이 강한 알트Alt, 쾰른 사람들이 주로 마시는 황금색 빛깔이 나면서 맛이 산뜻한 쾰시Kölsch, 달고 알코올 성분이 적은 베를리너 바이세Berliner Weisse, 훈제한 맛이 나는 라우흐비어Rauchbier 등이 그것이다. 독일의 오랜 영방제적 전통 때문에 생겨난 각 지방의 고유한 맛과 향을 가진 맥주들은 각 지역의 정체성을 나타내는 상징물이기도 하다.

지금까지 독일의 소시지와 맥주에 대해 살펴보았는데, 독일의 대표적인 음식은 크게 육류 요리, 감자 요리, 빵, 포도주 등으로 나눌 수 있다. 독일의 육류 요리로는 태어난 지 6개월 미만인 새끼 돼지를 잡아 수증기에 찌거나 불에 구워 먹는 슈바인스학세Schweinshaxe, 뼈를 제거하지 않은 돼지다리에 소금을 간해 맥주에 푹 삶은 아이스바인Eisbein, 송아지 고기를 얇게 썬 뒤 밀가루와 빵가루를 묻혀 튀긴 커틀릿인 슈니첼Schnitzel, 양념에 재웠다가 굽는 쇠고기 요리인 자우어브라텐Sauerbraten 등이 유명하다.

또한 독일 음식에서 빼놓을 수 없는 것이 감자 요리이다. 감자는 16세기 말에 독일에 전래되었는데, 초기에는 주로 정원의 관상용 식물로 재배되었다. 그러나 감자의 진정한 가치가 알려지면서 독일인들 사이에서 널리 식용으로 재배되기 시작하고, 감자 요리가 빵처럼 당당하게 독일인의 주식으로 자리 잡게 되었다. 감자는 요리방법에 따라 삶아서 으깬 것, 버터를 듬뿍 넣어 구운 것, 얇게 썬 뒤 기름에 튀긴 것, 크네델이라는 야구공 만한 덩어리로 만든 것 등이 있으며, 보통 고기 요리와 함께 먹는다. 그 외에 통으로 구워 낸 통감자 구이, 얇게 썬 감자 부침 등 종류가 다양하다. 빵은 독일인의 주식으로 대체로 빵에 버터를 바르거나 살라미와 치즈, 채소 등을 얹어서 먹는다. 그리고 호밀과 밀을 섞어서 만든 빵이 독일 빵의 전형이라 할 수 있으며, 독일의 대표적인 자연 숙성 호밀 빵인 펌퍼니켈Pumpernickel, 미네랄과 섬유질이 풍부한 맥아 빵인 크라프트콘 비어 브로트Kraftkorn Beer Brot, 건포도와 헤이즐넛, 아몬드가 들어간 저녁 식사용 아벤트브로트Abendbrot, 주로 아침 식사용으로 갓 구워 낸 부드럽고 담백한 맛이 나는 브뢰첸 Brötchen 등이 독일인이 즐겨 먹는 빵이다.

독일의 포도주 생산지는 라인 강 유역이며 백포도주가 유명한데, 라인가우Rheingau가 대표적인 와인 산지이다. 잘 알려진 와인으로는 슈타인베르크Steinberg, 슐로스 폴라츠Schloss Vollrads, 슐로스 요하니스베르크Schloss Johannisberg 등이 있다. 독일산 백포도주는 자연스러운 과실 맛, 낮은 알코올 함량, 단맛과 신맛의 균형, 종류의 다양성 등으로 독일인의 사랑을 받고 있다.

독일의 영방 군주들과 귀족들은 프랑스의 음식문화를 열심히 모방했다. 프랑스의 식사예절이 어떤 경로를 통해 독일에 전수되었는지 설명해 주는 사료는 발견되지 않고 있지만, 독일의 호프식 식사예절이 뿌리내리기 시작했다. 호프Hof(궁정)에서 생성된 식사예절에는 식사시간에 소리를 내며 입맛을 다시는 일, 말이 물을 마실 때처럼 후룩후룩 소리를 내는 일, 돼지가 주둥이로 음식을 먹는 것처럼 입술에 음식을 묻혀 가며 짭짭거리는 일이 금지되었으며 헛기침이나 트림을 해서도, 방귀를 뀌어서도 안 되었다. 기도로 식사를 시작하고 끝내는 거룩한 식탁에서는 신성하지 않은 주제를 빼놓고는 어떠한 대화든 다 즐길 수 있었다. 의자에 등을 붙이고 똑바로 앉아 식사하는 습관도 중요했다. 호프에 정착된 식사예절이 부르주아들에 의해 모방되었는데, 여기에서는 요리책이 중요한 역할을 담당했다. 요리책에는 요리방법에 대한 설명뿐만 아니라 호프의 식사예절에 관해서도 자세히 기술되어 있었다. 가난한 평민들은 이것을 모방할 여유가 없었다. 상류층에 속한다는 표지 중의 하나는 바로 이러한 호프식 식사예절을 갖추는 일이었다. 그러나 부르주아들이 자신들의 식사예절을 모방해 두 계급 간의 차이가 없어질 것을 우려한 귀족들은 기존의 식습관을 더욱 정교하게 만들고 새로운 요리들을 개발하기 위해 노력하며 이를 위한 투자도 아끼지 않았다. 그러면 부르주아들이 이를 다시 모방하고 귀족들이 더 많은 요리를 개발하는, 쫓고 쫓기는 과정을 통해 요리와 식사예절이 더욱 발전했고, 결국 두 계급 간의 차이가 거의 없어졌다. 이렇게 권위가 그 속성인 절대주의시대에는 바로 이러한 권위를 강화시키고 유지하려는, 그리고 새로이 얻으려는 욕망이 요리법과 식사예절을 발전시켰다고 볼 수 있다.

18세기 육식의 감소

인구의 증가로 식량의 수요가 증가함에 따라 경작지도 확대되었다. 휴경지가 없어지고 목축과 곡물농업이 통합되었다. 그리고 인클로저 운동이 확대되고 농업자본주의가 시작되었다. 옥수수와 감자가 몇 차례의 기근을 겪으면서 벼와 메밀 등의 전통적인 경쟁 작물들을 제치고 대단히 중요한 작물이 되었다. 이 새로운 작물들은 높은 생산성을 보이고 불리한 기후여건을 견뎌 냈다. 18세기에 옥수수와 감자가 성공을 거두게 된 것은 기근 때문이었다. 옥수수는 전통적인 작물보다 생산성이 월등히 높았다. 이 때문에 농민들이 아주 저렴한 비용으로 식품을 대량으로 확보할 수 있었다. 기존의 곡물들은 점차적으로 옥수수로 대체되었다, 밀은 시장에서 비싼 가격으로 팔렸다. 그러나 지주들은 소농민들의 빈곤을 악용해 가혹한 대부체계와 각종 계약조건으로 이들을 종속시켰기 때문에 소농민의 식단은 단조로워졌다. 이것은 농업자본주의에 기여했다. 옥수수로 인해 밀과 하급 곡물들의 차이가 벌어지고 소비 패턴이 두 가지로 완전히 분리되어 굳어져 버렸기 때문에 농민들은 옥수수를 경작하지 않으려 했다. 그러나 지주의 압력과 기근의 논리가 옥수수의 확산에 기여했다. 한편 옥수수는 인체에 필수적인 영양소인 비타민 B3, 니아신이 없기 때문에 주식으로 삼으면 펠라그라병이라는 심각한 질병에 걸리기 쉬웠다. 1824년에 이탈리아의 한 의사가 펠라그라병 환자들을 치료할 수 있는 유일한 해결책은 고기와 밀빵을 먹고 포도주를 마시는 것인데 대부분은 그럴 여유가 없다고 유감을 표시했다. 펠라그라병은 전례 없는 음식의 궁핍을 나타내는 역사적 상징

프리드리히 2세.

〈감자수확〉.
쥘 브리통Jules Adolphe Aime Louis Breton 작.

이었다.

감자 역시 구황작물로 보급되었는데, 기근과 지주들의 경작 요구라는 옥수수와 매우 유사한 상황을 겪으며 보급되었다. 감자는 특히 땅속에서 자라므로 전쟁의 영향을 덜 받았다. 독일에서는 30년전쟁을 계기로 대규모 감자 재배가 정착되었다. 프로이센의 프리드리히 빌헬름 1세(재위 1714~1740)와 그의 아들 프리드리히 2세(재위 1740~1786)는 감자의 미덕과 영양적 우수성을 강조했다. 빌헬름 1세는 소작인들에게 감자 재배를 명하고 이를 위반할 때에는 엄벌에 처했다. 프리드리히 2세는 1744년에 포메른Pommern과 슐레지엔Schlesien으로 감자를 전파시키고는 군대를 중심으로 경작시켰다. 독일은 7년전쟁 (1756~1763)과 1770~1772년의 흉작에 따른 식량위기를 겪은 뒤 감자가 전역으로 대폭 확산되었다. 프랑스의 군의관이었던 오귀스탱 파르망티에Augustin Parmaentier는 7년전쟁 당시 프로이센에 포로로 있는 동안 감자를 발견하고 프랑스에 보급하기 위해 이런저런 구상을 했다. 1771년의 기근 이후 프랑스의 한 학회가 기근 시에 밀을 대신할 수 있는 작물을 발견하면 거액의 상금을 지급하겠다고 약속했다. 그러자 파르망티에가 감자를 제안하고 루이 16세의 지원을 받아 6만여 평의 땅에 시험 재배했다. 이 기간 동안에 감자가 알자스, 로렌, 플랑드르, 영국 등지로도 보급되었다. 그 후 프랑스의 루이 16세가 감자 생산에 관심을 갖고 이를 진흥시켰다. 1815년 이후 프랑스의 감자 수확량이 크게 증가했다. 옥수수와 마찬가지로 감자도 농민대중들이나 도시 프롤레타리아의 배를 채우는 음식으로 사용되었다. 감자의 수확량이 아주 많았기 때문에 영국인 지주들은 밀, 돼지, 가금류, 버터 등 질 좋은 식품들을 시장에 내보낼 수 있었다. 영국의 산업혁명 때 도시 노동자들과 석탄이 생산되는 북잉글랜드 지역의 산업지대와 공장의 노동자들은 감자를 주로 섭취했다. 영국 정부도 감자가 경제적인 작물이고 칼로리와 영양 면에서 우수했기 때문에 이를 진흥시켰다. 엥겔스는 감자가 철과 마찬가지로 역사적으로 혁명적인 역할을 했다고 보았다.

18~19세기에는 포만감을 느끼기 좋은 음식으로 파스타가 확산되었다. 파스타가 일반 서민들의 식단에서 중요한 위치를 차지하게 된 시기는 17세기 초이다. 이전까지 파스타는 전형적인 상층계급의 요리였다. 1630년 나폴리의 인구 증가는 식량수급의 어려움을 초래했다. 이러한 식량위기는 정치 및 경제 위기로 나타났다. 이 시기에 고기의 소비가 줄고 곡물의 소비가 늘어난 데다가, 반죽기계 및 기계식 압착기의 개발로 예전보다 훨씬 싸게 마카로니와 파스타를 생산할 수 있게

되었다. 또한 남부지방에서만 자라는 경질밀로 만든 굵은 밀가루는 글루텐 함량이 높아 보관하는 데 용이했다. 이것이 나폴리에서 파스타가 성공한 핵심적인 요인이자 서민 음식이 된 이유이다. 또한 제분기의 발전으로 밀가루의 가격이 하락하자 빵과 파스타의 가격이 더 저렴해졌다. 중세에는 방앗간 주인들이 영주에게 소속되어 있었지만 산업화와 함께 사업가가 되었다. 많은 파스타 생산자들이 방앗간 주인들과 함께 협력해 운영하기도 하고, 방앗간 주인들이 파스타 공장 주인이 되기도 했다. 1830년에 이르러서야 토마토 소스가 얹어지기 시작했는데, 토마토 역시 아메리카 대륙이 원산지로서 유럽과 이탈리아에서 성공을 거둔 식품이다.

옥수수의 단일경작으로 인한 단일음식 섭취는 장기적으로 영양결핍을 가져왔고 감자의 단일경작 또한 동일한 현상을 일으켰다. 옥수수와 감자는 서민들의 작물이었고 밀은 사치품이 되었다. 사치품의 수준으로 올라간 밀은 대부분 도시로 팔려 나갔다. 육류 역시 사정이 비슷했다. 1750년 이후 대다수의 소비자들의 구매력이 감소하자 육류 소비가 감소되었다. 축산업은 발달하고 있었지만 음식 섭취 수준은 저하되었고, 이것이 중하층 전반의 사람들에게 영향을 미쳤다. 18세기 중엽 합스부르크 가문이 선발한 군인들의 평균 신장이 이전보다 작았다는 사례를 통해 이를 알 수 있다. 18세기에 유럽인들은 육류를 많이 먹지 못했고, 18세기 말에서 20세기 유럽인들의 영양 수준이 최저 수준이었던 것은 자명한 사실이다.

채식주의 단체는 1847년 영국 최초로 맨체스터에서 결성되었다. 18

세기에 고기가 전보다 많은 사람들에게 보급된 결과 채식이 새로운 계급구분으로 나타났다. 따라서 새로운 채식주의 운동이 영국 산업의 중심지이며 부의 상징이었던 맨체스터에서 일어났던 것이다. 물론 육류의 소비는 한정된 소수 계층의 특권이었으나 이 소수 계층, 특히 부르주아 기업가층이 급속히 확장되고 있었다. 노동자들은 계속 차와 빵만으로 이루어진 식사를 하고 있었으나 도시의 소비 수준이 계속 높아져 고급 음식류를 수입할 필요가 있었다. 차가 포도주와 맥주를 대신하고, 설탕이나 코코아 등이 적정가에 노동자들에게 제공되고 육류도 여기에 포함되었다. 19세기 중엽에 이르면서 육류 소비는 다시 증가하게 되었다. 이는 축산업과 육류수송 및 보관 기술의 발전에 의한 것이었다. 니콜라 아페르Nicholas Appert와 루이 파스퇴르Louis Pasteur의 연구는 식품을 밀봉으로 포장하는 데 획기적인 기여를 했다. 이러한 신기술을 통해 미국, 호주, 아르헨티나 등 목축업을 하는 나라로부터 육류를 저렴한 가격에 수입할 수 있었다. 나폴레옹의 해군은 아페르의 연구에 열광하고 밀봉과 열처리 과정을 통해 신선도를 유지하는 기술에 환호했다. 아페르는 나폴레옹 정부로부터 1만 2천 프랑의 연구개발비를 지원받으며 군용식품에 적절한 용기인 캔can을 개발해 통조림 기술을 발전시켰다. 장거리를 항해하는 동안 야채를 먹을 수 없었던 선원들에게 아페르의 밀봉포장 기술은 대단한 발명품이었다. 1809년 아페르의 《고기와 야채를 장기간 보관하는 법L'Art de conserver, pendont plusieurs années, toutes les substances animrales et régétales》이라는 저서는 대중들에게 인기를 끌었고 영어로도 번역되었다.

산업혁명 초기에 수많은 사회적 모순을 동반하면서 음식 면에서도 변화가 일어났다. 어떤 음식은 먹지 않거나 특정집단에 속한 사람들만 먹는 것이라는 구분이 자본주의와 이윤의 동기 앞에 무너져 갔다. 그 결과 산업혁명 이후 유럽에서는 음식을 종류보다 질로 구분하게 되었다. 자본주의 산업사회로 전환된 유럽은 누구에게나 선택의 자유가 있었다. 그리고 모든 사람이 높은 소비 수준을 유지할 수 있었고 또 그래야 했다. 보편적이고 민주적인 소비라는 생각이 경제적인 영역에서만이 아니라 문화적으로도 중요했다. 유럽의 음식혁명이 서서히 진행되고 있었다. 그러나 지역과 진행시기에는 차이가 있었다. 음식의 구성 면에서도 곡물보다 동물성 단백질과 지방의 비중이 늘어 갔다. 또한 생활의 중심이 농촌에서 도시로 전환되면서 노동자들에게는 약속한 노동 시간을 정확히 지켜야 하는 필요가 생겼다. 산업혁명 이전의 농촌생활은 비 오는 날에는 쉬는 등 노동시간 관리가 엄격하지 못했다. 그러나 공장에서는 노동 시간의 엄격한 준수가 요구되었다. 그 결과 노동자의 아침 메뉴로 간단하면서도 칼로리가 높은 식품이 선호되었다. 산업혁명이 가속화되고 도시가 생활의 터전이 되자 노동자 가족들은 생계를 위해 각자의 직장을 가져야 했다. 이 때문에 아침 식사를 준비할 시간이 없었다. 그래서 영국에서는 설탕을 넣은 홍차가 기본인 아침 식사가 유행하게 되었다. 설탕을 넣은 홍차는 차가운 빵을 더운 요리로 바꾸어 주었고 노동자들의 허기를 채워 주었다. 설탕을 넣은 홍차가 없었다면 영국의 산업화와 공장노동자의 생활을 설명할 수 없었을 것이다.

19세기의 산업화에 따라 점진적으로 소비가 증가하고 음식 소비의 민주화가 확대되어 음식상의 특권이 사라지게 되었다. 그렇다고 부자들의 폭식 잔치가 감소된 것은 아니었다. 음식상의 혁명이 엘리트층에게 새로운 행동모델을 요구한 반면에, 기존의 상층계급의 특징이었던 폭식과 과식은 서민적인 관행으로 여겨지게 되었다. 예전에는 엘리트층의 전유물이었던 만족을 모르는 거대한 식욕의 소유자라는 모습이 이제는 노동자의 이미지가 되었다. 그러는 동안 상층계급은 다른 형태의 특징을 개발했으니 바로 가벼운 식사와 채식이었다.

또한 19세기 들어 유럽에서는 사료의 개선으로 우유와 고기의 단위 생산량이 증가했다. 특히 양의 사육이 증가했다. 그리하여 개인당 고기 소비율이 1816년에서 1914년 사이에 3배나 증가했다. 1840년에는 광물 비료가 개발되어 곡물 생산량이 50%나 증가했다. 사탕무와 감자의 재배는 그 자체가 식량 증산의 일환이고, 또 그것들은 사료의 공급원이기도 했다. 독일은 영농방법을 네덜란드로부터 전수받았다. 산업화시대에 탄수화물의 섭취가 감소했는데, 이는 다량의 설탕 소비를 통해 보충되었고, 감자는 고칼로리의 식품이자 비타민C의 공급원이었다. 한때 감자 기근으로 감자 소비가 줄어들게 되자 유럽인들은 부족한 칼로리를 지방으로 충당했다. 그리고 콩의 소비가 줄게 되자 부족한 단백질을 고기로 충당했다. 비타민C는 열대 과일로 충당했다. 19세기 이래 밀가루로 만든 빵, 특히 브뢰첸Brötschen이 쉽게 사람들을 배부르게 해주었다. 이에 반해 호밀 빵Schwarzbrot의 소비는 줄어들었다. 또한 음식의 부패를 막고 장기간 저장하기 위한 음식의 보존 기술과 통조림 기술도 발달했다. 통조림 기술의 발달은 유통 시간과 거리를 비약적으로 늘림으로써 음식의 상업화에 일조했다. 산업혁명으로 생활 수준이 높아지면서 음식은 인간이 연구하고 설명하는 학문의 대상이 되었다. 영양학이나 가정학 등의 학문도 이때 정립되었다. 시민혁명을 통해 바꾸어진 인간의 의식에 의해 음식이 인간을 위해 인간이 선택하고 해결할 수 있는 문제로 인식되었다.

분리되는 공간

르네상스 초기의 유럽사회에는 여러 변화들이 생겼으니, 흑사병과 교회의 세속화, 그리고 중세적인 도시 방어 시스템의 붕괴 등이 그것이었다. 특히 도시방어 시스템의 붕괴는 성곽을 기반으로 하는 도시문화가 더 이상 유지되지 않았다는 것을 의미했다. 따라서 유럽대륙의 도시들에 새로운 방어선을 구축하기 위한 추가적인 축성 시스템이 요구되었고, 이것은 막대한 재정을 필요로 했다. 르네상스시기 새로운 도시의 등장은 없었다. 그러나 르네상스 이후 근대 시기에는 재건축과 기존 도시의 확장을 통해 거대한 스케일의 도시가 나타났다 이것은 군사적 고려와 바퀴 달린 운송수단의 발달에 의한 결과였다. 지배자들이 대로를 건설하고 자신의 권위를 나타내는 기념물들을 건설했으며, 그것이 왕궁의 생활양식을 도시민에게 전달하는 역할을 했다. 그리고 이것을 통해 궁정의 예절이 평범한 시민의 삶에 영향을 주었다.

도시에서 가정과 일터가 분리되는 현상은 르네상스시대에 시작되어 바로크시대에 일반화되었다. 이 현상은 처음에는 부유한 도시 거주자들 사이에서 일어났고 이후 모든 도시민에 영향을 끼치게 되었다. 가정과 일터의 분리(직주분리職住分離)는 가정의 조직에 변화를 가져와, 남편과 아내가 공동으로 감당했던 가정일에 대한 책임이 아내의 몫으로 한정되었다. 가정과 일터가 분리되는 경향은 이후 도시 사회구조의 변화에도 상당한 영향을 미쳤다. 가장 두드러진 변화는 여성이 외부세계와 관계를 가질 수 있는 기회를 제약당하고 남성은 가정일에 관여할 기회가 줄어듦으로써 사회를 구성하는 기본단위인 가정의 성격이 변한 것이다. 가정은 핵가족화되고, 도시는 가정 중심의 사회로 변화되었다. 이는 도시 전반에 걸쳐 시민의식과 공리관계의 개념을 약화시키는 동시에 개인이 중심이 되는 도시사회가 도래하는 계기를 마련했다.

　또한 다양한 시민계급들이 그들만의 주거와 생활방식을 구현했다. 특히 중산층은 타운하우스Townhouse와 같은 주거공간을 구현했는데, 이것은 중세의 주거 타워dwelling tower에서 기원하지만 상점과 업무 기능은 제외되었다. 중세시대에는 박공지붕들이 도로에 인접해 주택의 개성을 드러냈지만, 바로크시대의 주택들에서는 궁전의 입면을 표현하는 집단적 통일성에 의해 획일적인 모습이 나타났다. 그러나 19세기에 들어서 부유한 중산층들이 주택을 통해 자신들의 개성과 멋을 강조하기 시작했다. 타운하우스는 도시에 있는 주택을 뜻하지만 좁은 의미로는 옆집과 측벽을 공유하는 연립주택을 의미한다. 즉 타운하우스는 오늘날로 말하면 저층의 고급 아파트를 의미한다. 영국 타운하우스의 특징은 지하실을 포함해 몇 개의 층으로 구성된 다층주택을 한 가족이 전적으로 사용하는 수직 주거 체계를 유지했다는 것이다. 바로크 양식의 화려한 궁전을 가질 수 없었던 그들은 초호화 궁전이라는 인상을 줄 수 있도록 테라스에 타운하우스를 조합 설계했다. 이것은 중세의 주상복합 주거 및 프랑스와 이탈리아의 중산층 아파트와는 다른 주거환경이었다. 영국의 경우 중상류층은 직주분리의 새로운 형태로 발전해 갔으나, 장인과 노동자들은 중세시대의 양식대로 살고 있었다. 그러나 1830년대에 일부 장인들이 타운하우스의 생활 개념을 받아들이게 되었다. 서유럽 타운하우스의 경우 영국과 달리 조경된 외부공간이 부족한 대신 마구간이나 서비스 통로 없이 작은 정원이 뒷마당에 있었다. 이러한 구조는 파리나 브뤼셀, 쾰른의 타운하우스에서 볼 수 있다. 이 지역의 타운하우스는 런던과 같이 대규모가 아닌 소규모로 형성되었다. 루아얄 광장Place Royale(지금의 보주 광장Place des Vosges)은 프랑스 최초의 주거광장으로, 17세기 초 프랑스 부르봉왕조를 개창한 앙리 4세가 계획했다. 이는 왕의 거처와 귀족의 주택들을 통합하는 작업으로 절대주의의 상징이었다. 앙리 4세는 38채의 3층 건물들로 광장을 둘러 쌓았다. 앙리 4세는 이 광장을 통해 좁은 대도시에 생활기반이 마련된다고 생각했다. 영국의 경우 헨리 8세의 종교개혁 때 헨리 8세에 의해 몰수된 수녀원을 취득한 베드퍼드 공작이 이를 주거광장으로 개발했다. 한쪽 축에는 교회가 위치해 있고, 다른 한 축에는 베드퍼드 저택의 정원이 두 개의 주접근로의 시선을 가로막으며 배치되었다. 이 사업이 일시적으로 성공하면서 당시 영국에서는 귀족과 부유층들이 장엄한 연립주택에 사는 것이 유행이었다. 광장을 면한 도심의 저택에서 사는 것이 일상화되고, 17세기까지 여러 광장들이 생겨났다. 수도로 발전한 왕의 거주지나 막강한 재력을 바탕으로 융성하게 된 도시들의 경우, 공원이나 정원, 광장 등이 아름답고 위풍당당하게 치장되고, 도심에 가로등이 설치되었다.

사적인 공간의 탄생

● 영국의 주택

인간의 주거문화는 결코 시대적 상황과 분리해서 생각할 수 없다. 12세기에서 15세기까지 거의 변화하지 않던 가옥의 형태가 16세기 이후 오늘날에 이르기까지 끊임없이 변모를 거듭해 오고 있다. 르네상스시대 영국의 주거형태는 중세의 방어적인 성격이 사라지고 가족과의 행복한 삶을 추구하면서 아름다운 정원이 한가운데 위치하는 컨트리하우스로 변화되었다. 점차 많은 주택들에 고전 건축의 대칭원리가 적용되면서 사각형의 형태에서 한 변을 제거한 'ㄷ자형'이나 또는 'E자형'의 평면구조가 유행했다. 집은 대개 돌이나 벽돌로 지어졌는데, 특히 영

프랑스식 벽난로 앞에서. 영국 동판화.

195

국의 남서부와 중서부에서는 보강재를 이용한 영국 특유의 하프 팀버 half timber 기법이 발달했다. 방들은 넓고 중후한 느낌을 주었으며 베이 윈도우(내닫이창)를 내었다. 그리고 오리얼oriel window—건물 벽에서 밖으로 불쑥 튀어나온 화려한 돌출 창문—이 전형적인 창문 형태였다. 벽난로나 벽난로 위의 선반이 주거생활에서 중요한 부분을 차지했으며, 16세기와 17세기 중반까지 석재 벽난로는 튜더 아치 모양이고 벽난로의 옆면이나 맨틀 위의 목재에 고전적인 문양을 새기기도 했다. 벽은 오크 판넬이고, 판넬의 면은 대체로 린넨폴드의 주름 문양이나 다이아몬드 형태로 조각되었고 왁스나 봉밀을 발라 마감했다.

1666년의 '런던 대화재' 이후 프랑스의 왕궁 양식을 모방한 주택들이 건축되거나 개조되었고, 바로크 양식의 영향으로 방의 기능과 구성도 점차 프랑스풍으로 변화되었다. 침실이 응접실로 변하면서 원래의 침실은 더 위층으로 올라가고, 그레이트 체임버가 살롱으로 바뀌고 식당이 되면서 2층에서 1층으로 내려왔다. 또한 살롱과 홀이 연결되어 주택의 중앙에 위치하게 되었으며, 별도로 가족을 위한 식당도 마련되었다.

17세기로 접어들면서 궁정이든 귀족의 저택이든 고가의 재료들을 사용해 전례 없이 화려해지면서 젠트리나 부유한 상인계층 역시 주거공간을 화려하게 장식하는 취향을 갖게 되었다. 이 시기의 주거는 인간생활의 기본조건을 넘어서 신분과 능력을 나타내는 수단이었다. 집이 얼마만큼 큰가, 또는 집의 전면구조와 장식이 어떻게 구성되어 있는가 하는 것들이 주요 관심사로 떠올랐다. 계단을 화려하게 장식하는 것은 일상생활에서 필수적으로 요청되는 사항이라기보다는 사회적 요인(지위,

체면, 명예, 부의 과시)에 의한 경우가 많았다. 어떤 형태의 집에서 사는가 하는 것이 더 이상 귀족들이나 부르주아지만의 관심사가 아니라 수공업자들과 농부들에게도 그들의 사회적 위치를 가늠케 하는 척도로서 의미를 갖게 되었다. 농가주택의 경우 부농은 당시의 유행에 따라 실내 장식을 했는데, 목재 패널로 바닥을 마감하고 벽을 허리 높이까지 웨인스코팅wainscoting했으며 그 위에는 벽지를 발랐다. 그러나 일반 농가에서는 실내를 흙벽으로 처리하고 방의 중앙에 화로를 설치한 뒤 지붕에 환기구를 두었다. 로코코시대에도 영국의 문화를 선도하는 계급은 귀족이었으며, 귀족들은 궁정문화를 대신할 새로운 문화로서 16세기 이탈리아 건축가인 팔라디오A. Palladio의 건축 이상을 따른 팔라디안

영국 버밍엄 지역의 테라스하우스.

양식을 선호했다. 그리하여 팔라디안 양식이 기존의 양식을 대체하면서 컨트리하우스의 평면구성보다는 입면구성에 많은 변화를 가져왔다.

도시에서는 당시 주택문제의 근본적인 해결책으로 떠오른 타운 테라스 형태의 주택이 건축되었다. 타운 테라스는 석재와 벽돌로 건축되었으며 전체적으로 어둡고 좁은 공간 분위기가 연출되었다. 지하층에는 부엌, 가사 집무실, 하인들의 방이 있었으며, 1층 현관은 홀로 이어

지거나 식당으로 연결되었다. 규모가 큰 타운하우스의 경우 하인용 계단이 따로 있었다.

그리스·로마로 회귀해 주택의 원형을 부흥시키려 하는 신고전주의 양식은 1749년 이후 폼페이 유적의 발굴이 진행되면서 유행했다. 이는 팔라디아니즘Palladianism에 기초하면서도 방의 크기나 형태, 장식 등의 변화로 나타났다. 흰색이나 금색의 연한 릴리프 장식의 벽과 천장으로 타운하우스가 개조되는 경우가 많았으며, 타운하우스의 변화는 컨트리하우스의 변화로 이어졌다. 산업혁명의 필연적 결과로 도시의 규모는 확대되고 인구의 증가와 주택 문제가 심화되었다. 농촌지역에서 도시로의 인구 유입이 가속화되었으나 인구의 성장에 비례한 주택의 공급이 이루어지지 못해 도시가 과밀화되고 슬럼화되기 시작했다. 산업혁명기의 영국 공업도시들의 과밀화와 슬럼화 현상은 상상을 초월한 것으로서 서민 주거지역의 위생상태와 전반적인 환경의 질은 최악이었다. 역사상 유래가 없는 지하주거가 성행했고, 최소한의 시설도 갖추지 못한 간이숙소 및 임대용 주거공간들이 난립했다. 19세기 중반에 이르러서야 열악한 주거환경을 개선하려는 시도가 이루어지기 시작했다. 1848년 '공중위생법'이 제정되어 주거환경을 비롯한 전체적인 도시환경에 대해 규제와 통제가 이루어지게 되었다. 지방의 각 도시들도 독자적인 조례를 제정해 주거환경을 개선하기 위한 제도적 장치를 마련했다. 이러한 규제들이 주거환경의 개선에 상당한 영향을 미치며 혼잡하고 황폐해진 도시에 계획과 질서의 개념을 부여할 수 있었다.

도시의 팽창과 더불어 도시민의 생활양식도 변했다. 그 변화의 양상은 두 가지로 요약되는데, 그 첫 번째 양상은 가정과 일터가 지리적으로 확연히 분리된 것이고, 두 번째는 가정과 일터 사이를 오가는 통근 행위가 일상화된 것이었다. 또한 산업화사회의 도래와 함께 일과 휴식이라는 두 가지 행위를 구별하게 되었고 중산층의 요구에 의해 공원, 테니스장, 골프장 등 위락시설들이 교외로 확산되기 시작했다. 런던의 경우 1850년대 이후 교외로 철도망이 급속히 확충되었으며, 이것은 도시민의 생활양식에 변화를 촉진하는 중요한 요인이 되었다. 중산층이 교외에 입주하는 현상에는 도시의 팽창이라는 불가피한 요인이 작용했지만, 그와 동시에 노동자계층과 지리적으로 분리되고 싶어 하는 그들의 욕구 때문이기도 했다. 도심은 더럽고 시끄러우며 범죄가 빈발하는 곳이었기 때문에, 당시의 중산층은 도심과 확연히 구별되는 장소를 원했던 것이다. 따라서 런던의 경우 도심의 일부와 북부의 교외지역은 서민의 거주지역으로, 그리고 남부의 교외지역은 중산층의 단독주거지역으로 확연히 구분되었다.

　중산층의 단독주택이 교외로 확산되는 것과 때를 같이해 도심에서는 새로운 주거형식으로 중층 아파트가 등장했다. 원래 층마다 다른 가구가 거주하는 적층형 주택인 아파트는 영국에서는 그리 환영받는 주거형식이 아니었다. 영국에 매우 강하게 뿌리내린 단독주택 선호 경향 때문이었다. 이 때문에 아파트는 영국에서 크게 성행하지 못했다. 영국 국민의 눈에 아파트는 화재에 취약하고 오르내리기가 불편하며 시끄럽고 쓰레기 처리가 곤란한 주택이었다. 특히 그들은 공간을 이리저리 나누어서 사용하는 주거형식에 상당한 반감을 표시했으며, '군대

막사와 같은 주택' 혹은 '프랑스식 주거방식'이라 하며 얕잡아 보는 경향도 있었다.

빅토리아 여왕 시기(1837~1901)의 사회적·기술적 변화가 건축에도 반영되었다. 63년간 계속된 빅토리아 여왕의 치세기에 영국은 급속한 산업발전을 이루었다. 빅토리아 양식의 주택도 많이 보급되고 그 특성도 매우 다양했다. 빅토리아 여왕 시대의 주거양식은 매우 인상적인데, 이러한 주거양식을 통해 상류층의 부유함과 그 아래 계층의 부를 축적하려는 사회적 신분상승 욕구를 파악할 수 있다. 주택은 거주자들의 사회적 지위를 나타내 줄 뿐만 아니라 그 바로 위 계층의 특징을 모방하기도 했으며, 최상층 주택으로부터 다양한 주택양식이 파생되기도 했다. 빅토리아 여왕 시기 초기의 컨트리하우스는 귀족들이 아직 그들의 고귀함을 드러내는 건축적 상징이었다. 컨트리하우스에서는 가족과 손님의 공간이 분리되어 있었으며, 고용인들 역시 그들만의 공간을 가지고 있었고, 계급에 따라 식사하는 공간도 달랐다.

한편 빅토리아 여왕 시기에 이르러 영국에 중산층이 형성되면서 1890년 이후 주택의 수요가 급증했다. 새로이 부를 축적한 중산층은 번잡한 도시를 벗어나 전원에 주택을 마련했는데, 그들은 중세시대부터 내려오는 주택의 요소들을 절충해 올드 잉글리시Old English라는 새로운 주거양식을 만들어 냈다. 그들의 이상이 잘 표현된 교외의 정원이 딸린 단독주택들은 영국인들의 이상적인 주거형태이기도 했다. 그리고 당시 테라스하우스와 연립주택은 일반 대중이 거주하는 주택형태로 현재까지도 영국의 전형적인 도시 주거환경을 이루고 있다. 빅토리아 여왕 시기의 또 다른 주거형태는 고용주나 정부당국에 의해 노동자계급에게 임대된 주택들이었다. 이들 주택은 대개 이층집이거나 벽돌집으로 거주자들의 소박한 사회적 지위를 나타냈다.

● 프랑스의 주택

프랑스 주택의 대표적인 특징은 전통적으로 목조건축물이 많고 자연을 그대로 건축에 받아들여 창문을 통해 아름다운 전망을 즐길 수 있으며, 넓은 테라스를 이용해 식탁이나 데스크 의자를 놓고 옥외생활을 즐길 수도 있다는 것이다. 프랑스인들의 합리적인 사고가 주택에도 반영되어 거실salle · stube · hall은 휴식, 접대, 식사, 가족의 프라이버시 등 복합적인 기능을 가지고 있었고, 거실 벽면은 서재로도 활용되었다. 부엌은 식탁과의 거리 및 배치 등을 고려해 일하는 데 편리한 크기로 만들었으며, 식당은 주로 테라스나 정원에 면했다. 그리고 부엌 가까이 주류저장실을 배치했으며 와인을 보관하는 저장실은 별도로 두기도 했다.

14세기에 캔틸레버cantilever(한쪽 끝이 고정되고 다른 한쪽 끝은 받쳐지지 않은 상태로 되어 있는 보로 주로 건물의 처마 끝, 현관의 차양, 발코니 등에 많이 사용됨)가 있는 집이 등장하면서 프랑스의 주거형태가 한층 세련되어졌다. 당시에는 건물의 상층부를 돌출시켜 주거공간을 확대하는 방법을 사용했으나, 집과 집 사이의 좁은 통로가 어둡고 위생상태도 나빴기 때문에 15세기 말엽에는 캔틸레버 설치 금지령이 내려지기도 했다. 그러나 그 후에도 캔틸레버가 있는 집은 계속 지어졌으며, 스트라스부르 거리에서는 지금도 17세기의 아름다운 캔틸레버 양식의 건축물을 볼 수 있다.

　프랑스의 건축은 역사적으로 고딕 양식이 매우 성행해 르네상스시대 초기에는 고딕 양식과 르네상스 양식이 혼합되는 양상이었다. 그러나 프랑수아 1세가 레오나르도 다빈치 등의 예술가를 초청해 여러 건축물을 지으면서 프랑스에 르네상스 양식이 정착되었다. 프랑스 르네상스 양식의 벽면장식은 대개 노출된 목재 부분에 한정되었는데, 이러한 경향이 14세기 초에 시작되어 르네상스시대까지 계속되었다.

　절대주의시대 이전까지는 집 안의 기능적 공간 분리가 되어 있지 않았다. 노인, 젊은이, 사내아이 그리고 딸아이 모두 한 공간에서 살았다. 심지어는 하인들까지도 한 방에서 살았다. 부엌과 안방 등의 기능도 분화되지 않았다. 즉 나이와 성에 따른, 그리고 기능에 의거한 공간의 구별이 없었다. 이것은 특히 당시 노동의 성격 때문이었다. 즉 그 집안의 모든 구성원들이 하나의 공동의 장에서 특별한 시간대의 구분 없이 함께 일에 참여해야 했기 때문이었다. 함께 쉬고 식사하고 취침하고 휴일도 함께 보냈다. 따라서 모든 집안의 구성원들이 한 방에 모여 사는 것은 자연스러운 일이었다. 이러한 상황에서 사람들이 취침공간을 나누려는 생각을 할 여유가 없었다. 한 사람이 독자적으로 하나의 침대를 사용하는 일도 거의 없었다. 공동의 생활공간으로 가장 중요한 곳은 거실과 부엌이었다.

　사생활의 개념이 발달한 시대에 와서야 자기 방, 자기의 침실이 사적으로 가장 중요한 공간이 되었다. 이러한 사생활의 개념이 발달하기 전까지는 집안의 구성원들은 다른 구성원들이 무엇을 하는지 다 알고 지냈다. 이러한 상황에서 혼자 있고 싶어 하는 동기는 쉽게 의심을 샀다. 그러나 공간의 위계질서에 따른 구별이 없다고 해서 무질서한 것은 아니었다. 함께 살아야 하기 때문에 어느 정도 예의에 어긋나는 것에 대해 관용을 베풀었지만 가부장적인 위계질서는 엄격히 준수해야 했다. 절대주의시대에는 특히 의식주 생활을 통해서 이 권위를 표현하려는 경향이 강했다.

17세기 후반인 루이 14세의 치세기에 프랑스에 바로크 양식이 정착되었다. 루이 14세는 프랑스의 바로크문화를 후원한 인물로 예술에 대한 지원도 아끼지 않았다. 바로크시대에는 귀족계급의 주택 중에서 궁전을 모방한 것이 많았다. 주택은 주요 공간과 부수적 공간으로 구분되었으며, 주요 공간은 사교용 공간과 주인의 주거공간으로 활용되었다. 부수적 공간은 하인들의 방, 부엌, 창고, 마구간 등으로 구성되었다. 귀족계급의 주택에서 강조된 부분은 주인의 취향과 재력을 과시하기 위한 침실 및 부속 공간, 그리고 파티와 사교를 위한 공간이었다. 사교용 거실은 주택의 중앙에 배치했으며, 중앙에는 규모가 큰 계단을 배치했다. 각 방의 벽과 천정은 회화와 조각으로 장식하고 바닥은 대리석으로 화려하게 모자이크로 처리했다.

주거문화에서 프랑스의 로코코 양식은 건축보다는 실내장식을 위한 것이었다. 실내는 공적인 공간과 사적인 공간으로 구분되었고, 가구들은 안락함을 추구하는 형태로 맞춤형으로 제작되었다. 각 공간은 거실, 객실, 서재, 화장실 등으로 세분되었고 드레싱룸과 욕실도 포함되었다. 근대의 건축가들이 상류계층의 주택 안에 그러한 새로운 사적인 공간들을 창조했고 이것은 실내공간의 분화현상으로 나타났다. 그리고 사적 공간들은 근본적으로 사색이나 프라이버시, 비밀의 영역과 관계있었으며, 방문을 열쇠로 잠글 수 있는 경우에만 사적 영역으로 간주되었다. 그리고 서재는 거의 대부분 집주인의 침실과 인접해 있었다. 가구는 곡선의 형태를 강조하는 상태로 제작되었으며, 가구장식은 전체적으로 실내 분위기와 조화를 이루도록 했다. 가구와 벽난로 등은 로코코 양식의 여성스러운 특징을 잘 나타내고 있는데, 문양은 보통 조개, 꽃, 소용돌이 등으로 패널의 위 아래와 모퉁이에 장식되었다.

18세기에는 파리의 중산층 및 서민의 아파트는 5~6층 규모가 일반적이었다. 아파트는 보통 중세 이래 폭이 좁고 긴 직사각형 형태의 대지 위에 건축되었고, 대지의 면적은 평균적으로 폭 5미터, 길이 30미터 정도로 제한된 것이 많았다. 아울러 경우에 따라 아파트의 2~3개 층을 한 가구가 단독으로 사용하기도 했다. 이러한 건물의 1층 전면에는 보통 상점이 들어섰고, 건물의 외관은 고전적이고 장식적인 화려함을 드러내게 하고 창살과 테라스에 바로크풍으로 섬세하게 장식하는 것이 보통이었다. 중산층 아파트를 단위공간별로 구분해 보면 내벽의 가로 면에는 응접실과 거실 용도의 살롱이, 식당과 주인 침실은 중정(집 안의 건물과 건물 사이에 있는 마당) 쪽에, 주택의 가장 뒷부분에는 일반 침실이 배치되었다. 일정 규모 이상의 아파트에는 계단을 두 군데 설치했다. 전면 계단은 상하층을 연결하는 공식적인 출입구였고, 후면 계단은 하인이나 상인들이 출입하고 물건 등이 반출되는 통로로서 좁은 골목길을 통해 큰길로 연결되었다. 중산층의 아파트에서는 후면 계단이 필수적인 공간이었는데, 이것은 근대에 이르러 쓰레기 처리구 설치가 보편화될 때까지 계속 설치되었다. 한편 이 당시 서민 주거지역의 위생문제는 매우 심각했으며, 콜레라와 같은 전염병도 빈번하게 발생했다. 이러한 상황이 건축가를 위시한 환경 개혁가들에게 노동자 주택의 환경을 개선하고 새로운 주거유형을 개발하도록 하는 계기를 제공했다. 프랑스에서는 1850년대 이후 도시의 위생 문제와 관련된 법규가 제정되었고, 건축가들은 노동자 주택의 모델 개발에 착수했다.

19세기에 접어들면서 파리의 중산층 아파트의 보급이 더욱 확대되고 일반화되었다. 이때부터 집합주택에 물과 가스가 파이프를 통해 공급되고 수세식 화장실이 생겨나는 등 이전보다 편리한 시설이 갖추어졌다. 그러나 상대적으로 하나의 단위주택이 차지하는 면적은 줄어들었고, 현대화된 기능들이 축소된 공간 안에 들어서면서 그러한 형태가 오늘날까지 이어지고 있다.

● 독일의 주택

독일은 울창한 삼림지대가 많아 예로부터 목재가 건축 재료로 많이 사용되었으며, 지역에 따라서는 19세기까지 목조건축이 주를 이루었다. 대부분의 독일 민가에서는 목조 기둥 사이의 공간에 벽돌을 쌓거나 회반죽을 발라 집을 지었다. 중세 도시의 주택은 직주겸용이 일반적이었는데, 도시의 발달로 말미암아 상류계층의 주택보다는 중소 상인의 주택의 특징이 더 두드러졌다. 예를 들어 1층의 전면 공간에 상점이나 작업장을 두고 1층 후면에 가사 및 주거공간을 배치했다. 이후 도

15세기 유럽의 전원 풍경.
〈The Wire-Drawing Mill〉.
뒤러Albrecht Dürer 작. 1489년.

시 주택문제의 해결방안으로 출현한 저층 연립 주택은 홀형 주택이 변화된 것으로 전면의 폭이 줄어들며 세장형 주택으로 변하면서 중정을 중심으로 수평으로 분할된 집합주택의 형태였다. 바로크시대에는 세장형 주택이 수직, 수평으로 확장되는 경향이 나타났으며, 바로크시대 이후 직주분리 개념이 도입되면서 기능적 분리현상과 공간의 세분화가 나타났다.

15세기 독일의 주택은 대부분 벽토와 목조 골재로 지어졌으며, 16세기 이후 목조주택은 지방에 따라 차이를 보였다. 예를 들어 프랑크푸르트와 마인츠 지방의 전통적인 목조로 건축된 민가에서는 지주支柱에 곡선을 사용한 독특한 축조양식인 프랑켄 외벽이 나타나고 있다. 북서 독일 지방에서는 민가의 벽에 목조 골격을 바탕으로 흰 회벽 대신 벽돌을 사용했는데, 벽돌이 내구성이 강하고 또 추운 겨울철에는 화재를 조심해야 했기 때문이다. 목조 축조법을 이용해 건축된 민가는 창 밑에 요벽을 교차해 장식한다든가, 혹은 창대의 높이를 조절해 꽃밭으로 장식했다. 투명한 유리가 주택건축에 도입된 것은 16세기부터였고, 이것을 통해 집 내부에서 외부를 볼 수 있게 되었다. 당시에는 길을 지나는 사람이나 집 안에 있는 사람이 서로를 바라보는 것이 그리 흉이 될 만한 일이 아니었다.

독일의 주택은 전반적으로 구릉이나 언덕 위에 위치하고 그 전면이 도로와 맞닿도록 배치되었다. 주택은 주거공간 이외에 저장창고나 가축의 사육 등 복합적인 용도로 사용되었기 때문에 규모가 큰 편이었다. 독일의 서남부지역처럼 강우량이 많은 지역의 지붕은 경사가 급했는데, 이 지붕의 경사는 단순히 강우량 때문만은 아니고 신분을 상징하는 의미도 지니고 있었다. 게르만문화권의 도시주택은 바로크시대에 들어서면서 변화하기 시작했다. 이탈리아와 접해 있는 독일의 남부지방과 오스트리아는 이탈리아 도시주택의 영향을, 그리고 북부와 중부지방은 네덜란드의 영향을 받으면서 각기 변화했다. 전반적으로 입면구성에서 수평면이 강조되고 주택의 층수도 증가했다. 종래의 세장형 주택이 두세 채씩 통합되며 점차 집합주택화되었다. 기존의 전면 박공식 주택이 서로 통합되면서 박공면이 사라지고 가로 면이 평평한 지붕으로 변화되면서 지붕창dormer window이 부착되어 다락의 채광을 해결할 수 있게 되었다. 이러한 변화는 단지 외관에 대한 취향이나 유행 때문이 아니라 주택 내부의 편리성을 도모하고 채광 및 통풍문제를 해결하기 위한 것이었다. 이러한 주거형식의 변화가 도시 전반의 경관을 변화시켰다. 같은 유형의 주택들이 반복됨으로써 도시 전체가 시각적인 균일성을 유지할 수 있게 되는 한편, 다양한 형식의 주택들이 섞여 있는 복합적인 모습도 띠게 되었다.

또한 17~18세기 농촌 귀족주택의 지붕으로 개발된 경사가 긴 맨사드mansard식 지붕은 오늘날까지도 사용되고 있다. 지붕의 재료로는 도시에서는 아스팔트 싱글이나 기와가, 농가에서는 갯버들, 갈대, 기와 등이 주로 사용되었다. 주택의 평면구성을 살펴보면 주로 2~3층 건물로서 습기가 차는 1층 공간은 마구간이나 창고 등으로 사용되고, 2층과 3층은 거주공간으로 2층에는 객실, 홀, 주인 방이, 3층은 가족의 침실이 있는 사적 생활공간이었다. 독일의 주택은 건물의 몇 배가 되는 대지면적을 확보하고 있는 것이 특징이다. 일반적으로 부엌과 식당은 음식을 나를 수 있도록 서로 독립적으로 배치되었다.

18세기에 사적 개념이 발달하면서 커튼이 개발되어 밖에서 안이 들여다보이는 것을 막을 수 있게 되었다. 방이 이제 생활공간일 뿐만 아니라 혼자만의 사색의 공간이자 개인의 모든 비밀스런 행위가 보장되는 공간으로도 기능하게 되었다. 사람들은 전에는 나체로, 혹은 속옷만 입고 잠자리에 들었는데 18세기 말에서 19세기 초에 이르는 시기에 잠옷이 등장했다. 이것은 당시 사적 개념이 충분히 성숙해 있었다는 사실을 나타내 줄 뿐만 아니라, 주거의 공간상 구분과 아울러 인간활동의 인위적 구분이 생활문화를 통해 한층 더 확실해졌다는 것도 의미한다.

1920년대 이후에는 도시로의 인구집중으로 고층 아파트가 들어서기 시작했다. 이러한 주택은 전체적으로는 공동주택이면서 내부적으로는 개인의 프라이버시가 확보된 공간형식을 취했다. 개인과 가정의 프라이버시를 중시하는 경향이 기능성과 독립성이 강조된 근대적인 주택의 등장을 가능하게 했고, 이것이 19세기 산업혁명 이후의 단위공간이 강조된 대규모 집합주택의 등장으로 이어졌다. 아울러 대도심 이외의 지역에서는 고층건물보다는 환경과의 친화에 더 많은 관심을 기울여 2, 3층의 건물에 넓은 정원을 보유한 전원형 주택이 주를 이루었다.

"모든 길은 화장실로 통한다"

일반적으로 과일을 주식으로 하는 원숭이나 고릴라 같은 영장류의 배설물에 비해 육식을 하는 인간의 배설물에서는 심한 악취가 난다. 그리하여 정착생활 이후 위생관념이 생겨나면서 악취를 풍기는 분뇨를 처리하는 일이 필수불가결한 문제가 되었다. 또한 분뇨의 배출은 인간의 생존상 피할 수 없는 생리작용이기 때문에 배설의 문화가 음식문화와 더불어 시간적·공간적 차이를 보이며 다양한 형태로 발전해 왔다. 인간이 육류를 섭취하고 정착생활을 시작할 때부터 화장실문화가 시작되고 모든 길이 로마로 통하기 전에 먼저 화장실로 통했던 것이다.

분뇨는 고약한 냄새를 풍기는 더러운 것이라는 선입견 때문에 분뇨와 그것을 처리하는 일이 오랫동안 터부시되며 함부로 공개할 수 없는 것으로 간주되었다. 그런데 인간의 주거가 고정되고 그 규모가 점차

커지면서 자연히 배설물도 늘어났다. 사람들은 시대와 지역에 따라 배설물을 건조시켜 연료로 사용하거나 농경에 필요한 거름으로 사용했다. 더러는 바닷가나 강변에서 배설물을 물에 씻었으며, 유목민들은 가축에게 처리를 맡겼다. 여기에서는 글 전체의 시대적 맥락을 고려해 르네상스시대부터 19세기에 이르기까지 서유럽의 화장실문화에 대해 살펴보고자 한다.

창 밖으로 배설물을 버리는 여인.
목판화. 1494년.

● 영국의 화장실

르네상스시대의 화장실에 관한 문서나 그림자료를 보면 모든 사회계층이 대부분 요강을 사용했다는 사실을 알 수 있다. 침실의 모습을 보여 주는 중세시대의 그림을 보면 거의 예외 없이 침대 밑이나 옆에 요강이 그려져 있다. 요강의 형태는 손잡이가 달린 납작한 그릇에서부터 단순한 모양의 사발, 그리고 진짜 항아리에 이르기까지 매우 다양했다. 요강으로 보이는 항아리의 개수를 보면 그 침실에서 자는 사람의 숫자를 쉽게 짐작할 수 있을 정도였다. 요강을 비우는 일은 고대 로마의 방식을 모방한 매우 실용적 방식에 따라 이루어졌다. 즉 창문을 통해 요강의 내용물을 길 위로 쏟아 버리는 것이었다. 그로 인해 중세 도시의 지면이 수백 년을 거치며 몇 미터나 솟아올랐다. 배설물과 오물 때문에 도로의 지면이 높아짐에 따라 콜레라와 다른 전염병이 더욱 극성을 부리기도 했다.

16세기의 영국에서는 지방의 귀족이나 시민계급의 집에 화장실을 설치하는 것은 매우 드문 일이었다. 아침마다 전 가족이 요강을 커다란 통에 비우면 그 통을 밤 10시경에 하인이 지나가는 사람들에게 "물을 조심하시오Gardyloo!"라고 외치며 쏟아 버렸다. 스코틀랜드의 에딘버러에서도 이런 일이 밤마다 모든 집에서 일어났다.

그럼에도 영국은 위생 분야에서 현대적인 기술의 발상지로 알려져 있다. 엘리자베스 여왕은 사촌인 존 해밀턴 경이 1596년에 새로 발명한 수세식 화장실을 리치몬드 성에 설치하도록 명령을 내리기도 했다. 그러나 그의 발명품은 유감스럽게도 대중화되지 못했고, 1617년부터 1775년까지 화장실 분야에서는 특허가 한 건도 접수되지 않았다. 조너선 스위프트가 1745년에 쓴 글에 의하면 집 안에 화장실 시설이 없어서 그냥 정원에 있는 덤불 뒤에서, 또는 옆방에 놓아 둔 요강에 배설을 하는 것이 다반사였다. 평범한 귀족과 시민들은 배설물 처리가 자신들의 소관임에도 불구하고 비싼 시설을 갖추지 않았으며, 혹 그런 시설을 할 수 있는 처지라도 배설물을 처리할 수 있는 하인을 거느리고 있었기 때문에 위생의식이 거의 없었다. 온 세상이 이동식 간이변기로 만족했던 것이다.

그러나 근대 자본주의의 발전을 가져온 부르주아 계급의 가정에서는 정돈과 청결이 중요한 미덕이었다. 부르주아들은 청소를 자주 해야 했는데, 귀족의 가정처럼 많은 하인을 부리지 못했기 때문에 이 계층의 주부들에게 청소는 큰 부담이었다. 집 뜰에 우물이 있는 경우가 드물어서 청소를 하기 위해서는 물을 먼 곳에서 자주 길어 와야 했다. 그래서 부루주아 계급은 개인 우물을 갖기 시작했다. 또한 제대로 된 화장실을 갖추고 살기 시작한 것도 부르주아 계급이었다. 이들은 하수구를 갖추는 데에도 관심을 갖기 시작했다. 귀족들은 더러운 화장실을 집 안에 둘 수 없다고 생각해 화장실 오물을 주위 야산이나 들에 매일 가져다 버렸기 때문에 주위환경을 오염시키며 많은 불편을 감수해야 했다. 18세기에 이르러 위생 관념이 강화되면서 도시의 행정기관들이 화장실을 갖추도록 지도를 하고 또 하수구시설을 정비하는 데도 주력했다. 하수처리를 위해 운하를 판 것은 19세기에 이르러서였다. 부르주아가 청결문화를 일반화하는 데 기여했던 것이다. 화장실을 갖추고 있지 않은 도시의 가정은 오물을 길에 버렸다. 그래서 길이 항상 오물로 가득했으며, 비가 올 때면 하수시설이 제대로 되어 있지 않은 거리는 온통 오물로 넘쳐흘렀다. 그래서 사람들은 굽이 높은 신발을 신고 다녔으며 후에 여기에 기반을 두고 날씬한 몸매를 자랑하고 싶은 여성들이 앞굽을 낮추고 뒷굽을 높게 해서 신는 하이힐의 전형이 발전하게 되었다. 수공업자들은 대부분 소규모의 가축들(닭, 오리, 돼지 등)을 소유하고 있었기 때문에 이로 인해 주위환경이 더욱 악화되었다.

18세기 말 영국에서 시작된 산업혁명은 그밖의 유럽 국가들보다 약 100여 년이나 앞선 것이었다. 그리고 빈곤이나 연소자 노동, 주택난 등

산업혁명이 가져온 사회적 문제들이 시급하게 포괄적인 해결방안을 요구했다. 그와 관련하여 기술상의 발전으로 중앙 하수시설이 도입되고, 또 수세식 화장실이 보급되면서 비로소 배설행위에 있어서 인간의 보편적 양식이 자리 잡기 시작했다. 19세기 중반에 런던에서는 30만 가구의 주택이 상수도시설을 갖추고 있었고, 글래스고의 중산층 주택에는 층마다 수세식 화장실, 샤워시설, 온수가 나오는 욕조가 설치되어 있었다. 영국의 일부 도시들에서는 하수도망을 건설하기 위한 세금도 징수되었다. 그리하여 몇 십 년도 안 되어 유럽 대륙과 섬나라 영국 간에 심한 격차가 벌어졌다. 수세식 화장실water closet은 화장실 개발에서 영국이 거둔 승리를 대변하고 있다. 1775년에 영국의 시계 제조업자인 알렉산더 커밍스가 연통관을 토대로 U자형 방취관을 고안한 것이다.

● 프랑스의 화장실

13세기 말에 프랑스 파리에서 제정된 한 법안을 보면 건물 위층의 창문에서 배설물을 투기하는 자에게 벌금을 부과한다는 규정이 있다. 그러나 파리 시민들은 이 법을 잘 따르지 않았던 것같다. 불과 1세기가 지난 뒤 새롭게 제정된 법에서는 큰 소리로 세 번 "소변을 버리니 조심하시오"라고 외치면 위층 창문에서 거리로 소변을 버릴 수 있도록 허가했기 때문이다. 또한 16세기 전반의 프랑스 국왕의 칙령에서도 배설물을 함부로 버리는 행위에 대해 벌금형에 처하겠다는 다음과 같은 내용을 찾아 볼 수 있다. "짐, 프랑스 국왕 프랑수아 1세는, …… 우리가 충분히 확인한 바와 같이 우리의 훌륭한 도시 파리와 그 근교의 상황이 매우 악화되었으며, …… 집 앞에 버리는 배설물과 오물, 그리고 다른 쓰레기로 가득 차 있다. …… 그래서 짐은 도시와 그 근교를 잘 관리하기 위해 적당한 방법을 찾아내기로 결심했노라." 그러나 파리 시민들은 문간이나 복도에서도 서슴없이 볼일을 보았다. 물론 이것은 왕궁 내에서도 마찬가지였다.

16세기에 엄청난 규모로 늘어서 있는 건물들 사이로 강물이 유유히 흐르고 있는 파리에 처음 온 사람들은 하루 종일 인파와 우마차, 높은 건물과 광장 사이를 돌아다니다가 좁은 골목에서 방향을 잃고 헤매기도 했다. 그러다가 코를 막고 넓은 도로로 나서면 부유한 사람들이 사는 석조건물이 눈앞에 나타났다. 하지만 이곳도 냄새가 나기는 마찬가지였다. 더구나 수도 파리만 그런 것이 아니었다. 베르사유 궁전 역시 사정이 크게 다르지 않았다. 공원과 정원은 물론이고 성안까지 악취가 너무 심해서 속이 메스꺼울 지경이었다. 길, 안마당, 별관, 연회장 할 것 없이 사방에 배설물이 널려 있었다. 따라서 이 부분에서는 절대왕정 초기까지 유럽문명의 중심지도 별로 나을 것이 없었다. 퐁텐블로나 생클루와 같은 성에도 화장실이 거의 없었다. 베르사유 궁전에 유일하게 설치되어 있던 수세식 화장실은 왕과 왕비 마리 앙투아네트를 위한 것이었다고 한다. 태양왕 루이 14세의 가구 목록 가운데에는 단순한 의자 모양의 야간용 간이변기 208개와 배변의자 66개가 포함되어 있었는데, 통치자들은 때때로 여성들이 보는 앞에서도 벽이나 벽난로에 대고 소변을 보기를 꺼리지 않았다는 몇몇 일화가 전해지기도 한다.

또한 당시 '요강 비우기'는 지나가는 행인에게 "물을 조심하시오

거리가 곧 화장실이었던 19세기 프랑스를 묘사한
풍속도. 목판화. 1836년.

gardezl' eau"하고 경고하는 것이 보통이었는데, 이 경고를 지금도 프랑스인들이 "머리 치워"라는 의미로 사용하고 있다. 게다가 그 후 시간이 흐르면서 이러한 외침 소리가 유럽 어디를 가든지 모두가 알아듣는 말이 되었다. 그래서 밤에 파리를 산책하는 것은 위험한 일이었다. 거리가 어둡고 노상 강도가 많기 때문이 아니라 길을 걸을 때마다 항상 창밖으로 버려지는 요강의 내용물을 뒤집어쓰게 될지 모르기 때문이었다.

배설물을 불법적으로 처리하는 일이 많아짐에 따라 16세기부터 칙령을 제대로 지키는지 감시하는 오물 담당 경찰이 필요해졌다. 그 후 프랑스에서는 프랑스 국민 개개인에게 '물러남retraits' 또는 '사적임

근대 프랑스의
하수도 시설을 보여 주는 삽화.
파리 생 앙투안 가를 묘사했다. 1830년.

privés'이라고 불리는 화장실을 가정집에 설치하라는 압력을 가하기도 했다. 계몽주의자 루소가 젊은 시절에 불쾌한 냄새가 풍기는 파리에 들어서기를 꺼려했다는 일화가 있을 정도이다. 루브르나 오페라 극장, 튈르리궁 등 파리 시내 어디를 가도 그는 배설물 냄새가 자신을 쫓아오는 느낌을 받았다. 루소는 자신이 그토록 사랑하면서도 동시에 싫어했던 도시 파리를 떠나면서 다음과 같은 말을 남겼다. "안녕, 오물의 도시여Adieu, ville de boue!"

그러나 부르주아 계급과 귀족들이 청결에 관심을 가지면서 화장실과 세면대, 목욕탕, 하수시설을 갖추는 데 신경을 쓰기 시작했다. 개인의 청결을 위해 집 안에 목욕탕을 마련할 수 없는 경우에는 공중목욕탕을 이용했다. 18세기의 파리 사람들은 점차 문명화되어 감수성이 더 예민해졌다. 그래서 그 전에는 당연하게 받아들여졌던 것, 이를테면 거리의 상태나 하수로나 분뇨 구덩이를 비워 내는 일 등이 점점 더 빈번하게 논란의 대상이 되었다. 배설물과 오물, 진창 그리고 그 냄새가 이제는 18세기 파리 사람들의 코에 매우 거슬리기 시작한 것이다. 1826년에는 파리에서 이 문제에 관한 큰 변화가 일어났다. 도시가 오물과 배설물투성이의 수렁에 잠길지도 모른다는 불안감이 구체적인 현실로 나타났기 때문이다. 도시의 중심가에서 구정물이 서서히 불어나더니 악취 나는 호수가 형성되었다.

산업화와 더불어 대도시로 몰려드는 사람이 점점 더 많아지면서 화장실과 위생에 대한 파리 시민들의 관심이 높아졌다. 그 후 화장실이 안마당에서 자취를 감추고 집 안에 설치되기 시작하는 한편, 길이나 광장에서 배설을 하는 것이 갈수록 상스럽고 천한 행위로 간주되거나, 때로는 프롤레타리아 계급에 속한 사람의 미개하고 무례한 행동으로 여겨졌다. 그럼에도 불구하고 19세기 중반에 이를 때까지도 유럽에서는 인간의 배설물의 처리가 제대로 통제되지 못했다. 파리를 비롯한 유럽의 주요 도시들에서 배설물을 버리는 모습은 거의 달라진 것이 없었다.

● 독일의 화장실

중세 후기인 1370년 뮌헨의 시의회는 배설물을 내다버릴 경우 벌금형에 처하기로 결의했다. 뮌헨의 법령은 배변행위의 은밀화 내지 개인화 과정, 그리고 그와 더불어 수치심과 당혹감이 급격하게 증가했음을 뚜렷하게 보여 준다. 그리하여 각자 자기 집 앞을 청소하고 자기가 더럽힌 것은 스스로 처리하기 시작했다. 또한 배변행위가 집안에서 이루어지고 배설물이 사유화되면서 그 처리에 대한 책임이 요구되기 시작하기도 했다. 그러나 이러한 조치는 독일의 일부 도시에 국한된 것이었다. 뉘른베르크에서는 1471년에 황제의 순방에 대비하기 위해 황제와 그 수행원들이 기거할 방마다 항아리를 갖다 놓고 각 침대마다 단지를 한 개씩 준비해 놓으라는 지시가 내려지기도 했다.

상류계급이 사는 대저택이나 성은 물론, 독일의 지방도시에서조차 인간의 배설행위에 대한 시각이 점차 달라지기 시작했다. 그 전에는 어디든 발길 닿는 곳에서 해결할 수 있었지만 15세기에서 16세기로 넘어갈 무렵에는 점차 아무 데서나 배설행위를 하면 큰 비난을 받게 되었다. 이전에는 그냥 '용무'였던 행위가 이제는 '풍기문란' 행위로 전락해 금기시되었던 것이다. 1575년에 바덴바덴의 후작 필립 2세가 '풍기문란'에 대한 훈령—아주 급히 필요할 경우에는 적당하고 그런 용도로 규정된 곳에서 용무를 볼 것—을 내리기도 했다. 16세기부터 일부 시민들이 자기 집에 화장실을 설치하기 시작했지만, 그 시대에도 주로 길과 안마당이 공공화장실로 이용되었다.

17세기 신성로마제국 황제 프리드리히 3세가 슈바벤 지방의 로이틀

돌출형 화장실.
좌측은 16세기 취리히, 우측은 1986년 힌터라인.

베를린 광고판 안에 설치된
남성용 공중화장실.

링겐이라는 도시에서 하마터면 말과 함께 똥거름 웅덩이에 완전히 빠질 뻔한 일을 겪었다. 이 바람에 로이틀링겐은 황제를 맞이하기에는 너무 더러운 곳이라는 이유로 황제의 방문 계획이 무산되고 말았다. 베를린 사람들도 더럽기는 매한가지였다. 1671년에 자신이 농사지은 것을 베를린에 내다 팔려는 농민은 누구든 집으로 돌아갈 때 마차 한 대 분량의 분뇨를 도시 밖으로 가져가야 했다. 하지만 이와 같은 조치로

도 문제가 전혀 해결되지 않자, 1732년에는 "자신의 배설물을 계속 길에다 버리는 시민이 있으면 창밖으로 던져 버려라"라는 지시가 내려졌다. 프로이센의 국왕 프리드리히 빌헬름 1세가 1735년에 정부 차원에서 불결함을 타파해 보려는 목적에서 칙령을 공포하기에 이르렀지만 아무 소용이 없었다. 프리드리히 왕 역시 거리와 슈프레 강의 오염을 조금이나마 줄이기 위해 가혹한 벌금형으로 위협해 보았으나 별 도움이 되지 않았다. 베를린 사람들은 계속해서 아무 데서나 배설을 하며 길을 더럽혔다.

오스트리아의 상황도 크게 나아 보이지 않았다. 17세기에 투르크인에 의해 두 번째 포위를 당하고서야 비로소 빈 시민들은 새로 짓는 건물을 개방된 도로의 하수도와 연결시키기 시작했다. 그러나 1830년에 도나우 강이 범람하자 며칠 동안 도시 전체가 물에 잠겨 버렸다. 그로 인해 위가 트여 있던 하수도와 분뇨 구덩이의 내용물이 집과 골목을 휩쓸어 콜레라가 창궐하게 되었다. 이때 수천 명의 빈 시민이 목숨을 잃자 이에 대한 대책으로 빈에서는 미로와 같이 치밀한 하수도망을 갖추기 시작했다.

19세기 초까지도 베를린은 아무 희망이 없어 보였다. 베를린에서는 줄곧 손수건으로 코를 막고 다녀야 했다. 아침 무렵에 수채에 버려진 요강의 내용물에서 나는 냄새와 주민들이 집 안에 모아 둔 분뇨를 실으면서 풍기는 냄새가 도시 전체의 공기를 오염시켰기 때문이다. 19세기 후반까지도 베를린의 극장에는 남자들이 소변을 볼 수 있는 장소가 한 군데밖에 없었다. 그래서 극장에서 소변을 보고 싶은 사람은 각자 자기 요강에

일을 본 후에 자기 손으로 극장에 마련된 커다란 통에 내용물을 비워야했다. 이 시대에도 화장실문화의 대개혁에 관한 논의가 있었지만, 이와 같은 개혁은 위생운동 및 의학의 발달과 더불어 비로소 실현되기 시작했다. 그리하여 베를린 시의 자랑거리가 될 정도로 훌륭한 남자용 공중화장실이 최초로 탄생하게 되었다. 즉 1824년 마침내 베를린의 니콜라이 교회 부근에 공중 배변시설이 처음으로 생겼다. 그리고 이후 내부를 '1인용' 남자 화장실로 활용하는 광고탑이 등장하면서 이 도시의 거리 모습도 바뀌었다. 1874년에는 최초의 여성용 화장실이 설치되었다. 이후 독일의 대도시 베를린은 1928년에 240개소의 완전한 배변시설과 380개소의 입식 소변시설로 당시 '최고 수준'의 화장실시설을 갖추게 되었다.

앞에서 살펴본 바와 같이 유럽 각국 정부의 고위관리들은 도시에 만연된 배설물이나 오물과 끊임없는, 그리고 점점 힘든 싸움을 벌여야 했다. 중세 말 이래 수백 년이 지나도 시골로 갈수록 그 문제가 심각하고, 사람들의 무분별한 배설행위가 일상생활에 더 깊이 뿌리박혀 있었다. 그러다가 18세기 말에 이르러 영국과 프랑스의 발명가들이 냄새가 나지 않는 화장실을 만들려고 애쓰기도 했다. 그러나 수세식 화장실이 실제로 등장하게 된 것은 1875년 이후의 일이다. 그때부터 개폐식 화장실과 깔때기식 화장실, 또 오늘날에도 사용되고 있는 화장실의 본보기가 된 낮은 수세식 및 깊은 수세식 화장실 그리고 흡입식 화장실이 등장했다.

유럽인들의 위생의식에 변화를 가져온 것은 무엇보다 콜레라의 공적이라고 할 수 있다. 혁명의 해인 1848년에 콜레라로 죽은 사람이 영국에서는 5만 5천 명, 파리에서는 1만 5천 명에 달했다. 배설물로 오염된 식수를 통해 콜레라균이 전염된다는 것이 19세기 말에 이르러 의심의 여지가 없는 사실로 간주되며 정부로 하여금 위생 개혁을 추진하게 만드는 역할을 했다. 콜레라가 19세기 말까지 그처럼 널리 확산되고 치사율이 높으며, 따라서 사회에 미치는 영향력도 클 수밖에 없는 유일한 질병이었기 때문에 공중위생 문제의 사회적인 해결에서 답을 찾아야 했던 것이다.

도시의 팽창과 공간의 축소

근대 건축은 산업혁명과 산업혁명으로 인한 계급변화 및 계층분화의 결과로 볼 수 있다. 신흥 자본가의 등장과 계급 교체의 힘이 매우 활발한 건설활동을 촉진시켰던 것이다. 산업혁명의 결과로 도시 규모의 확대, 인구의 증가, 주택 문제, 도시의 과밀화와 슬럼화가 초래되었다. 확장된 도시로 성공을 찾아 나선 농촌 주민들은 열악한 환경을 접하게 되었다. 19세기 후반의 도시 주민들의 생활 수준은 서양의 도시 발전 역사상 최악이었다. 중세에는 도시가 사람들을 자유롭게 해주었으나, 산업화시대에는 도시가 주민들에게 절망의 멍에로 다가왔다. 18세기에 이르러 화석연료를 사용하는 증기기관이 개발되고 그 동력의 사용으로 인해 산업화가 가속화되었다. 산업혁명으로 인해 주거환경이 악화되었는데, 이는 갑작스럽게 규모가 팽창되는 것을 도시가 수용하지 못했기 때문이다. 이 시기에 자본가계급의 화려한 저택에서부터 빈민 계층의 누추한 집에 이르기까지 주거환경의 양극화가 뚜렷하게 나타났다. 빈민층은 비좁은 거리의 작은 집들에서 빽빽이 밀집되어 살아가며 화장실을 공유했다. 상수도시설이 열악했기 때문에 질병에서 자유로울 수도 없었다.

산업혁명이 끝난 19세기 도시의 인구는 갑자기 증가했다. 일례로 파리의 인구는 프랑스혁명이 발발했던 1789년 당시 약 65만에서 나폴레옹 시기인 1801년에는 55만으로 10만 명 정도 감소했다. 그러나 이후 다시 증가하기 시작해 파리 시의 인구는 1851년에는 105만 명에 이르게 되었다. 50년 사이에 두 배로 증가한 것이다. 버밍엄의 경우 인구의 확대는 산업화의 큰 요인이었다. 산업화가 공장의 발생을 가속화시키고 공장체제는 근대적 도시를 양산했다. 많은 노동자들이 공장에서 일을 하려고 도시로 이주했다. 그 대표적인 도시가 방적의 도시 Cottonpolis라 불렸던 맨체스터로 세계 최초의 산업화 도시였다. 기존의 공장은 소규모이고 수력을 이용하거나 지역을 위한 물품을 만드는 것이 고작이었다. 그러나 19세기에 걸쳐 산업화가 가속화되면서 공장이 증기기관을 사용하고 효율적이고 대형화된 보일러를 가동하기 위해 굴뚝을 만들었다. 이러한 변화는 순조롭게 이루어지지 않았다. 산업화에 항의하는 기계 파괴주의자들도 있었다. 자본가들 중에는 공장의 환경 및 노동자들의 주거환경을 개선하려는 사람도 있었다. 대표적인 인물이 로

산업혁명기 영국의 주거상황.
공장과 집들이 빽빽이 들어서 있다.

버트 오언Robert Owen이다. 그는 선구적인 업적으로 인해 초기 사회주의의 핵심적 인물로 평가되기도 한다.

산업혁명이 장대한 거리만을 낳지는 않았다. 그 이면에는 슬럼Slum이 있었다. 엥겔스Friedrich Engels(1820~1895)는 1844년의 《영국 노동자 계급의 상태Die lage der arbeiteralen Klasse in England》라는 저서에서 슬럼을 희생이라고 묘사했다. 여기서 '희생'은 계급적으로는 노동자계급을, 건축적으로는 슬럼을 의미했다.

'코트'는 건물과 건물에 둘러싸인 가로 블록의 가운데 부분인데, 통풍이나 일조 조건도 열악하고 화장실 주변의 부패한 대소변이 떠 있는 물웅덩이를 통하지 않고는 출입할 수 없는 곳이 많았다. 엥겔스는 같은 저서에서 포장도로가 끝나는 마당 입구에 문짝 없는 변소가 있고 주민들이 마당을 드나들기 위해서는 부패한 대변과 소변이 뒤섞인 진창길을 걸어 나와야 한다고 맨체스터의 열악한 주거상황을 묘사했다. 코트와 함께 건축계획상의 열악함을 보여 주는 것으로는 백투백back-to-back이 있었다. 백투백은 건물 두 채가 등을 맞대고 지어졌기 때문에 붙여진 이름으로 조밀한 주거상황을 나타낸다. 백투백은 산업혁명기에 영국에서 가장 유행했던 주택구조로 여러 주택이 후면부의 벽을 공유하고 주택의 한쪽 면만 외부에 접하게 되어 환기와 통풍이 매우 제한되어 있었다. 여러 채의 주택이 3~4.5미터 내외의 폭이 좁은 중정을 둘러싸는 방식이었고, 뒤쪽 주택은 도로에 면하지 않고 중정을 바라보게 되었다. 공동화장실과 펌프는 중정의 한 부분에 위치하고, 중정과 도로는 매우 좁은 통로로 연결되어 있었다. 엥겔스는 같은 저서에서 노팅엄에는 모두 만 천 호의 가옥이 있는데, 그중 칠천 내지 팔천 호가 서로 뒷벽을 경계로 하는 백투백으로, 그곳에는 통풍이 불가능한 공동변소 하나밖에 없다"고 언급하며 당시 영국 도시 공장노동자들의 비참한 생활을 묘사하고 있다. 19세기는 주택의 양극화가 극에 달한 시기였다. 중세시대에는 재산의 과다와 관계없이 같은 지역의 공동시설을 이용했으나 빈민층인 도시의 거주자들과 부유층인 도시 외곽의 거주자들이 분리되기 시작했다. 타운하우스가 중산계층을 중심으로 성행했으나 이후 부유한 계층은 교외의 전원에 있는 단독주택을 선호하게 되었다. 프랑스와 독일 등에서도 교외에서의 단독주택 생활과 더불어 층마다 다른 가구가 거주하는 중층 아파트가 일반화되었다. 19세기 중반부터는 도시의 열악한 주거환경을 개선하려는 시도가 정부 차원에서 이루어지고, 1848년에는 공중위생법이 제정되었다.

도시의 팽창과 더불어 가정과 일터의 분리와 통근행위가 일상화되고 일과 휴식이 구별되었다. 중산층에 의해 공원 등 위락시설이 교외로 확산되고, 1850년대에는 철도가 교외로 확장되었다. 산업혁명 이후 사회에 대량으로 출현한 전문직에 종사하는 중산계급이나 노동자계급을 위한 전용 주거지가 교외에 세워지게 되었다. 교외에 사는 사람들은 그들의 통근수단과 소요시간, 그리고 지가를 기본으로 하는 거주비용이 고려된 지역에 정착했다. 노동자계급은 공장에 가까운 장소, 또는 거주조건이 나쁜 곳을 중심으로 생활해 나갈 수밖에 없었다. 19세기 말까지는 공공 교통수단이 발달하지 않고 매우 비쌌다. 그래서 19세기 도시의 구 도심지나 공장 주변에 노동자계급의 거리가 형성되었다.

그 반면에 상류·중산계급은 경제적·시간적으로 더 자유롭게 주거지를 고를 수 있었다. 그리하여 빈민계층과 달리 예전에 전원에 있었던 귀족이나 지주의 주택 이미지를 희미하게 연상시키는, 마당이 딸린 전용 주거지가 그들 생활의 이상으로 떠올랐다. 여기에서 부르주아의 주거공간인 가든 서버브garden suburb라는 개념이 생겨났다. 전원 교외 주택지로 번역되는 가든 서버브는 도시 외곽에 위치한 주거 전용 지구를 뜻한다. 상점가도 조금 있지만 대부분 주택이 세워져 있었다. 가든 서버브는 의미상 바로 교외 주택지 그 자체이며 베드타운도 전원적이지만 가든 서버브의 이미지에는 미치지 못했다. 가든 서버브는 일터와 집을 분리한 도시생활의 이미지를 보여주며 오직 주거부분만을 담당하는 지역이었다. 이로 인해 가든 서버브에서 근대적 통근의 패턴과 교외라는 개념이 등장했다. 이는 근대에 생긴 개념으로 주목할 필요가 있다.

19세기 말에서 20세기 초에 걸쳐서는 전원도시garden city라는 개념이 등장했다. 전원도시라는 사고방식의 근저에 놓여 있는 것은 그곳에서 생활을 완결하는 자립적인 마을을 만들자는 것이었다. 즉 전원도시는 주거지, 상업 및 산업, 농업이 균형을 이룬 공간이었다. 이 점에서 전원도시와 가든 서버브는 다르다. 전원도시의 모델은 중세 도시였다. 즉 전원도시의 등장은 중세 도시를 하나의 모델로 삼아 산업혁명 이후 근대 도시를 재구축하기 위한 시도였다.

도시 형성의 여러 모습과 생활상

강과 함께 발전한 도시
-
노명환

대부분의 유럽 도시들은 방어와 교역이 유리한 곳에 형성되었다. 특히 로마제국의 몰락 이후 봉건제후 국가들 간에 끊임없이 전쟁이 일어나는 불안전한 상황 속에서 세력을 쌓은 봉건영주들에게는 방어라는 요소가 가장 중요한 고려대상이었다. 그 반면에 로마인들은 도시나 군대의 부지 선택에 있어서 방어라는 요소를 그다지 고려하지 않았는데, 당시에 로마군에 대항할 만한 세력이 없었기 때문이다. 따라서 로마군의 부대는 방어에 유리한 높은 언덕에 위치하기 보다는 교통이 편리한 지역, 즉 도로나 배가 다닐 수 있는 강을 따라 군영을 설치하는 등, 공격에 유리한 지형

브장송 시

톨레도 시.
침식당한 굽이지형에
해당하는 도시이다.

을 선호했다. 그러나 이러한 고대시대에도 지중해에서 극
성을 부리던 해적의 영향으로 해안가에서 그리 멀지 않은
곳에 위치한 아테네나 로마와 같은 경우에는 도시를 형성
할 때 방어적인 요인이 많이 고려되었다.

방어를 목적으로 형성된 도시들의 지형이 현재에도 알아볼 수 있을 정
도로 남아 있는 경우가 많다. 예를 들어 랭스 동쪽 끝자락의 두Doubs 강
을 향하고 있는 브장송Besancon 시는 방어를 위해 '강굽이river-meander
지형'에 자리잡은 경우로 현재에도 과거의 모습을 그대로 볼 수 있다.
강이 둥그렇게 주위를 둘러싸고 그 안에 도시가 위치하는 '강굽이 지
형'은 도시 바깥과 연결되는 입구 부분을 제외하고는 강이 훌륭한 '천
연 해자天然垓字'의 역할을 한다. '침식당한 굽이 지형Incised meander

site'이 특히 선호되었는데, 그 이유는 도시를 둘러싼 강이 부지의 끝을 깎아 냄으로써 가파른 절벽이 형성되어 자연 보호막 역할을 했기 때문이다. 스위스의 수도로 아레Aare 강가에 위치한 베른Bern 시와 에스파냐의 톨레도Toledo 시가 이 '침식당한 굽이 지형'의 좋은 예이다.

'강굽이 지형'과 비슷하지만, 좀 더 도시의 형성에 유리한 '강 안의 내륙river-inland 지형'은 천연 해자와 함께 강을 건너기 쉽다는 특성이 수반되었는데, 강을 건너기 쉽다는 점이 특히 교역을 용이하게 했다. 센 강 가운데에 위치한 파리Paris 시나 오드라Odra 강가에 위치한 폴란드의 로브로츠와프Wroclaw 시, 그리고 그 이외의 여러 도시들이 'Ile de la Cité', 즉 섬 도시island of the city로 시작되었다. 스웨덴의 수도인 스톡홀롬은 '호수 섬 지형lake-island site'에 형성된 도시이다. 이 도시는 멜라렌Mälaren 호수가 발틱Baltic 해와 만나는 지역에 있는 십여 개의 작은 섬 위에 형성되기 시작했다. 그러나 보다 완벽한 도시 형성의 조건들을 충족시키는 예는 방어와 항구의 기능이 하나로 어우러진 '해안 섬 지형offshore-island site'이다. 이것의 가장 적절한 예라고 할 수 있는 베네치아는 아드리아 해와 연안의 개펄을 분리하는 해안가의 사주砂洲(조수나 물의 흐름으로 인해 강이나 만 어귀에 생긴 모래톱)에 나무말뚝을 박아 넣고 그 위에 조성한 도시이다. 그 이외에 이 범주에 포함될 수 있는 곳은 몽 생 미셸MontSaintMichel이라는 유명한 수도원 도시이다. 이 도시는 프랑스의 노르망디 연안에서 조금 떨어진 하나의 커다란 바위 위에 자리잡고 있다. 만조 때에는 도시가 하나의 섬나라가 되고, 간조 때에는 조수의 영향으로 얕은 여울이 형성되어 접근하기 힘들었다. 하지만 현재는 방죽길이 놓여져 더 이상 섬으로 기능하지 않는다.

그런데 '해안 섬 지형'의 경우도 바다 쪽으로부터의 위험에는 무방비 상태였기 때문에 이에 대한 대안으로 고려된 것이 '방위 항구 지형 sheltered-harbor sites'이다. 이 경우에는 바다 쪽으로의 개구부開口部가 좁기 때문에 방어하기가 용이했다. 노르웨이의 피요르드 최상단에 위치하고 있는 오슬로Oslo 시와 포르투갈의 수도인 리스본이 이러한 '방위 항구 지형'이다. 고지대에 도시가 위치한다는 사실은 확실히 방어

스톡홀름 시.

몽 셀 미셸 수도원.

| 섬에 위치한 도시들.

라는 측면에서 여러 가지 이점을 안겨 주었다. 이 때문에 많은 도시들이 고지대의 기슭에 성의 형태를 띠면서 자리잡고 있다. 도시의 이름에 '-burg, -bourg, castelo-, -grad, -linna' 등이 들어가 있다면 틀림없이 한때 성이었던 도시들이다. 인상적인 성 암벽Castle Rock이 보는 이들을 압도하는 스코틀랜드의 에딘버러Edinburgh가 그 좋은 예이며, 오스트리아의 잘츠부르크Salzburg와 포루투갈의 카스텔루 브랑쿠

Castelo Branco도 이러한 예에 속한다. 그 밖에 프라하Praha, 리히텐슈타인Liechtenstein의 파두츠Vaduz, 스위스의 시옹Sion, 헝가리의 부다페스트Budapest 등도 성이었던 도시로 꼽을 수 있다.

도시의 형성 단계에 성에 근접해 있었거나 도시 전체가 구릉지에 위치하고 있었던 경우에도 앞에서 언급한 도시들과 상당한 유사점을 지니고 있다. 예를 들자면 도나우 강과 사바Sava 강의 합류지점이 내려다보이는 높은 절벽에 위치하고 있는 베오그라드Belgrade(하얀 성), 스페인

| 고지대에 위치한 도시들.

부다페스트.

베오그라드 시.

의 세고비아Segovia와 자모라Zamora, 프랑스의 랑Laon, 영국의 색슨 힐Saxon Hill에 있는 도시인 섀프츠베리Shaftesbury, 포루투갈의 카스텔루드 비드Castelo de Vide 등이다. 로망스어권 국가에서는 이러한 구릉지도시의 이름에 대개 'Mont-, 혹은 Monte-' 등의 접두사가 붙는데, 이탈리아의 몬테 코르노Monte Corno와 몬테 카시노Monte Casino가 그 좋은 예이다.

케임브리지의 '탄식의 다리'.

도시가 형성될 때부터 도시의 발전에 크게 기여를 해온 상인들은 대체로 교역로와 연결된 요새 지형stronghold site을 선호했다. 실제로 수많은 도시들이 상인들의 이해관계에 부합하고 있다. 다리를 흔하게 볼 수 없었던 중세 초기 시절에는 비교적 수심이 얕고 바닥이 단단한 '강-여울 지형river-ford sites'에 도시가 많이 들어섰다. 몇몇 도시들의 이름에도 이러한 여울의 중요성이 나타나 있는데, 예를 들어 독일어의 'furt'나 영어의 'ford' 등과 같은 접미사가 지명에 붙은 도시들의 경우 여울을 중심으로 발전했음을 알 수 있다. 여기서 'furt'나 'ford'는 모두 '여울이나 얕은 강 등을 걸어서 건너다'라는 뜻을 지니고 있다. 독일의 프랑크푸르트는

마인Main 강의 '강-여울 부지'에 자리잡고 있는데, 한 | 인스부르크.
때 이 강을 따라 라인Rhine평야의 상부에서 북쪽을 경

유해 유럽 대평원the Great European Plain으로 이어지는 교역로가 활기를 띠었다. 마인 강의 상부 지류, 다시 말해 프랑크푸르트 위쪽에 있는 도시들 역시 그 이름에서 이러한 특성을 보여주고 있다. 즉 옥센푸르트 Ochsenfurt(수소가 건너다), 슈바인푸르트Schweinfurt(돼지가 건너다), 하스 푸르트Hassfurt(토끼가 건너다), 트렌푸르트Trennfurt, 렝푸르트Lengfurt 등이 그러한 예이다. 영국에서는 템스Thames 강의 옥스퍼드Oxford, 리Lea 강의 하트퍼드Hertford, 우즈Ouse 강의 베드퍼드Bedford 등의 도시를 그 예로 들 수 있으며 이들 도시의 이름을 통해 도시의 형성요건 가운데서

여울이 얼마나 중요한 역할을 했었는지를 알 수 있다. 여울을 라틴어로 옮기면 'trajectus(동사로 '건너다'의 의미)'가 되는데, 이 단어는 조금 형태가 바뀐 채 네덜란드의 우트레히트Utrecht('라인 강의 여울')나 마스트리히트Maastricht ('마스Maas 강의 여울')라는 지명에 남아 있다.

코블렌츠 시 | 강폭이 좁고 제방bank과 강바닥bed이 충분히 단단할 경우에는 다리가 설치되기에 최적의 지점bridge-points sites이 되었다. 도시의 이름에 'pont, bridge, bruck' 등이 포함되어 있다면 이 도시는 틀림없이 원래 다리를 중심으로 발전했을 것이다. 다리를 놓는 데 뛰어났던 로마인들이 특히 이러한 다리가 중심이 되는 도시를 많이 건설했다. 프랑스의 루아르Loire 강을 끼고 있는 레퐁드세(LesPonts-de-cé, '카이사르caesar의 다리)나 영국의 링컨셔Lincolnshire에

있는 팬턴Panton 등이 그 좋은 예이다. 역사적으로 유서가 깊은 런던 다리London Bridge는 같은 이름으로 여러 개가 존재해 왔는데, 이 다리들 모두 템스 강줄기 가운데서 애초에 제방이 튼튼하고 수심이 깊지 않으면서 저습지에 둘러싸인 강어귀marsh-flanked estuary에 세워졌다. 이 다리들은 로마인들이 도버 해협을 건너 영국에 들어온 뒤 오늘날의 런던으로 진입할 때 아주 큰 역할을 했다. 이렇게 다리의 기능에 따라 이름이 붙은 도시들의 예로 영국의 경우에는 케임브리지Cambridge(캠 Cam 강의 다리)와 브리검Brigham(다리 거주bridge settlement)을 들 수 있으며, 프랑스의 경우에는 파리 근처에 위치하고 있는 퐁투아즈Pontoise(와즈Oise 강의 다리)가 있다. 독일 북서쪽에 있는 베르젠브뤽Bersenbrück(끊어진 다리broken bridge), 독일 바덴 지방의 부르흐잘Bruchsal(잘바흐 Saalbach 강 위의 다리), 자르 지방의 자르브뤼켄Saarbrücken(자르 강의 다리들), 오스트리아의 인스부르크Innsbruk(인Inn 강의 다리), 그리고 스페인의 푸엔테라레이나PuentelaReina(여왕의 다리) 등도 유명하다. 알프스 산맥 북쪽에서는 도시들이 협곡에 위치하고 있는 경우가 많은데, 가장 주된 이유는 협곡의 지류를 이용해 교역이 가능했기 때문이다. 다시 말해 두 강이 만나는 협류confluence 지형에서 도시가 많이 발달했다. 라인 강과 모젤Mosel 강의 교차점에 위치하고 있는 독일의 코블렌츠Koblenz 시의 이름은 사실상 라틴어의 협류confluentes라는 단어에서 차용된 것이다. 다만 독일 바이에른Bayern지방의 파사우Passau 시만이 유일하게 세 개의 강, 즉 도나우 강, 인 강, 일츠Ilz 강이 정확히 한 곳에서 만나는 도시이다. 프랑스에서는 마르네Marne 강, 와즈Oise 강,

센Seine 강이 파리 근교의 한 지점에서 만난다는 사실이 파리 시의 성장을 한층 더 앞당겼다. 또 이와 비슷하게 리옹Lyon 시는 론Rôhne 강과 손Saone 강이 합류하는 지형상의 이점을 향유했다. 항해의 교차지 Head-of-navigation는 중간 하착장transshipment의 역할을 했는데, 그 예로 스위스 지역 라인 강 상류에 있는 바젤Basel을 들 수 있다. 핀란드와 같이 얽히고 설킨 강과 호수의 연결망이 주요한 교역로 역할을 하는 경우에는 전략적으로 하협河峽에 지어진 성들은 주심珠心 도시들을 만들었다. 그 예로는 사본린나Savonlinna(사보 지방의 성)와 헤민린나 Hameenlinna(헤민 지방의 성) 등을 들 수 있다.

유럽 전역에서 일반적으로 나타나는 도시지형은 교차지점Crossroad site이며, 이 유형을 잘 설명해 주는 곳 중 하나가 오스트리아의 수도

파리 근처의 퐁투아즈 시.

인 빈Wien이다. 이 도시는 헝가리 평원과 남부독일의 도

나우 계곡이 만나는 지점에 자리 잡고 있다. 다시 말해 이

계곡을 따라 이어지는 동·서 루트와 예전의 북·남 루트가 만나는 곳

에 빈이 있다. 이 북·남 루트는 알프스 산맥의 동쪽 자락을 우회하며

모라비아 고개Moravian Gate를 지나 폴란드와 발틱 연안으로 연결되었

다. 독일의 하노버Hannover는 북부독일 평야의 서쪽 끝자락과 이 도시

남쪽의 헤르키니아Hercynian 언덕을 통과하는 라이네Leine 강의 흐름과

방향을 같이하는 도로를 따라 이어지는 구舊루트가 교차하는 지점에

위치하고 있다.

　항구 부지Seaport sites는 두 개의 기본적인 유형으로 나타난다. 항해

가 가능한 강이나 강어귀, 그리고 연안 등의 근교에 나타나는 도시들

로는 런던, 함부르크, 보르도Bordeaux와 그단스크Gdansk 등이 있다. 그러나 남부유럽의 경우 계절적인 강수량의 변화와 더불어 강들이 그다지 길지 않아서 교역에 썩 유용하게 사용되지는 못했다. 규모가 큰 항구들은 늪지나 얕은 강의 어귀보다는 큰 도로와 해안이 교차하는 지점에서 대개 발달했다. 스페인의 카디즈Cádiz는 과달키비르Guadalquivir 강의 남쪽 어귀에서 약 30킬로미터 떨어진 곳에 위치하고 있으며, 마르세유Marseilles는 프랑스 남부의 론 델타 습지Rhone delta marshes에서 동쪽으로 상당히 떨어진 곳에 위치하고 있다. 포Po 강이나 테베레Tevere or Tiver 강 같은 곳에도 강어귀에 주요한 항구가 없다. 물론 여기서는 바닥이 침니沈泥(물로 운반되어 침적된 모래와 점토의 중간 크기의 쇄설물 屑物)로 되어 있다는 사실도 간과할 수 없다.

산업화되기 이전에 도시의 경제에 가장 중요한 기능을 담당했던 것은 상인들의 활동이었다. 그러나 당시에도 다른 경제적 요인들이 때때로 도시의 형성에 영향을 미쳤는데, 특히 광업이나 휴양지 등이 그런 역할을 했다. 철광석, 구리, 소금, 은, 그 밖의 광물과 금속의 채굴이 성행하면서 이 광산들 주위에서 도시가 발달하기 시작했다. 독일이나 오스트리아의 경우에, 도시 이름에 'Salz나 Hall(소금), Eisen(철), Gold, Kupfer(구리)' 등이 들어가는 것은 이 도시에서 예전에 광업이 성행했다는 것을 나타낸다. 그 대표적인 예가 오스트리아의 잘츠부르크Salzburg와 독일의 쿠퍼베르크Kupferberg이다. 독일의 할레Halle 시에는 옛날 켈트시대 때부터 정주하기 시작한 도시의 중심부에 여전히 '소금 분수'가 있다.

유럽인들은 오랜 세월동안 온천을 통해 각종 질병을 치료하려고 노력해 왔는데, 이러한 노력의 일환으로 광물질이 포함된 온천을 개발하는 하는 과정에서 도시가 발전하기도 했다. '온천 소재지Spa sites' 유형이 여기에 속한다. 이 지역들은 전형적인 온천 소재지로서 자신들의 기능을 나타내는 이름을 가지고 있는데, 도시 이름에 'bains, bad(en), bagni, bath' 등이 들어간 곳은 대개 온천을 중심으로 발달한 도시들이다. 예를 들면 독일의 바트 퓌르몬트Bad Pyrmont와 비스바덴Wiesbaden, 이탈리아 나폴리 근교의 바그뇰리Bagnoli, 그리고 프랑스 동쪽의 뤽세유Luxeuil-les- Bains 등이 그런 곳이다. 로마인들에게 '아쿠아이 술리스Aquae Sulis'로 알려졌던 영국의 배스Bath 시도 오래된 휴양지로서 전통을 지켜 오고 있다.

미국의 생활문화

다수로 이루어진
하나
—
김형인

개척자들의 나라

영국인들이 17세기 초에 북아메리카에 정착하기 시작할 때, 그곳에는
수많은 원주민 부족이 살고 있었다. 영국의 이주민들은 13개의 식민지
를 대서양 연안에 세웠으나 1776년에 모국의 식민지 경영방식에 불만
을 품고 독립전쟁을 일으켜 미국을 건국했다. 새로 세워진 나라는 당시
유럽에서 개화한 사람들이 염원하던 공화제도
와 연방제도를 국가의 기틀로 삼았다.

　초기에 유럽의 이주민들이 아메리카
대륙에서 새로운 삶의 터전을 잡고 정
착할 때까지는 원주민들의 도움도 받았

다. 그러나 점차 유럽인들이 대대적으로 이민 오면서, 탐욕스러운 토지 소유욕으로 원주민을 그들의 땅에서 내쫓아, 두 세력 간의 충돌과 반목, 살육과 전쟁이 이어졌다. 북아메리카 원주민은 당시 신석기시대의 문화 속에서 살고 있었다. 따라서 토지는 공동소유이고, 주민들은 단지 토지에 대한 사용권을 갖고 있을 뿐이었다. 이들에게 유럽인들이 당연히 여긴, 토지에 대한 개인의 배타적 재산권은 낯선 개념을 넘어 도저히 용납될 수 없는 부도덕한 것이었다.

이렇게 토지에 대한 상이한 개념을 갖고 있는 두 문화 사이에서는 충돌이 일어날 수밖에 없었다. 충돌의 결과는 전쟁으로 이어졌고, 돌도끼로 무장한 원주민과 총과 대포를 가진 유럽인 사이에서 벌어진 대결의 귀결은 불 보듯 뻔한 것이었다. 원주민 부족들은 점차 정복당해 현재는 미국 전체 인구의 1퍼센트 미만을 차지하고 있다. 미국에서 원주민에 대해 역사적으로 비인도적인 처우를 했던 것을 반성하기 시작하는 다문화주의가 싹트기 시작한 것은 1930년경에 이르러서였다. 그러나 이때 즈음에는 이미 원주민의 인구가 거의 말살되다시피 해서 극소수로 전락한 상태였다. 현재 원주민들은 주로 서부의 넓은 인디언 보호구역에서 연방정부의 원주민 보호정책으로 재정적·문화적 지원을 받으며 생활하고 있지만 나름대로 여러 가지 어려운 문제에 직면하고 있다.

미국 생활문화의 대체적인 모습을 파악하는 것이 이 장의 목적이므로, 소수의 원주민과 강제로 유입된 아프리카 노예들에 대한 관심은 일단 옆으로 밀어 두고 주로 유럽계 미국인을 중심으로 생활문화를 살펴보기로 하겠다. 식민지 초기의 이민은 주로 영국을 중심으로 이루어졌다. 그러나 서북유럽으로부터 다양한 국적과 종교를 지닌 사람들이 적지 않게 이주해 왔다. 식민지 경영의 특허를 주는 왕이 식민지가 로열티만 지불하면 그 사업이 어떤 것이든 상관하지 않았기 때문이다. 사실 요즈음도 경제용어로 회자되는 '로열티Royalty'는 이렇게 시작된 것이다. 식민지 경영의 주체는 식민지를 발전시키기 위해 이민을 될 수 있으면 많이 권장하려 했다. 이에 따라 서유럽에서 트랜실바니아에 이르기까지 대대적으로 광고를 내며 이민을 모았기 때문에, 영국인이 물론 대다수였으나 유럽 각지에서 소수의 이민이 모여들었다. 한편 네덜란드, 덴마크, 스웨덴도 제각기 북아메리카에서 식민지를 개척했으나 그것들도 점차 영국의 식민지로 편입되었다. 이에 따라 식민지 주민의 다양성이 강화되었다.

미국인들은 북부에서는 어업·해운업·산업, 남부에서는 흑인 노예의 노동력을 이용해 면화재배를 주로 하며 서로 다른 지역문화를 발전시켰다. 19세기 초반이 끝날 무렵에 프랑스로부터의 루이지애나 매입과 멕시코 전쟁(1846)을 계기로 미국의 국토가 처음의 몇 배로 팽창하면서 현재 국경의 골격이 조성됐다. 그 후 확장된 서부로 주민들이 대대적으로 이주했다. 북부의 주민은 서쪽을 따라 계속 북부지역으로, 남부 주민은 남부의 서쪽으로 팽창했다. 그 과정에서 산업사회로 탈바꿈해 가는 북부와 면화농업에만 의존하는 남부 간의 지역갈등이 점차 고조되더니 결국은 1860년에 남북전쟁이 일어났다. 전쟁은 북부의 승리로 끝났고, 이로써 그 당시 남부에만 존재했던 노예제도가 사라졌다.

남북전쟁 후 미국은 한 세대 동안 소모적인 지역투쟁으로 국정을 제대로 운영하지 못하고 산업도 발전시키기 못했던 질곡에서 벗어나 소위 '제2의 건국'을 이루면서 제2차 산업화에 박차를 가했다. 제1차 산업화는 그보다 40년 전쯤에 직물이나 구두 등 소비산업을 위주로 일어났다. 1870년대에 이르면 미국이 과거를 벗어던지고 경제적으로 막강한 생산력을 가진 나라로 성장했다. 새로운 기술혁신으로 정유업과 강철산업 같은 중공업이 나타나고, 이어서 전기산업도 대두했다. 이에 따라 예전에는 상상할 수 없었던 대규모의 기업이 등장하고, 산업의 팽창으로 유럽에서 이민이 물밀듯이 유입됐다.

도시에서 인구가 급격히 증가되고, 이와 더불어 이민들을 이용한 정치꾼들의 부패도 심각한 수준에 다다랐다. 부의 확대와 더불어 빈부의 격차도 심각했다. 20세기에 가서야 등장하는 소득격차에 따른 누진세가 없었던 시절이라 부익부 빈익빈의 추세가 날로 더해 갔다. 19세기 말 당시 최고의 부자였던 금융가 모건J. P. Morgan과 석유왕 록펠러John D. Rockefeller의 재산을 합치면 미시시피 서쪽에 있는 미국의 모든 영토를 다 살 수 있을 정도였다. 신생 산업대국 미국의 사업가와 영국의 몰락귀족의 자제들 간의 결혼이 유행처럼 번졌다. 처칠Winston Churchil 경도 영국의 귀족 가문과 미국의 기업가 가문이 맺어지면서 태어난 귀공자였다. 이 시대의 신흥 부자들은 파티를 열고 냅킨에 백 달러짜리 지폐를 넣어 손님들을 접대하며 재력을 과시하기도 하고, '개 파티'를 열어 최고급 스테이크를 강아지에게 제공하기도 했다.

그 반면에 도시는 이민과 노동자들의 빈곤으로 몸살을 앓았다. 예전

의 이민들은 주로 서북유럽에서 들어왔다. 그러나 이와는 달리 이번에
는 동유럽에서 들어오는 유대인이라든가, 남유럽에서 오는 이탈리아
인이 많았다. 미국의 토착세력은 결국 그들의 조상들이 보다 일찍 이
민 와서 정착한 데서 비롯되었는데, 이들은 새로 온 이민들의 '비미국
적'인 생활습관과 사고방식이 미국사회를 오염시킨다고 개탄했다. 노
동자들의 인구가 급증하면서 새로 나타난 노동운동도 점점 과격해져
가고, 농촌도 농업의 기계화로 대규모화되면서 예전의 목가적인 농촌
의 모습을 잃어 가고 있었다. 이렇게 해서 1890년대가 되자 미국은 사
람들이 농촌보다는 도시에 더 많이 사는 도시적 사회로 탈바꿈하기 시
작했다.

그즈음 노동자, 농촌, 이민, 빈부격차, 부패정치와 관련된 제반사항
들이 미국사회가 풀어야 할 새로운 숙제로 다가왔다. 이에 따라 다각
적으로 일어나는 사회적 부조리를 타파하고 건실한 사회를 재건하기
위해 개혁의 열풍이 일어났다. 그러나 이 개혁에는 잃어버린 목가적인
농촌의 이상향을 막연히 그리워하는 정서도 다분히 배어 있었고, 다양
한 이민집단의 문화를 포용하기보다는 그들에게 청교도적인 미국 주
류의 생활방식을 강제적으로 주입시키려는 의도도 스며들어 있었다.

넓고 다양한 미국

미국 국토의 크기는 서유럽의 2.5배(약 9,800km²)로 무척 광대하다. 본

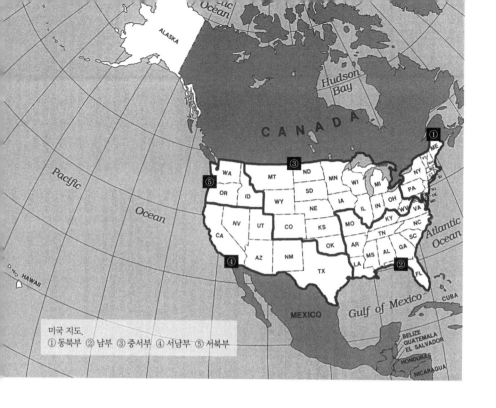

미국 지도.
① 동북부 ② 남부 ③ 중서부 ④ 서남부 ⑤ 서북부

토는 남북으로 위도상 24도의 차이가 난다. 동서로는 대서양에서 태평양에 이르기까지 광활한 지역이 펼쳐져 있다. 이에 따라 미국의 기후도 다양하게 분포한다. 아열대에서부터 아한대까지, 또 습윤지대에서부터 건조한 사막지대까지 포함되어 있다. 뉴욕이나 워싱턴 시 같은 곳은 사계절이 뚜렷하고 비교적 살기 좋은 날씨가 전개되며, 캘리포니아 같은 곳은 언제나 온화한 날씨에 햇볕이 잘 내리쬐는 상쾌한 기후를 자랑한다. 캘리포니아 남부에서 애리조나에 이르는 분지에서는 모하비 사막과 같은 척박한 땅이 계속되지만, 마이애미 같은 곳은 악어가 사는 습지와 온난한 아열대지방의 노곤한 여름을 보인다. 중부의 대평원에 이르면 산이라고는 볼 수 없이 옥수수밭만 끝없이 전개되기도 하지만, 미네소타와 같은 미국 북부에 이르면 눈이 수북이 쌓이는 겨울을 맞을 준비를 해야 한다. 게다가 알래스카에 이르면 눈썰매를 타는 아한대 기후 지역이 펼쳐진다.

시간대도 본토만 4개로 나뉘어 있고, 알래스카와 하와이를 포함하면 미국 국토는 5시간의 차이가 나는 지역들을 포함하고 있다. 보다 실감나게 이해할 수 있도록 예를 들자면 미국을 종단하려면 매일 밥 먹고 자는 시간을 빼고 운전을 사흘 정도 계속해야 하고, 횡단을 하려면 닷새 정도 계속해야 한다. 그러나 미국인은 지역적 이동성이 강해서 동부에서 자란 젊은이들이 서부의 대학으로, 서부에서 학교를 다닌 사람들이 동부의 직장으로, 또는 각각 그 반대 방향으로 이동하는 경향이 아주 많다. 도시를 제외한 미국의 국토에서 경작지는 19퍼센트를 차지하고 나머지는 산림, 초지, 황무지로 남아 있다. 천연자원도 풍부해 원유, 천연가스, 목재, 해양자원은 물론, 석탄, 구리, 납, 우라늄이 포함된 많은 광물자원을 갖고 있다. 이렇게 너른 땅에 다양한 자원을 구비한 자연의 혜택을 받아서 그런지 미국인들의 성격은 낙천적인 면이 많다. 그들은 예전부터 "동부에서 일이 잘 안 풀리면 서부로 가자"는 진취적인 면모를 지니고 있었다.

자연환경의 다양성에 따라 미국에서는 각 지역이나 주마다 주된 생업과 소득원이 다르고, 또 그에 따른 문화도 다르다. 미국의 지역을 구분하는 방법은 다양하지만 흔히 사용되는 방법으로 대별하면 5개 지역으로 나눌 수 있다. 동북부는 청교도문화의 발상지이며 교육과 문화의 중심지이다. 이곳의 주업은 예전에는 어업, 무역이었지만 현재는 전자산업과 컴퓨터산업 등으로 대체되어 있다. 이곳의 주민들은 자기들의 삶의 방식이 미국의 주류문화와 민주주의의 밑거름이 되었다는 자부심을 지니고 있다.

이에 비해 남부는 온난한 기후에 풍요로운 농업지대이다. 예전에는 노예들이 주로 일을 하는 면화농장이 남부경제의 기반을 이루고 있었고, 농장주는 마치 중세의 영주와 같이 귀족적으로 살았다. 그러나 남북전쟁으로 노예농업이 사라지고 그 대신 소작농업으로 대체되었으며, 19세기 후반에는 흑백인종차별을 제도적으로 강화하는 분리정책을 고수했다. 이곳이 인종차별을 극복하고 흑백통합의 사회로 변모되어 간 것은 20세기 후반부터이다. 남부는 아직도 농업 일색인 경제현황을 벗어나 산업화를 지향하기 위해 노력하고 있다. 이 지역은 예전부터 인심 좋기로 이름이 났다. 그리하여 '남부의 인정Southern Hospitality' 이라 불리는 넉넉한 인심은 남부가 자랑하는 고유의 문화적 전통이다. 이곳은 또한 미국문학의 본고장임을 자랑한다. 근대문학의 거장인 윌리엄 포크너William Faulkner나 테너시 윌리엄스Tennessee Williams 같은 이들이 남부 출신이다.

중서부는 미국 국토의 중심부와 그 이북에 있으며 미국의 곡창지대이다. 이곳에서 생산되는 옥수수와 밀이 미국을 먹여 살린다. 이곳은 또한 중공업지역으로서 19세기 후반부터 석탄과 철강 등의 산업, 그 이후에는 자동차 생산의 중심지가 되었다. 그러나 20세기 중반에 들어와 이 지역의 경제가 침체현상을 보이고 있다. 중서부는 미국의 내륙지방이라 고립주의적이고 폐쇄적이며 애국적이다. 예컨대 자동차를 구매할 때 주로 'Made in USA'를 부르짖는 사람들은 대부분 이곳 출신이다. 이곳에는 1800년대까지는 동북부에서 사람들이 이주해 왔고, 그이후에는 독일을 비롯한 북유럽의 주민들이 많이 이주해 왔다. 이에 따라 청교도정신에 북유럽적인 근면 성실한 기질이 접합되어 여러 가지 개혁운동의 시발지가 되었다. 예컨대, 19세기 전반기에 노예해방을 부르짖으며 나타난 공화당도 이 지역에서 결성됐고, 19세기 말에 일어난 혁신주의 운동도 이 중서부에서 일어났다. 그 이후 농업개혁을 도모한 4H운동도 이곳에서 시작되었는데, 이 운동은 후에 우리나라 새마을운동의 모범이 되었다.

서남부는 에스파냐적 전통이 강하다. 이 지역은 1848년에 미국이 멕시코와 전쟁을 치르면서 멕시코로부터 헐값에 매입한 곳이다. 텍사스, 애리조나, 뉴멕시코, 콜로라도, 네바다, 캘리포니아 등이 포함된 이 광활한 지역에는 황무지가 많고 인구도 희박하며 원주민 거주지역이 많다. 물론 자연환경이 쾌적한 농촌지역에서는 에스파냐인들이 오랫동안 살아왔으나, 사막이라 불리는 황무지에는 댐 건설과 지하수 이용의 기술이 발달되고 또 에어컨 사용이 보편화되면서부터 사람들이 정착했다. 텍사스에는 목축업과 정유업이 발달해 있고, 기후가 온난한 캘리포니아와 같은 곳에서는 채소와 과일농업이 성하다. 또 일 년 내내 따사롭고 좋은 기후로 사시사철 야외에서 사진을 찍을 수 있기 때문에 할리우드는 영화의 중심지로 번영하고, 사막 한가운데 있는 라스베이거스는 도박과 엔터테인먼트를 위주로 한 개성적인 도시로 발전했다. 서

남부를 포함한 서부의 기질은 동부에 비해 개방적·관용적·진취적이며 자유분방free style한 생활습관을 추구하는 면이 많다.

서북부는 종교집단을 이끌고 로키산맥을 넘어 이주한 개신교도들이 세운 오레곤 지방에서 유래되었으나 현재는 마이크로소프트나 보잉 등의 대기업들이 들어서서 힘차게 팽창하는 지역이다.

미국의 정치환경은 다양한 지역적 특성 만큼이나 각양각색의 특수 이익집단 간의 타협과 거래가 얽혀 있다. 그러므로 단 한 가지 방면으로 미국의 국가적 이익이 대변되고 정책이 추구된다고 단정하기 어렵다. 예컨대 중서부 중공업지대와 곡창지대에서는 수입 반대와 국산품 애용을 외치지만, 대서양과 태평양 연안의 금융·서비스·하이테크 중심지에서는 관세장벽을 낮춰 수입품의 소비를 활성화하기를 원한다. 텍사스만 해도 정유업자와 목축업자의 대결이 치열해 세계시장에서 정유업의 이익을 도모할 것이냐, 축산업자의 이득을 추구할 것이냐가 언제나 쟁점이다. 또 도시는 치안이 잘 되어 있어서 총기의 소유를 금지하지만, 인구가 극히 희박한 많은 농촌에서는 총기를 자기방어의 수단으로 여기는 전통이 강해서 총기 소유는 양보할 수 없는 안건이다. 미국의 정치에는 서로 다른 집단 간의 타협의 묘가 잘 반영되는데, 지역적 타협도 여기서 한몫을 차지한다.

계몽주의의 후예

미국 정신문화의 정체성을 살펴보면 몇 가지 독특한 특징이 나타난다. 미국인들은 자기들의 나라가 애초부터 민주주의로 디자인된 국가관 위에 세워졌다는 데 자부심을 느끼고 있다. 또 어떻게 사는 것이 올바른 것인가 하는 윤리적 시각에서는 아직도 청교도적인 전통이 강하다. 미국은 자기가 살던 조국을 버리고 용감하게 이민한 다양한 사람들로 이루어진 나라로서 다문화주의를 지향한다. 또한 황무지를 개척해 나가면서 삶의 터전을 마련했기 때문에 실용주의적 감성이 강하다. 그러면 여기서 그 특징들을 잠시 훑어 보기로 하자.

디자인된 나라

미국의 건국이념은 서유럽 계몽주의의 산물이라 할 수 있다. 미국이 건국되던 18세기 후반기에 유럽에서는 인간 이성의 능력을 무한대로 보는 계몽주의가 팽배했다. 이성을 잘 활용하면 인간이 완벽한 사회, 즉 지상낙원을 실제로 이 지구상에 구현해 낼 수 있다는 낙관적 신념이 확산됐다. 그 결과로 여러 가지 정치사상이 제기되었는데, 그중에서 공화주의, 즉 국가의 통치를 왕이나 귀족들이 세습하는 것이 아니라 책임 있는 시민들이 참여해서 하는 것이 좋다는 정치철학이 지식인들 사이에 유포됐다. 또 각기 다른 지역이 사이좋게 연방으로서 한 나라를 구성하는 것이 좋다는 연방주의도 새롭게 대두된 정치인식이었다.

미국의 건국은 이러한 공화주의와 연방주의를 실험적으로 실천한 결과였다. 그런데 이 실험은 13개의 서로 개성이 다른 식민지에 살던 건국의 아버지들이 장시간에 걸친 열띤 논의를 거쳐 신중하게 도달한 선택이기 때문에 지금까지도 그 효율성에 있어서 유효하며, 미국의 후손들은 그들의 공화주의적·연방주의적 선택이 현실적으로 가장 적절하고 바람직한 선택이었다고 믿고 있다. 이 두 건국이념이 미국의 인장에 새겨져 있는 독수리에도 잘 나타나 있다. 그것의 부리에 "E Pluribus Unum(다수로 이루어진 하나)"라는 글귀가 쓰인 리본이 물려 있기 때문이다. 또 미국의 지폐에는 계몽시대의 이성숭배를 상징하는 불가사의한 그림이 인쇄되어 있다. 그것은 삼각형의 빛을 발하는 발광체의 모형 안에 들어 있는 외눈이다. 이 눈은 이성의 눈을 상징하는 동시에 계몽시대 정치철학의 계승 및 발전을 의미한다.

1달러 화폐

계몽시대의 정치철학을 상징하는 눈.

미국의 인장.

〈혁명의 우화〉에 그려진 '공중의 눈'. 계몽주의를 상징한다.

이 두 가지 외에도 계몽시대의 전통이 미국정치에 각인한 또 하나의 사상이 있다. 그것은 삼권분립으로, 미국은 통치의 메커니즘을 입법·사법·행정의 삼권으로 확실히 분리해서 서로 견제하며 균형을 맞추도록 정교하게 정부를 조직했다. 예컨대 입법부는 선거로 선출되거나 또 선출된 자들이 임명하는 행정부와 사법부의 모든 관료를 탄핵으로 징벌할 수 있으며, 사법부는 헌법소원으로 입법부를 견제하고 대법원 판사가 종신직을 보장받음으로써 행정부를 견제한다. 행정부 수장인 대통령은 입법사항을 비토하고 판사를 임명함으로써 양 부처를 견제한다.

계몽시대에 급격히 발전한 인권사상 또한 미국 정치적 전통의 근간을 이루고 있다. 헌법을 제정하던 초기에 제헌의회에서 정한 법안에 붙여 함께 통과된, 헌법 수정안 1조에서 10조까지를 미국에서 권리장전이라 일컫는다. 거기에는 종교, 집회, 결사, 표현, 행복 추구의 자유 등 시민의 기본적인 인권을 헌법이 보호한다고 명시되어 있다. 이 권리장전은 현재에도 미국민의 권리를 지켜 주는 가장 튼실한 보루로 작용하고 있다.

공화주의에서 시작된 미국의 정치는 처음에는 재산을 가진 사람만이 투표권을 행사할 수 있는 제한적 민주주의였다. 그러나 건국 후 반세기가 지나 1820년대가 되자 재산 제한이 철폐되고 성인 남성의 일반 투표가 실행됨으로써 민주주의가 다른 어떤 나라보다 일찍 실시되었다. 당시에는 여성과 노예들은 투표권 행사에서 제외됐지만, 여성은 1920년에, 또 흑인은 실제적으로는 1960년대에 이르러 투표권을 획득했다. 미국인들은 자신들의 민주적인 정치체제가 지구상에서 가장 바람직한 것으로 세계에 모범을 보이고 있다고 자부한다. 특히 2차 세계 대전 이후 우후죽순처럼 생긴 신생국들이나, 소련이 해체된 후 수립된 동유럽의 독립국가들이 모범으로 원용한 것이 미국의 헌법이었다는 것은 부인할 수 없는 사실이다.

청교도주의: 소명을 받들며 사회에 봉사하고

초기에 미국에 이민 온 집단 중에서 청교도들이 미국사회에서 중요한 위치를 차지한다. 이들은 동북부의 뉴잉글랜드 지방에 매사추세츠 식민지를 세웠다. 그 당시 식민지 회사는 이민자가 60명에 이르면 타운을 하나 마련해 주었다. 타운의 중심에는 교회가 세워지고, 주민들은 동일한 크기의 토지를 제공받았다. 마을의 중요한 일은 타운 미팅town meeting에서 민주적으로 결정되었다. 이런 타운십township이 식민지가 서쪽의 내륙지방으로 팽창해 가면서 점점 지역적으로 확산됐다. 결국 청교도식 사고방식과 생활방식이 미국의 북부에 깊이 뿌리박게 됐다.

청교도는 영국에 뿌리내린 칼뱅교의 한 지파로서 다른 교파보다 원죄설을 더 진지하고 깊게 믿었다. 그래서 구원을 받기 위해 속죄를 위한 과정으로 현세를 엄격하게 살아가며 경건하게 자기 자신을 계발해야 한다고 강조했다. 이에 따라 그들에게는 지나치게 도덕적인 면이 있었다. 드라마나 문학 등을 거부하며 감성을 즐기는 자잘한 인생의 낙을 죄악이라고 속단했다. 또 신이 각 인간에게 이 세상에서 쓸모 있는 일을 하도록 짐을 지워 주셨으므로 각자의 직업은 신이 부르신 바라고 믿었다. 이런 소명설에 따라 청교도들은 어떤 천한 직업이라도 자신의 직업에 충실한 것이야말로 신의 부름에 잘 부응하는 길이라고 여겼다. 예컨대 전통적인 가톨릭의 믿음에서는 고리대금을 죄악시했지만, 청교도들은 올바르게 고리대금을 하고 그 이윤을 사회에 환원해 공동체의 복지에 쓴다면 이것은 오히려 신의 소명을 받드는 일이라고 여겼다. 그리하여 청교도를 포함한 칼뱅교도는 역사적으로도 부유한 상공인계층으로 진출한 예가 많다.

소명설과 더불어 청교도의 특징적 교리로 예정설이 있다. 신은 이미 누구를 구원할 것인지 예정해 놓고 있다는 신학 이론이다. 그러나 그 예정은 전지전능한 신만이 알 뿐 죄가 큰 인간의 눈에는 보이지 않는다. 그러므로 인간이 구원받기 위해 할 수 있는 최선의 방법은 이렇게 하면 구원을 받을 수 있겠거니 하고 믿으며 신의 말씀에 따라 충실히 사는 것 외에는 다른 도리가 없다는 것이다. 이 애매한 예정설이 청교도들이 하루하루 엄격한 자세를 유지하며 남달리 근면하게 살도록 만들고 직업윤리 의식을 조성했는데, 이것이 차례로 프로페셔널리즘을 발달시키는 원동력이 됐다. 한 예를 들면 현재도 미국에서는 취직이나 승진, 또는 입학을 할 때 당사자를 직접 거느렸던 상사나 가르쳤던 스승이 솔직한 의견을 써넣은 추천서가 무엇보다 큰 작용을 한다. 또 전문 분야 고수들의 직업에 대한 투철한 윤리 의식과 자존감이 후임자 선

메이플라워호 기념우표.
1920년.

발에 대한 공정한 시스템의 인프라를 구축해 전문인 양성과 확보의 밑거름이 되고 있다.

청교도들이 식민지에 세운 정착지는 신의 도시를 만들기 위한 시도였다. 이에 따라 그들은 이 공동체를 위해 서로 봉사하는 자세를 가지고 살아야 했다. 이런 봉사의 정신이 지금도 사회봉사와 기부를 미덕으로 삼는 미국문화의 전통에 면면히 흘러내리고 있다. 한편 신대륙에 모범적인 신의 도시를 건설하려고 이주한 미국의 선조들은 어떻게 해야 가장 바람직한 도시를 세울 것인가 하는 명제를 넘어 모범적인 도시에서 자신들이 사는 삶의 방식으로 세계를 인도하려는 사명을 느꼈다. 이런 그들의 종교적 열망이 '미국식 제도'를 세계에 전파하는 데 큰 몫을 했다. 미국이 '세계의 경찰' 노릇을 하려 하거나 제3세계에 미국식 민주주의를 전파하려고 노력하는 것도 부분적으로는 이러한 청교도적 사명의 전통에 그 뿌리를 두고 있다.

다문화주의: 함께 모여사는 미국

애초부터 미국에 이민 와서 정착생활을 한 주민들은 주로 영국계였지만, 앞에서 살펴보았듯이 약간이나마 유럽의 여러 국민과 민족들도 이들과 함께 살게 되었다. 그러므로 미국은 이미 다양한 인종과 민족, 국민이 모여 사는 다문화주의의 그릇이 애초부터 마련되어 있었다고 할 수 있다. 미국인은 원주민을 제외하고는 모두 이민의 후예이다. 그러나 예전에는 보다 일찍이 이민 와서 탄탄하게 뿌리를 내린 영국계 개신교도들이 토착세력을 이루면서 새로 오는 이민집단을 달갑지 않게 여겼다.

이런 배타적인 속성은 일찍부터 나타났다. 매사추세츠 식민지를 세운 청교도들이 비청교도들을 박해하며 퀘이커교도들을 사형에 처한 적도 있었다. 서양 역사에서 1820년대는 교통혁명의 시대였다. 철도와 증기선이 출현해 말과 범선을 대치하면서 인간의 행동반경은 무한대로 확장되었다. 당연히 증기선으로 인해 미국에 이민자들이 더욱 많이 유입되었다. 이 시기가 미국에 방직공장이 건설되던 때와 맞물려 이민은 산업 현장에서 필요로 하는 노동력을 제공해주는 역할을 수행했다.

1840년대에는 아일랜드에 기근이 확산되면서 미국에 이민이 무더기로 들어오기 시작했다. 이미 기름진 땅과 좋은 일자리는 영국계가 선점을 한 뒤였다. 보스턴에 입항한 아일랜드인들은 주로 3D 직종에 종사했다. 영국계는 청교도적 전통으로 인해 음주를 즐기지 않았으나 아일랜드인은 위스키를 즐겼다. 그들은 유흥업에도 종사하고 암흑가의 지하조직도 꾸렸다. 그러자 미국의 토착세력은 가톨릭교도인 아일랜드인들에게 혐오감을 갖고 그들을 박해하기 시작했다. 가톨릭 학교와 수녀원에 대한 테러행위도 더러 일어났다.

남북전쟁을 치르고 미국이 지역대결의 늪에서 빠져나와 다시 힘차게 산업 발전을 이루던 19세기 후반에 또 한 번 이민의 물결이 도래했다. 이전에 아일랜드인이 대거 이주해 온 것이 1차 이민이라면, 이번의 유대인과 이탈리아인의 유입은 2차 이민의 물결이었다. 이 시기에 유럽 전역에서는 반유대주의가 확산되고, 이탈리아 반도에서는 통일전쟁이 일어났다. 이런 상황에서 유대인과, 특히 나폴리인들이 미

1920년대 KKK단의 행진.
당시 유색인종에 대한 차별과 위협은 '선량한' 백인 시민들이
지켜보는 가운데 공공연하게 이루어졌다. 미국은 이와 같은
인종갈등을 겪으며 타 문화에 대한 인정과 관용을 학습했다.

국으로 대거 이동했다. 그러자 아일랜드계는 점차 중산층으로 계층이동을 하고, 그 뒤를 이어 이탈리아계와 유대계가 사회의 3D 직종을 차지하며 토착세력의 냉대를 받아야 했다. 나폴리인들은 아일랜드인이 만든 지하조직을 인수 확대해 마피아도 구축했다. 그러자 다시 한 번 비개신교도에 대한 적대감이 거세게 일어났다. 한편 남북전쟁 직후 건설된 대륙횡단철도의 노동자로 중국인들이 대거 유입되었으나 1890년대에 이르러 이 철도건설이 끝났다. 이들이 건설현장에서 마을로 옮겨 와 백인 노동자들이 종사하던 노동을 싼 임금으로 대신하게 되었다. 이에 따라 중국인 이민 금지를 부르짖는 노동자들에 호응해 중국이민금지법이 1889년에 제정되었다.

흑인은 남부에서 분리정책으로 백인과 격리되어 살며 박해에 시달렸다. 19세기 말의 미국에서는 토착세력의 소수민족에 대한 적대행위가 계속 확산되고 있었다. 백인 우월주의 세력이 흑인들에게만 자행하던 테러를 이제는 유대인과 가톨릭교도에게도 가했다. 이런 부조리에 대한 반성이 일어나 여러 인종과 민족이 더불어 살아야 한다는 다문화주의적 신념이 미국에 굳건히 뿌리내리려면 다음 세기의 반이 지나야 했다. 그러나 미국은 애초부터 다양한 집단들이 섞여 살아가면서 민족이나 인종, 혹은 종교적 갈등을 이미 20세기 이전에 상당히 겪은 상태였다. 또한 이 갈등이 주기적으로 폭발하기도 했다. 그러나 여러 차례 힘든 조정국면을 거치며 다문화주의의 원초적 학습이 축적되었다. 이에 따라 서로 다른 민족집단 간에 다양성과 존엄성을 인정하며 더불어 살아야 한다는 신념이 20세기 중반이 되자 힘찬 기세로 퍼져 나가 현재의 미국을 더욱 살기 좋은 나라로 만드는 중요한 문화적 초석이 되었다.

실용주의: 실생활에 유용해야 진리다

미국은 철학이 빈곤한 나라라는 통념이 있다. 유럽인들과 비교해 볼 때 미국인들은 탁상공론을 싫어하고 결론을 신속히 내리며 확실하게 행동하는 것을 좋아하는 반면에 유럽인들은 복잡한 철학과 논변을 즐기지만 결론이 없고, 게다가 행동으로 나아가지 못한다는 것이다. 그렇더라도 미국에 고유의 철학이 있다고 한다면 그것은 실용주의이다. 실용주의는 어떤 이론이나 신념도 그 효용성에 의해서만 진리가 입증된다는 이론이다. 이를테면 이념을 현실의 생활에 적용해 보고 긍정적인 면이 나타날 때에만 진리로서 받아들이는 태도이다. 이 실용주의에는 미국인이 개척생활에서 무엇인가를 현실에 적용해 보고 그것이 생활에 도움이 될 때는 받아들이고 비생산적일 때는 버리던 현실적인 생활태도가 반영되어 있다.

실용주의가 미국에서 하나의 사상적 조류로 성립된 과정은 다음과 같다. 예전에는 청교도 교리가 미국 정신의 지침서가 됐다. 그러나 세상이 점점 세속화되고 복잡해지자 완고한 종교적 철학이 사회 문제의 해결책을 제공하지 못하게 됐다. 19세기 후반부가 되면 진화론Darwinism을 선두로 하는 과학적 이론들이 종교적 교리와 부딪치고 있었다. 또한 미국이 산업사회로 변모해 가면서 다윈의 약육강식, 적자생존의 이론을 사회에 적용한 사회진화론Social Darwinism이 팽배했다. 이 이론은 성공한 기업가들의 능력을 예찬했다. 그 반면에 열악한 생활환경에 허덕이는 대다수의 사회적 약자들에 대해서는 자연의 법칙이라는 미명하에 관심을 기울이지 않았다. 그 결과 미국에 혁신주의라는 개혁운동이 일어나고, 실용주의는 혁신주의의 근간을 떠받드는 철학으로 정립됐다.

실용주의자들은 어떤 철학이라도 실제에서 유용하게 활용될 수 있어야만 진리의 범주에 들 수 있다고 주장하며 경직된 관념을 배척하고 무조건 어떤 이념에 따르는 것을 거부했다. 그들은 마치 과학적 이론이 실험실에서 검증을 거쳐야만 진리로 받아들여질 수 있듯이 어떤 신념

이든 사회의 정의와 공공의 이익에 이바
지할 수 있는지 검증되어야만 진리로 수
용하겠다는 태도를 갖고 있었다. 예컨대
실용주의자들은 신의 존재를 실증적으로
는 입증할 수 없어도 우리의 생활에 행복
과 평화를 가져다준다면 진리로서 받아들
일 수 있다는 입장을 취했다.

대표적인 실용주의자인 존 듀이John
Dewy는 진리를 발견하는 방법은 시행과
착오의 학습과정을 반복해야만 도달할 수
있다고 주장했다. 이런 태도는 새로운 이
론과 주장을 열린 마음으로 받아들이는
자세를 강화하고 사회를 보다 진취적으로
만든다. 이를테면 새로운 시도를 두려워
하지 않고 해보고 안 되면 다시 다른 방법
을 모색하는 적극적 자세를 북돋운다.

미국의 역대 대통령들의 정책도 이런
실용주의에 다분히 입각해 있었다. 초대
대통령 워싱턴은 한때 유럽 여러 나라의

미국 초대 대통령
조지 워싱턴George Washington
(1732~1799).

뉴딜정책을 시행한
프랭클린 루즈벨트Franklin Delano
Roosevelt(1882~1945) 대통령.

큰 도움이 없었다면 미국 독립이 어려웠다는 사실을 잘 알고 있었지만
퇴임연설에서 후손들에게 부디 복잡하게 얽힌 유럽의 문제에 빠져들
지 말고 초연하라는 실용적인 메시지를 남겼다. 또 링컨 대통령이 노

예제도 폐지를 선언한 것도 남부의 흑인 노동력을 교란시키고 다른 나라들이 '노예제 유지'를 내거는 남부를 돕지 못하게 하려는 실용적인 생각에서 비롯된 것이다. 프랭클린 루즈벨트도 그의 뉴딜정책의 대부분을 시행착오의 학습방법으로 수립했다.

미국의 산업역량은 기술혁신에 힘입은 바가 크다. 미국의 기업 분위기는 새로운 기술을 도입해 실험하는 진취적 기상이 강하기 때문에 기술혁신에 적극적이다. 미국의 총기류 생산에서 처음 나타난 부품 호환성의 방법이 기술혁신의 견인차 역할을 했다. 총을 36구경, 48구경 등으로 규격화해 부품을 호환할 수 있도록 한 방법은 점차 모든 기계의 실용적 사용과 보전을 위해 나사못과 고정나사의 크기를 동일하게 만드는 효율성으로 나타났는데, 그 정신적 연원은 실용주의적 태도에 있었다. 실용주의는 미국인의 의사소통 방법에도 반영되어 있다. 그들은 서론을 짧게 말하고 본론에 빨리 도달하는 습관이 있다. 그래서 완곡하게 간접적으로 말하는 외국인과의 협상에서 고압적이라는 오해도 받는다. 본의가 무엇이냐고 다그쳐 묻기 때문이다. 편지를 써도 결론부터 말하고 나중에야 개인 혹은 가족의 안부를 묻는다. 실용주의는 미국의 의식주문화에도 잘 반영되어 있다.

성聖과 속俗의 조화

미국인은 가장 세속적 또는 물질적인 동시에 종교적이다. 얼핏 보기에

이 자기모순적인 명제는 한편으로는 미국의 건국이 종교에 기초한 부분이 많지만 다른 한편으로는 미국이 산업화의 선두주자라는 사실을 고려해 보면 더 이상 이해 불가능한 아이러니로 다가오지 않는다. 이런 두 가지 이질적인 요소가 어떻게 융합되어 미국인의 종교의식을 이루어 냈으며, 그것이 생활습관에 어떤 영향을 미쳤는지 살펴보도록 하자. 요즈음 미국인의 종교적 분포도를 보면 대략 개신교가 65퍼센트, 가톨릭이 25퍼센트, 그다음을 유대교, 동방정교가 차지하고, 무슬림, 힌두교, 불교가 약간 있다. 한편 주말이면 정기적으로 교회에 가는 인구는 대체로 40퍼센트 정도다. 그러나 교회에 정기적으로 가든 안 가든 미국인들은 대부분 탄생, 사망, 결혼을 기독교교회의 예식으로 치른다. 또한 미국 대통령이 선서를 할 때에도 성경에 손을 얹는다. 이런 점에서 미국은 기독교, 그중에서도 개신교를 바탕으로 한 국가라고 정의할 수 있다.

식민시대

아메리카 원주민은 자연을 숭배하는 종교를 지니고 있었다. 그러나 유럽인들이 이주하면서 북아메리카는 기독교의 생활권에 편입됐다. 식민지 초기부터 영국에서 성공회, 장로교, 청교도 그리고 약간의 가톨릭교도가 이주했고, 유대교, 퀘이커, 그리고 동유럽의 신비적 교단이나 흑인들이 유입되어 기독교로 개종하면서 미국의 종교적 지도는 다양성을 띠었다. 점차 식민지에는 3대 교파가 수립됐다. 그 교파들은 뉴잉글랜드 지방의 청교도의 맥을 잇는 조합교회와 애팔래치아 산록의 구서부로 이주한 스코틀랜드계 아일랜드인이 믿는 장로교, 버지니아나 메릴랜드 등 남부에 많은 성공회였다.

대각성기

대각성기라고 일컬어지는 1740년대에 미국사회에서 종교적 열의가 폭발했다. 그동안 식민지 주민들이 애팔래치아 산맥을 넘어 자꾸 서쪽으로 이주해 갔으나 변경에는 교회나 목사가 드물었다. 변경의 주민들은 교회에 주기적으로 못 가고 성경책마저 갖지 못한 가구가 많은 상태로 비종교적인 생활을 했다. 이 문제를 해결하기 위해 기성의 교단들이 교리수업도 제대로 받지 못한 순회전도사를 변경의 오지에 파견해 복음을 전파했다. 이들은 야외에서 천막을 치고 며칠씩 부흥회를 열었다. 부흥회 전도사들은 변경인들에게 어려운 교리로 설교하는 대신 복음서의 계율을 신봉하고 진실하게 회개하면 성령과의 교류에 의해 구원받을 수 있다고 역설했다. 부흥회가 열리면 주민들은 교파를 초월해 모이고, 흑인들도 인종을 초월해 여기에 참여했다. 대각성기의 체험이 참여자들 모두에게 기독교인이라는 공감대를 형성해 주었고, 향후에도 미국에 이주하는 기독교인들을 하나로 묶어 주는 접착제 역할을 했다.

기성의 교단들에게 이런 복음주의적인 신앙형태는 위협으로 다가왔다. 3대 종교 중에서 장로교만 부흥회를 지지하고 조합교회와 성공회는 비판적이었다. 그 결과 이 교파들의 교세가 축소되어 자리를 감리교와 침례교에게 넘겨주었다. 침례교는 조합교회에서 솟아난 하나의 지류로 엄격한 칼뱅의 예정설 대신 복음서에 따라 행동하면 구원받을 수 있다는 인간적인 측면을 강조했다. 감리교는 영국에서 존 웨슬리 John Wesley가 개혁을 시작해 미국에 퍼지게 되었는데, 아르메니아교의 전통에 뿌리를 두어 신비주의적인 면이 많았으나 참된 신앙생활이 구원에 이르게 한다는 점에서는 침례교와 비슷했다. 대각성기에 개혁을 수용한 교단들은 실천적인 종교의 면모를 갖추었다. 성공회는 독립혁명기에 지도자들이 영국으로 돌아감으로써 그 세력이 급격히 약화됐다. 이 자리를 침례교와 감리교가 메워 가면서 '바이블 벨트Bible Belt'라는 종교성이 높은 지대가 남부의 북쪽에 띠 모양으로 형성됐다. 우리나라에 선교사로 온 이들은 대개 이 바이블 벨트 출신이었다.

19세기 전반

1800년에는 미국에 약 5백만 명의 백인이 살고 있었는데, 그 대부분은 개신교도이고 가톨릭 신자는 단지 1만 명 정도에 그쳤다. 그러나 19세기 전반기에 유럽에서 이민이 대대적으로 유입되면서, 루터교나 가톨릭 같은 비영국계 교단이 급성장을 하게 된다. 특히 1840년대에 대거 이주한 아일랜드 이민 덕분에 19세기 중엽에 가톨릭이 미국에서 단일교단으로는 신도 수가 가장 많은 종교단체로 성장했다. 그 결과 가톨릭 세력의 확대가 기존의 개신교단에 위협요소로 받아들여져 반가톨릭 감정이 미국에 팽배했다. 한편 루터교나 가톨릭 모두 부흥회적 요소를 받아들이며 계속 세를 늘려갔다.

이민들뿐만 아니라 미국인 자신들의 창의성에도 힘입어 19세기 초반에 개혁적인 기독교가 다양하게 나타났다. 여기에는 모르몬교, 제7

265

일안식일교회, 여호와의 증인, 그리스도의 교회Churches of Christ, 셰이커shakers 등이 포함된다. 또 흑인들도 자신들만의 교회를 세워 1816년에 흑인 감리교회가 세워졌다. 한편 일부 지식인들이 초월주의를 믿으면서 기독교 신앙을 잠식했다. 이들은 성경에서 주장하는 신격과는 다른, 자연 속에 내재한 신에 대한 믿음을 가졌다.

19세기 전반기를 마감하는 종교적 특징은 당시 미국의 3대 교단인 침례교, 감리교, 장로교회가 노예 문제로 인해 남북으로 분열했다는 것이다. 감리, 침례 양 교회가 1844년과 1845년에 각각 분리되고, 장로교도 1861년에 분열되었다. 그 후 감리교는 1939년에, 장로교는 1983년에 가서야 다시 통합됐다. 그러나 침례교회는 끝내 통합을 이루어 내지 못했다. 남침례교회는 그 후 성장을 거듭해 남부에서 가장 큰 종교세력이 됨은 물론, 20세기 중반에는 미국에서 가장 큰 개신교단이 됐다.

19세기 후반

지역갈등과 남북전쟁으로 한때 피폐되었던 미국의 종교생활은 전후의 재건과 더불어 다시 부흥됐다. 19세기 후반의 도시화와 산업화로 유럽에서는 반기독교적 분위기가 고조됐다. 그러나 미국에서는 이와 달리 종교생활이 증폭됐다. 미국에서는 도시의 성장과 더불어 이민들의 유입으로 교회가 커나갔기 때문이다. 이민은 가톨릭과 유대교의 인구를 증가시켰다. 또 동방정교의 숫자도 늘면서 개신교, 가톨릭, 유대교 다음으로 세력을 넓혀 갔다.

이 시기에 일부 목사들이 대기업 총수는 능력과 선행에 의해 신이 선택한 자라고 예찬하는 사회진화론을 전파했다. 한편 이를 비판하며 사회복음주의가 나타나 빈곤층의 사회문제에 관심을 갖고 복지확대와 독점규제를 외쳤다. 감리교단이 이에 먼저 응하고, 1908년에 개신교들이 교회연합Federal Council of Churches을 수립해 교회의 사회적 사명을 강조하게 됐다.

19세기 말에 진화론과 과학적으로 성경의 진위를 연구하는 고증적 연구가 유행하면서 성경에 대한 비판이 증폭됐다. 또한 이에 대한 반발로 근본주의가 대두했는데, 근본주의자들은 성경의 내용은 글자 한 자한 자가 다 진리이며 오류가 없다는 성경무오류설을 신봉하면서 사라져 가는 '미

스코프 원숭이 재판을 다룬 영화 〈Inherit the wind〉.

스코프 원숭이 재판을 다룬 풍자화.

267

국 본래의 모습,' 즉 농촌적이며 신과 함께하는 이상향을 그리워했다. 이들은 과학을 미국사회를 위협하는 요소로 보았다. 과학과 종교의 대립이 마침내 1925년 7월 21일 테네시 주의 스코프 원숭이 재판Scope Monkey Trial에서 정점을 이루며 진화론을 비판하기 위해 원숭이마저 법정에 출두시키는 해프닝까지 일어났다. 이렇게 이 시기의 기독교는 한편으로는 사회개혁의 밑바탕이 되고, 다른 한편으로는 미국의 동질성을 강화하기 위해 보수적이 되어 가고 있었다.

가부장적 농촌 가정

북아메리카의 식민지를 경영할 때 영국인들은 라틴아메리카와 달리 여성들을 일찍부터 이주시켰다. 에스파냐가 남아메리카의 식민지로 남성으로만 구성된 콩퀴스타도르conquistator를 파견했던 것과는 달랐다. 이들은 아메리카에서 황금을 캐 일확천금을 얻은 뒤 고향으로 돌아가 아름다운 아가씨와 결혼할 꿈에 부풀어 대서양을 건넜던 것이다.

이와는 달리 북아메리카의 영국 식민지는 애초에 꿈꾸던 금은의 발견을 진작에 포기하고 농업이나 다른 업종으로 주업을 바꾸었다. 그리하여 정착 식민지의 성격을 띠게 되었고, 신부를 영국에서 데려와 가정을 꾸리는 것이 바람직한 일로 받아들여지게 됐다. 버지니아 식민지는 1607년에 영국 최초로 북아메리카에 닻을 내리면서 시작됐다. 몇 해 동안 우여곡절을 겪으며 전멸의 위험을 극복한 뒤 식민지가 안정되어 가자, 1619년에 배에 하나 가득 여성들을 싣고 왔다. 정착지의 남성들은 식민지 회사에 당시 화폐로 쓰이던 담배로 대가를 지불하고 이들을 신부로 맞아들였다. 그 후 식민지 경영인들이 여성들도 많이 모집해 왔기 때문에 백인 남성들이 신부를 맞이하는 데 별 어려움이 없었다. 뉴잉글랜드의 종교적 식민지에도 여성들이 적당히 유입되었으며, 남부로 온 노예들도 남녀의 비율이 비슷했다. 이에 비해 남아메리카에는 계속해서 남성들만이 이주했기 때문에 여성이 부족해 아메리카 원주민과 가정을 꾸리게 됐고, 이에 따라 그곳에는 유럽과 원주민 간의 혼혈인 메스티소Mestizo의 인구가 많이 늘어났다.

식민지 시대에 최고로 인기가 좋은 신붓감은 돈 많은 과부였다. 이당시는 인간의 평균수명이 짧았기 때문에 20~30대에 사망하는 사람이 많았다. 초대 대통령 워싱턴도 총각으로서 젊은 과부와 결혼했고, 3대 대통령 제퍼슨도 과부와 결혼했다. 이 돈 많은 과부들은 재정적으로도 신랑에게 보탬이 됐지만 자식들을 데리고 옴으로써 가정의 노동력을 증가시키는 데도 일조했다. 예전에는 노동력이 부족해 자식을 많이 낳아 농사일을 가족이 같이하는 것이 가장 바람직했다. 이에 따라 신붓감도 연약한 여인보다는 건강미인이 훨씬 더 인기가 좋았다.

식민시대에 최적의 교육기관은 가정이었다. 어머니는 집에서 자녀들에게 알파벳과 산수를 가르쳤다. 특히 뉴잉글랜드의 청교도 식민지에서는 모든 주민이 직접 성경책을 읽을 수 있어야 한다는 가치관이 있었다. 그래서 주민들이 50호 이상을 넘으면 그 마을에는 초등학교를 세워아이들을 가르쳤다. 남부는 띄엄띄엄 있는 너른 농장 속에 집이 틀어박

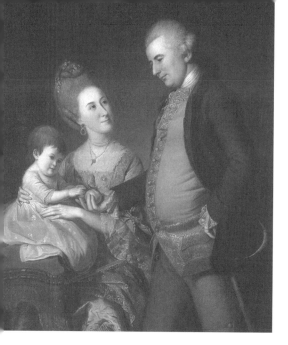

미국독립전쟁 당시 장군이었던
존 캐드월러더John Cadwalader(1742~1786)의 가족.

혀 있었기 때문에 학교 같은 것을 세우는 데 부적당했다. 따라서 남부에서는 주로 가정교사를 초빙해서 자녀들을 가르쳤다. 남부나 북부나 그 자신들의 환경에 맞게 자녀들의 교육에 힘을 썼으나, 양측 모두 자녀교육의 근본은 가정에 있다고 믿었다. 그래서 독립혁명기를 전후해 어머니가 단지 글자만 가르치는 것을 넘어서 자녀들에게 공화국의 신념과 시민으로서의 덕성을 길러 주어야 한다는 '공화국적인 어머니상'이 크게 부각됐다.

미국에서는 노예들도 가정을 이루고 살았다. 그들은 시민이 아니고 어떠한 계약도 할 수 없는 존재였기 때문에 법적 결혼이 아닌 사실혼

남북전쟁 이후 해방된 것으로 추정되는 흑인 가족.

에 입각해 가정을 이루었다. 노예들의 가정생활은 어떤 주인을 만나느냐에 따라 천차만별이었다. 즉 때로는 안락하게, 때로는 처참하게 영위됐다. 그리고 노예 가정에는 언제나 가정의 분열이라는 위험이 도사리고 있었다. 법적으로 보호받지 못하기 때문에 주인의 의도에 따라 언제든지 해체될 수 있었기 때문이다. 한편 농장에서 일하는 노예 여성은 주인과 농장 관리인의 성폭력에 무자비하게 노출돼 있었다. 남부의 백인 부인들은 남편들이 공공연하게 노예들과 내연의 관계를 갖기 때문에 골치를 앓았다. 그래서 한 고위층 인사의 부인이 "어떤 농장에서든지 주인의 얼굴을 빼닮았지만 피부는 검은 아이들이 뛰노는 장면이 흔히 보인다" 하고 개탄했다.

그림케 자매.
위쪽부터 안젤리나 에밀리 그림케,
사라 무어 그림케.

여성들에 대한 사회적 인식은 19세기 전반기에 한층 제고됐다. 당시의 여성은 경제권이 없었기 때문에 남편이 후견인으로 부인의 재산을 관리했다. 이런 문제점을 보완하기 위해 자연법적 해석에 의거해서 처변재산妻邊財産을 보호하는 예가 많아졌다. 1820년대가 되면 뉴하모니 등 이상

형 공장을 기획한 공장단지도 나타난다. 이와 궤를 같이하며 일부 모범적인 방직공장은 여성 근로자들에게 기숙사와 여러 종류의 문화강좌를 제공하면서 그들의 삶의 질을 제고했다. 이들은 교양 있는 여성으로 인식됐다.

19세기 전반기는 미국에서 여러 가지 개혁운동이 일어난 시기였다. 박애주의에 입각해 장님 등 장애인에게 인간적 대우를 하자는 운동과 감옥 개혁운동이 일어났다. 이와 더불어 노예제 폐지 운동도 일어났다. 일부 여성들이 이 반노예제운동에서 맹활약을 했는데, 예컨대 남부의 명망 있는 가문 출신인 그림케 자매Grimké sisters가 자신들이 직접 겪은 노예제의 참상을 폭로하면서 순회강연을 했다. 여성들이 반노예제운동에 적극적으로 참여했음에도 불구하고 반노예제단체는 여성들의 공헌을 무시했다. 그래서 여성들이 자신들만의 단체를 세워 여권신장운동을 시작했다. 1848년에는 〈감상 선언Declaration of Sentiments〉으로 여성도 남성과 같이 존엄성을 가진 존재임을 천명하며 투표권획득운동도 펼쳤다. 그러나 사회적 반응은 냉담했다.

18~19세기의 미국은 아직 산업사회로 변화되기 이전의 상태였다. 따라서 전형적인 미국의 가정은 가부장적인 농촌 가정이었다. 아버지는 할아버지나 아들들과 밭에 나가 일하고, 어머니는 할머니와 함께 아이들과 집안일을 돌보았다. 그리고 저녁이면 식탁에 모두 둘러앉아 기도하고 하루를 마감하는 그런 전통적인 가정이었다.

평등한 시민의 실용적인 옷

미국인의 의식주는 그들의 출신지인 유럽에 사는 사람들과 그리 다르지 않았다. 그러나 새로운 환경에 적응해 나가면서 더러는 독특한 양식을 일구어 냈다. 의복만 해도 식민시대 초기 이민의 것과 유럽인의 것은 그리 다르지 않았다. 그러나 점차 아메리카 식민지가 독립하고 공화국의 긍지를 심화시켜 가면서 유럽과의 차별화를 시도하는 복장 양식이 나타났다. 그 대표적인 예가 건국의 아버지로서 건국기에 프랑스에 파견되어 상당한 외교적 성과를 올린 벤저민 프랭클린Benjamin Franklin이다. 그는 피뢰침을 발명한 과학자로도 유명한데, 그가 발명한 건수가 대략 200가지 정도에 이른다.

그는 공식적인 외교 석상에서도 귀족적인 의복을 입지 않고 미국식대로 셔츠와 조끼, 덧옷으로 일관했다. 그가 살던 곳은 펜실베니아였는데, 그곳은 퀘이커의 고장으로서 그들은 유달리 검소한 복장을 하기로 유명했다. 프랭클린이 그런 지방적 특성에 영향을 받았을 수도 있다. 그의 스타일에서 미국인은 '셔츠 슬리브 외교'를 한다는 말이 생겨났다. 그것은 모든 형식을 갖추고 넌지시 떠보는 듯한 유럽의 스타일과는 달리 단도직입적이고 직설적인 미국식 외교 스타일을 일컫는다. 프랑스 궁정의 여인들은 이 참신하고 순박한 미국의 지식인에 매료됐다. 그의 소박한 스타일에서 비롯된 인기가 미국의 독립혁명을 위해 프랑스의 적극적인 도움을 이끌어 내는 데 큰 힘이 됐다.

건국의 아버지들은 그들이 세운 나라가 유럽의 여느 나라같이 왕국

벤저민 프랭클린
Benjamin Franklin
(1706~1790).

토머스 제퍼슨
Thomas Jefferson
(1743~1826)

이나 귀족의 나라가 아닌 데 대해 자부심이 대단했다. 그들은 공화주의자라는 것을 자랑이나 하듯이 머리에서 가발을 집어던져 버리고 공식행사에 나섰다. 워싱턴이나 제퍼슨의 자화상에서도 옆머리는 자르고 뒷머리는 길게 묶은 스타일이 보인다. 그들의 복장은 유럽의 점잖은 평민의 복장과 유사하다. 여성의 복장도 최초의 퍼스트 레이디인 마사 워싱턴Martha Washington의 사진에서 볼 수 있듯이 소박하면서도 우아하다.

19세기에 들어서면 여성들도 승마를 하거나 자전거를 타며 활발히 활동했다. 미국 서부에서 살던 개척민들의 복장 또한 실용적이고 소박했다. 미국의 북부와 남부 사이에는 문화적으로 상당한 차이가 있었다. 북부는 주로 청교도의 후예가 퍼진 곳이고 남부는 종교와는 상관없이 이민 온 사람들이 살았던

곳이다. 남부에는 영국 귀족의 둘째 아들들이 많이 이민 왔다. 장자상속제로 인해 차남 이하의 아들들은 영지도 못 받고 평민으로 전락했기 때문에 아메리카로 와서 새로운 기회를 찾았다. 이들은 남부에서 지도력을 발휘했다. 따라서 남부 지도층 인사들의 생활방식은 다분히 귀족적이었다. 그들은 넓은 농장을 소유하고 흑인 노예를 부리면서 마치 중세유럽의 영주처럼 생활하는 측면이 많았다. 남부의 농장들은 규모가 커서

마사 워싱턴
Martha Dandridge Custis
Washington(1731~1802)

띄엄띄엄 있었기 때문에 자신들과 같은 백인들이 그리웠다. 그래서 끊임없이 파티를 하며 이곳저곳으로 돌아다녔다. 첫째 주에는 사촌의 결혼으로 조지아 주에 가고, 셋째 주일은 숙모님의 은혼식이라 캐롤라이나 주로 가는 식이었다. 영화 〈바람과 함께 사라지다〉가 파티 장면으로 시작되는 것은 우연이 아니다. 영화에서 스칼렛은 화려한 무도회 의상을 입고 나온다. 여성뿐만 아니라 남부의 남성들도 귀족적이라 명예를 위해서는 결투도 마다하지 않았다. 그러나 남부의 영광은 남북전쟁에 패하는 순간 바람과 함께 사라졌다.

19세기 후반부터는 북부의 양식이 여러 부문에서 주류로 자리 잡았다. 청교도적 엄격함이 산업화의 효율성과 함께 어우러져 의복문화를 견인했다. 이 시기 여성들의 복장은 단정히 틀어 올린 머리에 목을 여민 블라우스가 대세였다. 여성들의 호사스러운 장식성은 꽉 조인 목

네브라스카의 한 가족이 일요일에 교회에 가기 위해 성장을 하고 집 앞에 선 모습.
전형적인 개척민의 복장과 집이다. 1886년.

주위를 어떻게 치장할 것인가로 제한됐다. 그런 반면에 한편으로 19세기 말은 미국의 기업이 팽창하는 도금시대The Gilded Age로 배금사상이 횡행하는 시기였다. 신흥 부자들은 남녀 할 것 없이 자신들의 재력을 과시하기 위해 앞의 그림에서 나타나 있듯이 공이 많이 든 우아한 옷으로 치장하기를 마다하지 않았다.

메릴랜드 주 볼티모어의 패션잡지에 실린 새틴과 레이스로 만든 드레스, 벨벳의 꽃장식과 브로치, 실크 장갑 등 화려한 복식이다.

흑인 노예가 주로 입던 옷은 튼튼한 면직물인 캘리코로 만들어졌다. 노예들은 일 년에 한두 번 셔츠와 바지를 배급받았다. 아이들은 넓적다리까지 내려오는 헐렁한 셔츠 하나만 입었다. 그래서 이성에 눈뜨기 시작하는 청소년기에 "바람이 한번 불어오니 셔츠 자락이 휘날려 버렸네"라고 읊은 감각적인 시구도 있었다. 당시에는 교통이 덜 발달되어 직물 생산을 많이 하는 북부에서 옷감

1898년 테네시 주 멤피스의 양복점 광고. 좌측부터 앞 가장자리를 둥글린 양복. 원버튼 스타일의 양복. 자전거 복장.

276

을 사오는 것보다 영국에서 수입하는 것이 더 싸게 먹혔다. 남부의 농장은 영국에서 노예의 옷까지 구매했다.

남북전쟁이 끝난 후 미국은 '인디언' 소탕전에 몰입했다. 그동안 인디언이라고 불리던 원주민들은 동부에서 쫓겨나고 밀린 뒤 서부의 대평원에서 살고 있었다. 서부에서 대대적인 '인디언' 토벌 전쟁이 일어나면서 '고스트 댄스Ghost Dance'가 원주민 사이에 유행했다. 백인들은 천벌을 받아 어느 날 땅속으로 꺼지는데, '인디언'들은 춤을 계속 추면 몸이 하늘에 떠 있다가 새로운 땅이 지상에 나타난 후 내려오게 된다는 것이었다. 그러면 지상에서 백인들이 전멸하고 평화가 회복될 것이라고 믿었다. 고스트 댄스 신화가 들불처럼 평원의 인디언 부족들에게 퍼져 나갔다. 그들은 특별히 춤을 위해 재단된 옷을 입으면 총알도 뚫지 못한다는 전설을 믿고 그 옷을 입고 춤을 추었다. 그러나 아무 소용 없고 원주민 토벌은 완결됐다.

전쟁과 관련된 의복 이야기는 독립전쟁까지 거슬러 올라갈 수 있다. 독립전쟁 때 영국군은 빨간 군복에 하얀 십자 모양의 총탄 띠를 가슴에

19세기 미국 여성의 복장. 단정히 올린 머리에 목 끝까지 여민 블라우스를 입었다. 별다른 장신구 없이 블라우스의 장식은 목 주변으로 제한되었다.

재커리 테일러Zachary Taylor의
쑥색 군복 차림. 미국 12대 대통령으로
멕시코 전쟁에서 미군을 지휘했다.

대각선으로 둘렀다. 이들은 정규군답게 대오도 반듯하게 정열한 채 행진했다. 그 반면에 독립군은 평상복에 자신들이 스스로 준비해 온 총으로 맞서며 치고 달아나는 게릴라 전법을 썼다. 누가 더 과녁으로 겨냥되기 좋을지는 불 보듯 뻔한 일이었다. '레드 코트'가 영국군의 별명이 됐다. 그 후 군복의 색은 상대적으로 눈에 덜 띄는 방향으로 바뀌어 멕시코 전쟁 때에는 미국군의 군복이 쑥색

같은 초록색이었다. 그래서 멕시코계 미국인은 백인을 아직도 그들의 슬랭으로 녹색 코트green coat를 가리키는 '그링고Gringo' 라고 부른다.

고스트 댄스를 추는 미 원주민들.

밀 벨트와 옥수수 벨트

아메리카 대륙이 발견된 후 신세계와 구세계가 식료품 자재를 교환함으로써 양 대륙은 물론 세계 전역의 식탁도 풍성해졌다. '콜럼버스의 교환Columbian Exchange'이라고 불리는 이 현상은 식품의 다양성 증가에 공헌함을 넘어 유럽을 기아에서 구원해 주기까지 했다. 특히 아메리카에서 건너간 감자, 옥수수, 토마토 등은 높은 영양가와 열량을 제공하면서 점차 서양의 식탁에서 빼놓을 수 없는 식재료가 됐다. 아메리카 원주민에게도 밀, 설탕, 오렌지, 양파 등이 소개됐다.

영국인들이 처음 아메리카로 이주했을 때 원주민들의 도움이 없었다면 이주민들이 식생활에서 훨씬 더 큰 곤란을 겪었을 것이다. 우선 원주민은 유럽인들에게 화전으로 농사짓는 법을 가르쳐 주었다. 나무 밑동을 자르고 그것을 태워 뿌리를 뽑아내고는 거기에 포획한 생선을 묻어 흙을 기름지게 하는 방법은 유럽인들에게는 낯선 것이었다. 그들은 조상 대대로 물려받은 농토에서 조상들의 방식을 답습하는 농업만 알고 있었기 때문이다. 그래서 그들은 전혀 익숙지 않은 거친 자연 속에 내동댕이쳐졌을 때 어떻게 농산물을 가꾸어야 하는지에 대한 식견이 전혀 없었다. 이때 원주민들은 농사뿐만 아니라 어떻게 고기를 잡는지도 가르쳐 주었다.

메이플라워Mayflower 호를 타고 플리머스Plymoouth에 도착한 청교도들이 원주민들의 도움으로 일 년을 무사히 넘기게 되자 정착생활 일 주년을 기념하는 잔치를 열었다. 그때 그들이 주위의 원주민 부족들을 초청해 감사의 뜻을 표한 것이 미국에서 추수감사절의 시발점이 됐다. 지금까지도 추수감사절의 대표적 음식은 신대륙의 독특한 식재료를 써서 만든 것이다. 칠면조 고기에 달콤새콤한 크랜베리 소스, 단호박 파이가 주된 요리이다. 그러나 원주민과 유럽 이주민 사이에 초기에 있었던 밀월관계는 얼마 지나지 않아 끝나게 된다. 이주민들이 점점 더 많이 밀려와 땅을 탐내면서 두 집단 사이의 관계가 협조에서 반목으로 전환됐다.

식민지가 원산지인 식재료, 즉 옥수수나 감자, 호박, 여러 가지 딸기 종류나 아메리카 고유의 칠면조 등을 요리에 추가한 것을 제외한다면, 정착민들의 식탁은 유럽인들과 그리 다를 바가 없었을 것이라고 추정된다. 이민 온 사람들은 전에 살던 곳의 삶의 방식을 새로운 곳에서도 가능하면 그대로 유지하려고 했다. 다른 방식을 잘 몰랐기 때문이다. 살아가면서 이들은 다른 이민집단과의 접촉을 통해 새로운 방식을 시험도 해 보고 그것을 그들의 삶의 방식에 접목시켜 가며 의식주를 풍부하게 만들어 나갔다.

다양한 이민집단의 전통적인 음식이 서로 어우러지는 정도가 시간이 흐를수록 가속화되었지만, 그래도 건국 무렵까지는 각 이민집단은 고유의 식문화 습관을 고수했다. 예컨대 식민지 시대에는 영국과 프랑스는 라이벌 관계에 있었기 때문에 영국의 식민지인들은 프랑스식 요리를 혐오했다. 그들은 프랑스 요리는 건강한 영국의 식문화에 비해 형편없다고 느꼈다. 단 하나의 예외가 있었는데 그것은 케이준Cajun 요리였다.

이 요리는 미국이 프랑스-인디언 전쟁(유럽에서는 7년전쟁이라고 함)을 치른 결과 영국이 북아메리카 대륙의 모든 프랑스 영토를 차지하자, 캐나다 동남부의 아케이디아Acadia(노바스코샤Nova Scotia의 옛 이름)에 살던 프랑스인의 후예들이 당시 에스파냐령이었던 뉴올리언스로 피난 온 데서 비롯되었다. 이들은 미시시피 유역의 식재료에 프랑스식 조리법을 적용해서 독특한 아케이디아식 조리법을 개발했다. 그 지역은 늪지대라서 물고기에서 진흙 냄새가 많이 났다. 그래서 이를 없애기 위해 매운 루이지애나 핫소스를 개발하고 고춧가루를 많이 뿌려 먹는 '아케이디언' 조리법이 발달됐다. 이것이 점차 '케이준'이라는 프랑스어 방언으로 불리게 되었고, 뉴올리언스가 미국에 합병되면서 미국 고유의 음식에 추가되었다. 우리나라에서도 인기 있는 케이준 치킨은 이러한 과정을 거쳐 만들어진 것이다.

육류 소비면에서는 남북전쟁 이전에는 대규모 목축업이 별로 발달되지 않았기 때문에 양고기를 많이 먹었다. 양은 에스파냐인들이 신대륙에 가져와 아메리카 전역에 퍼졌다. 양은 어릴 때는 양모를 생산해 의류의 소재를 제공하는 데 쓰이고 노쇠해 양모의 생산이 줄어들면 식용과 가죽으로 쓰이는 아주 긴요한 가축이었다. 남부에서는 특히 돼지고기를 많이 먹었는데, 이 돼지도 에스파냐인들이 아메리카에 들여온 것으로 남부의 농장에서 돼지를 많이 방목했다. 남부 아랫녘의 쌀농사 지역에서는 아프리카인들이 먹는 쌀을 점차 백인들이 식재료로 이용하게 되었다.

아메리카에는 무한대나 다름 없는 땅이 널려 있었다. 그러므로 누구든지 열심히 일하면 굶어 죽지 않을 수 있었다. 대체로 미국의 사회저

변층 사람들은 유럽의 하층민보다 나은 식생활을 했다. 심지어 많은 유럽의 여행가들의 증언에 따르면 미국의 노예들이 유럽의 노동자나 빈곤한 농민들보다 더 나은 식생활을 했다고 한다. 그러나 음식재료와 영양, 칼로리 면에서 더 나았다는 말이지 음식 조리방법에서는 유럽보다 훨씬 거칠었음은 두말할 나위도 없다.

청교도들은 일요일은 안식일이라 부엌에서 불을 사용해 요리를 하지 않았다. 그래서 그들은 강낭콩을 토요일에 삶아 놓고 찬 콩 요리를 일요일에 먹었다. 이런 연유로 보스턴이 '강낭콩 시'라는 별명을 얻었다. 뉴잉글랜드의 중요한 요리법은 냄비 하나에 갖가지 재료들을 넣고 끓여 먹는 찌개나 스튜 같은 조리법으로 매우 실용적이었다. 바닷가의 흔한 조개류를 감자나 채소들과 함께 넣고 끓인 클램 차우더는 그 맛과 영양이 뛰어나 지금까지도 미국에서 널리 애용되고 있다. 또 콩 종류를 냄비에 가득 넣고 돼지기름이나 소시지를 조금 넣고 끓이는 실용적인 요리법도 미국 전역에서 인기 있는 요리였다. 북부 식민지에서는 고래기름도 중요한 식용유의 원료로 쓰였다. 에너지원 위주의 간결한 식탁을 차리는 식민지 주민들의 문화가 19세기 전반기에 식생활 개선을 중요한 모토로 내세운 종교에 의해서도 나타났다. 제7일안식일교회는 육식을 금하고 그 대신 콩으로 단백질을 공급하는 조리법을 개발했다.

미국은 국토가 넓어서 다양한 기후대가 동일한 북위선을 따라 띠를 이루며 형성되어 있다. 이에 따라 작물의 재배도 달라진다. 제일 북쪽의 서늘한 곳은 밀 벨트라고 해서 주작물이 밀농사이고, 그다음이 옥수수 벨트이다. 옥수수 벨트에는 온난한 넓은 지역이 포함되어 있다. 그래서 옥수수는 특히 농장지대 노예들의 주식이었다. 아침에 노예들은 옥수수 죽을 한 그릇 먹고 일하러 나갔다. 점심에는 옥수수 빵에다 소금에 절인 돼지비계와 함께 삶은 무청이나 양배추 등을 많이 먹었다. 겨울이 되면 농장은 돼지고기를 훈제해서 일 년 내내 먹었다. 일년 중 가장 추운 날들을 골라 훈제실smokehouse에서 한 번에 20~30 마리씩 몇 번 훈제했다. 마치 우리들이 김장 담그는 것과 비슷했다. 가장 좋은 부위는 돼지 넓적다리 살로 만든 햄으로 주인의 몫이었으며, 베이컨이나 소시지도 주인이 차지했다. 노예들은 기름만 있는 부위에 소금을 듬뿍 넣고 훈제한 것을 일 년 내내 채소와 함께 섞어 끓여 먹었다. 지방이 제공하는 고열량이 그들의 힘든 노동을 뒷받침해주었다. 크리스마스가 되면 주인이 노예들에게도 햄을 주었다. 이것은 큰 별식이었다. 그래서 아직도 남부에서는 크리스마스에 칠면조 대신 햄을 먹는 사람들이 다소 있다.

'빅 하우스' 와 뗏장집

우리들이 전형적인 미국의 예전 집 모습을 떠올릴 경우 개척지의 통나무집이나 영화 〈바람과 함께 사라지다〉에 나오는 대저택, 또는 원주민의 티피tepee(짐승 가죽으로 만든 텐트)를 연상할 것이다. 그러나 이 밖에도 다양한 주거양식이 미국에 존재했다.

우선 원주민들의 주거양식도 지역에 따라서 사는 양식이 천차만별이었다. 티피는 들소 사냥을 주로 하며 살던 수Sioux족, 아파치Apache족, 코만치Comanche족 같은 대평원 원주민의 것이었다. 동부의 농경지에 살던 체로키Cherokee족 같은 부족의 주거양식은 우리들의 전통적인 토담집과 상당히 비슷한 구조를 지니고 있었다. 다만 짚 대신 그 고장의 건초를 사용해 진흙을 섞은 뒤 벽을 만들고 초가 지붕도 이었다. 그리

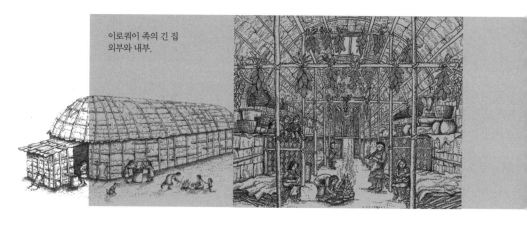

이로쿼이 족의 긴 집
외부와 내부.

고 나무줄기로 서까래를 얹어 집을 지었다. 동북부 숲 속에 살던 알공킨Algonquin족이나 이로쿼이Iroquois족은 '긴 집long house'을 지은 뒤 여러 가족이 함께 살았다. 그들이 유럽인이 옮긴 천연두와 홍역으로 대대적으로 사망하면서 그 집들이 방기되자 유럽의 초기 이주자들이 그곳에 살기도 했다. 서남부에서 농경을 하던 푸에블로Pueblo족은 건조한 기후에서 견고한 진흙 벽돌을 쌓아 집을 짓는 아도비 건축양식을 일구

었다. 알래스카의 원주민은 눈집 이글루를 만들고 그 속에서 살았다.

북아메리카 대륙으로 유럽인들이 대대적으로 이민 오면서 유럽식 주거문화가 점차 정착하게 됐다. 북동부의 뉴잉글랜드 지방에 먼저 타운이 퍼져 나가면서 정착과정이 진행됐다. 식민지 회사가 주민들에게 조성해 준 타운은 목사가 신도들의 신앙생활을 지도할 수 있도록 그리 크지 않은 규모로 대개 36평방마일(58평방킬로미터) 정도였다. 주민들은 타운의 중심에 있는 교회에서 예배도 보고 타운 미팅도 열었다. 주민들은 교회 주변의 서로 비슷한 크기의 택지와 농토를 제공받았으며, 그들의 동등한 경제적 조건 속에서 민주주의가 꽃을 피웠다. 뉴잉글랜드의 타운에서는 처녀가 결혼하면 이웃 아주머니들이 자기 집에 있는 천 조각들을 갖고 와서 조각보 이불을 만들어 선물로 주었다. 이 퀼트 재봉술이 나중에 다양하게 발전해 미국인이 자랑하는 민속예술이 됐다.

남부에서는 대규모의 농장이 들어서면서 정착이 진행됐다. 그래서 남부 행정의 기본단위는 타운보다 훨씬 큰 카운티였다. 남부에서는 농장이 대서양으로 흘러 들어가는 수많은 강들 주위에 조성됐다. 농장의 크기는 대개 대학교 캠퍼스만했다고 생각하면 된다. 캠퍼스도 크고 작은 것이 있듯이 농장도 크기가 다양했다. 그러나 농장, 즉 플랜테이션plantation이라고 불리려면 자가용 선착장이 강을 끼고 농장 내에 있어야 했다. 농장주들은 자신들의 배에 작물을 실어 큰 도시로 보냈다. 그러면 그 도시에 농작물들이 집하된 뒤 영국으로 가는 배에 다시 선적됐다. 농장의 구조는 농장 문을 열고 마찻길을 따라 조금 들어서면 정면에 농장주의 빅 하우스Big House가 나왔다. 마찻길 주변

프랑스-인디언전쟁 이후 마운트 버논 농장의
저택에 돌아온 조지 워싱턴. 그의 저택은 남부
'빅 하우스'의 전형적인 형식을 보여 준다.

에는 마치 우리의 행랑채 같은, 가정사를
돕는 요리사나 유모, 마부 역할을 하는
노예들의 집이 있었다. 빅 하우스 주변에
경작지가 펼쳐져 있고, 경작지 주변에는 밭농사를 짓는 노예들의 부
락과 숲이 있었다.

빅 하우스는 훌륭한 유럽식 저택이었다. 노예들 중에 건축에 상당한
재주를 가진 사람들도 있어서 이들이 자기 주인의 집을 지었을 뿐 만
아니라 외부의 건설업자에게 대여되어 주인의 주머니를 불려 주기도
했다. 농장의 저택은 초기에는 비교적 아담한 규모였으나 1830년대 이
후 앨라배마와 미시시피에서 사탕수수 농사가 시작되면서 농장의 규
모가 훨씬 더 커지고, 빅 하우스도 그 화려함을 더해 갔다. 농장주들은
가구들을 영국에서 직수입해서 사용했고, 또 그들의 사업이 영국과 직

남캐롤라이나의 찰스 핑크니Charles Pinckney가 세운
스니 농장Snee Farm이 다른 주인에게 매도된 후
1830년대에 다시 지은 집.

1850년대 북캐롤라이나 스태그빌 농장stagville Plantation의
노예들이 거주했던 연립주택. 이층에 덮개 있는
창문과 벽돌 굴뚝이 있다.

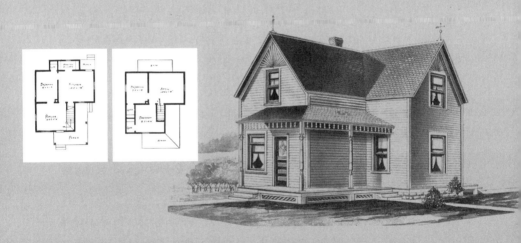

시어즈 주문판매 카탈로그(1908~1940)에 나온 주택 설계도.

뗏장집sod house | 결돼 있었기 때문에 자녀들도 영국으로 유학을 보
냈다. 이에 반해 노예들의 집은 노예들 자신이 통나
무를 베어 짜 맞춘 오두막이 전형적인 형식이었다. 노예들은 침상도
없이 흙바닥에 모포를 깔고 자기도 했지만, 이들도 자신들의 집을 지
을 때에는 흥이 나서 〈롤, 조단, 롤Roll, Jordan, Roll〉 같은 노래를 부르
며 일을 했다. 19세기에 인종주의자들은 미국 노예의 오두막이 아프리
카의 초가보다 좋기 때문에 그들의 주택 사정은 문화적으로 진일보한
것이라는 억지 주장을 펴기도 했다.

미국은 1840년대부터 1890년대 사이에 서부로의 팽창이 최고조에
이르렀다. 사람들은 신이 태평양까지 미국인에게 주었다는 '명백한 운
명'을 부르짖으며 서부로 향했다. 1890년까지 미국은 서부에 주민들

을 끌어들이기 위해 싼값으로, 아니면 무상으로 1가구당 160에이커 (약 20만 평)의 땅을 제공했다. 이에 동부나 유럽에서 모여든 사람들이 두 주먹만으로 거대한 자연에 맞서며 개척생활을 시작했다. 산간지대 에서는 통나무를 베어 통나무집을 만들었다. 그러나 나무가 없는 중부 초원지대에 정착한 주민들은 소위 '뗏장집sod house'을 지었다. 이 뗏 장집은 초원에 널려있는 잔디를 600, 300, 150밀리미터로 뜬 뒤, 이것 을 벽돌같이 포개 놓아 흙집을 만든 것이다. 집 안쪽에는 천을 대어 도 배를 했다. 그러나 이 뗏장집은 벌레가 나온다든가 하는 단점이 있었 다. 그래서 19세기 후반에 시어즈 주문판매 카탈로그에서 주택 설계와 건축을 제공하자 역사에서 사라져 버렸다.

19세기 말이 되자 미국에는 강철 구조물로 된 고층빌딩이 나타난다. 그러나 강철의 출현은 그때까지는 개인 주택의 건설에는 그리 큰 영향 을 미치지 않았다.

러시아의 생활문화

생활문화로 본 러시아의 정체성

고가영

유라시아의 거인, 러시아가 걸어온 길

러시아는 세계에서 가장 넓은 영토를 가진 나라이다. 국토 면적이 전 세계 육지의 8분의 1 이상인 1,705만 5,400평방킬로미터로서 동·서 양쪽 끝이 11시간의 시차가 날 만큼 광활하다. 인구는 약 1억 4,500여만 명이며, 100여 개가 넘는 민족이 함께 살아가고 있는 다민족국가로서 다양한 생활문화를 가지고 있다. 전체 육지의 20퍼센트가 산이며, 지대가 평평한 러시아에서 강은 역사적으로 중요한 역할을 해왔다. 특히 '러시아의 어머니'라 불리는 볼가 강은 유럽에서 가장 긴

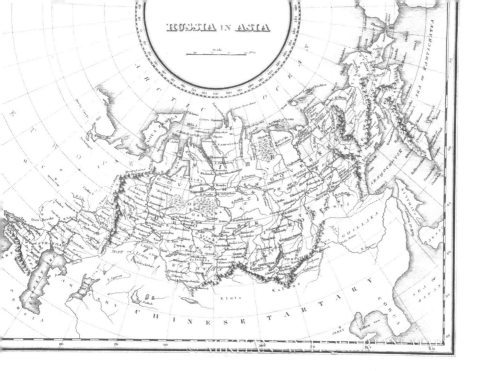

근대 러시아–시베리아 지도.
지도 오른쪽 밑에 한국도 보인다.
1827년 제작.

강으로 길이는 2,300마일(3,700킬로미터)에 이르고 폭이 25마일(40킬로미터)이 되는 곳도 있다. 또한 바이칼 호는 세계에서 가장 오래된 호수이자 가장 크고 깊은 호수로서 세계 담수 공급량의 5분의 1을 차지하고 있다.

무엇보다 러시아는 천연자원의 보고라 할 수 있는 나라로 자원이 주요 수출품이다. 영국의 브리티시 페트롤리엄(BP) 그룹이 발표한 2005년 자료에 따르면 러시아의 주요 자원 생산량은 천연가스가 세계 1위(매장량 1위), 석유는 2위(매장량 7위), 다이아몬드 2위(매장량 7위), 철광석 5위(매장량 2위), 석탄 6위(매장량 2위), 금 6위(매장량 4위) 등으로, 러시아는 세계 최대의 자원 강대국이다. 이처럼 광활한 영토와 풍부한 자연은 러시아인들의 의식을 풍요롭게 했다.

또한 러시아는 1957년에 세계 최초로 인공위성을 쏘아 올리고, 1961년에는 세계 최초로 유인 우주비행에 성공한 과학대국이기도 하다. 러시아는 푸쉬킨, 고골, 톨스토이, 투르게네프, 도스토예프스키, 체홉과 같은 문학의 거장들과 차이코프스키, 라흐마니노프 등과 같은 음악가, 타르코프스키, 에이젠슈타인과 같은 저명한 영화감독, 샤갈, 칸딘스키, 레핀과 같은 화가에 이르기까지 일일이 거론할 수 없을 정도로 많은 예술계의 거장을 탄생시킨 세계문화에 영감과 원동력을 제공한 문화강국이다.

무엇보다 러시아는 1884년 조러통상조약이 수립된 이래 아관파천의 주도자이자 을미시해의 목격자로서, 한국전쟁과 냉전의 또 하나의 실질적인 주체로서 한국 근현대사에 깊숙이 개입한 나라이다. 이처럼 우리 역사와 밀접한 관련을 가진 러시아는 그동안 마치 볼록렌즈 혹은 오목렌즈를 통해 보이는 물체들이 실체보다 지나치게 크고 길게 보이거나, 아니면 지나치게 작거나 퍼져 보이듯이 냉전체제하에서 왜곡된 모습으로 우리에게 비쳐져 왔다. 이처럼 러시아를 왜곡된 시선으로 바라보는 현상을 바로잡고 실체에 근접하기 위해서는 무엇보다 러시아의 생활문화를 살펴보는 것이 효율적인 방법이 될 수 있다.

19세기 러시아공사관.
1885년 조선과 러시아 간의 외교관계가 설립된 후 1890년 준공되었다. 1896년 아관파천의 무대가 된 곳이기도 하다.

러시아의 유명한 철학자인 니콜라이 베르쟈예프Никола́й Бердя́ев는 자신의 저서인 《러시아 지성사Истоки и смысл русского коммунизма(러시아 공산주의의 기원)》에서 러시아 역사를 키예프시대, 타타르시대, 모스크바시대, 제정시대, 소비에트시대로 구분하고 있다. 소비에트 혁명 이전의 러시아는 인구의 대다수가 농업에 종사하는 농민의 나라였다. 혁명 이전의 러시아 역사의 시기구분에 결정적인 역할을 한 변화의 계기는 기독교의 수용과 몽골의 침입, 표트르대제의 개혁정책이라고 할 수 있다. 이러한 중요한 역사적 사건들이 러시아인들의 생활문화에도 커다란 영향을 미쳤다.

우선 간략한 역사를 살펴보자면, 슬라브인들이 러시아의 평원으로 이주해 오기 전에는 북방의 숲과 미개척지와 들판은 핀란드족에 의해 점령되어 있었고, 남방의 미개척지역은 이란(스키타이인과 사마티아인)과 투르크 계열의 여러 유목민들이 장악하고 있었다. 5~7세기에 민족들의 대이동이 진행된 이후 슬라브족은 서로는 엘바 강에서 동으로는 드네프르, 볼가 강까지, 북으로는 발틱 해 남쪽 해안에서 남으로는 발칸반도 북부에 이르기까지 중동부유럽을 차지하고 있었다. 슬라브족은 크게 서슬라브족과 남슬라브족, 동슬라브족으로 구분되었다. 서슬라브족은 폴란드, 슬로바키아, 체코인이고, 남슬라브족은 불가리아, 마케도니아, 세르비아, 슬로베니야, 크로아티아, 보스니아인들이다. 동슬라브족은 벨로루시, 러시아, 우크라이나인들이다. 이 글에서는 러시아 내의 수많은 민족들 중 슬라브 민족의 생활문화를 다룰 것이다.

러시아인들의 의식세계에 결정적인 영향을 미친 사건은 988년 기독

성 소피아 성당.
야로슬라프 1세의 아들이었던 블라디미르 야로슬라비치Владимир Ярославич(1020~1052) 왕자의 원조로 건축된 사원이다.

표트르대제.

교를 수용한 것이었다. 기독교는 생활문화 전반에 걸쳐 러시아문화의 기반을 이루었다. 기독교를 수용하기 이전에는 동슬라브족은 자연신, 조상신들을 숭배하는 다신교 신앙과 애니미즘을 가진 민족이었다. 이교 신앙은 정교한 조직을 갖추고 있지 않았고 제도적 발전도 없어서 조직화된 사제계급이나 제대로 된 모습을 갖춘 사원도 없었다. 그래서 표면적으로는 큰 갈등 없이 기독교를 국교로 채택할 수 있었다.

1721년에 표트르대제가 교회개혁을 통해 총대주교직을 폐지하고 신성종무원 체제를 확립해 종교의 세속화를 시도하기 전까지 러시아인들의 삶은 교회와 분리될 수 없을 만큼 러시아정교회가 일상생활과 의식에서 차지하는 비중이 매우 높았다. 그러나 러시아인들이 로마가톨릭이 아닌 그리스정교를 받아들인 것은 서유럽과 문화적인 차이를 야기하게 되었다.

아울러 13세기 중반부터 거의 240년간 몽골 타타르의 지배를 받은 것으로 인해 러시아사회는 사실상 서유럽과 단절된 채 생활문화 전반에 걸쳐 몽골의 영향을 받으며 러시아만의 독자적인 특성을 발전시키게 되었다.

18세기 전반에 대대적으로 시행된 표트르대제의 서구화 개혁정책은 정치, 군사, 경제, 교육, 종교와 더불어 의식주를 중심으로 한 생활문화 전반에 걸쳐 전개되었다. 그러나 이 개혁정책은 주로 상류사회에 영향을 미쳤으며, 그 결과 러시아역사에서 본격적으로 지배계층과 피지배계층 사이의 간극이 벌어지는 부작용을 가져오기도 했다.

혁명 이전의 이러한 러시아의 생활문화를 먼저 종교와 축제 면에서 살펴보고, 이어서 다른 한 측면인 의식주를 위주로 한 일상생활을 피지배계층인 농민과 지배계층인 귀족들의 생활로 구분해 살펴볼 것이다. 아울러 세계적인 수준을 자랑하는 러시아 예술 분야에서 대표적으로 발레와 오페라를 간단하게 소개할 것이다.

토착화된 기독교

한 사회 내에서 종교는 그 사회의 문화를 구성하는 중요한 요소로 작용한다. 이교도pagan라는 단어에서 농민peasant이라는 단어가 유래된 영미권 국가들과 달리 러시아에서는 '기독교도христианин'라는 단어에서 '농민крестьянин'이라는 단어가 유래되었다는 것으로도 러시아 농민들에게 기독교가 매우 중요한 요소였음을 알 수 있다. 러시아에서 정교회 신자는 18세기 초에는 전체 인구의 90퍼센트, 1860년에는 83퍼센트, 1913년에는 80퍼센트를 차지하고 있었다. 러시아정교회는 천년에 걸쳐 러시아인들의 생활문화에 강력한 영향력을 행사해왔다.

다쥐보그의 손자들

그리스·로마 신화는 로마제국에서 기독교가 공식적인 국교로 인정
되기 전에 이미 체계를 갖추고 호메로스와 같은 문인들에 의해 문자로
기록되어 있었으나, 동슬라브인은 기독교를 수용하기 이전에는 독자
적인 문자를 갖고 있지 못했다. 이들의 신화는 단지 이야기, 속담, 격
언, 민요 등과 같은 민담의 형식이나 민중의 세시풍속을 통해 구전되
고 있었다. 동슬라브인들이 문자를 갖게 된 것은 테살로니카 출신의
선교사인 성 키릴Кирилл(828~869)과 성 메포지Мефодии(?~885) 형제
가 남슬라브 지방에 비잔틴의 기독교를 전파하면서부터였고, 기독교
수용 이후 거의 모든 문자 기록은 교회를 통해 이루어졌다. 이러한 이
유에서 문자 기록들은 대부분 동슬라브의 고유 신화에 대해 적대적인
입장을 취하고 있었다. 기독교의 관점에서 볼 때 동슬라브·러시아의
신화는 이교도들의 미신이었다. 교회는 '이교Paganism' 적으로 간주되
는 거의 모든 종교·신화적 표상물과 풍습, 의례와 전통을 폐기하려고
했다.

오늘날까지 전해져 오는 동슬라브의 신화는 주로 러시아 최초의 역
사서인《원초 연대기Повесть временных лет(초기 연대기)》와 유럽의 타민
족들이 남긴 문헌들의 부분적인 기록들, 민간전승, 구비문학, 전설, 속
담, 세시풍속, 구전민요 등을 참조해 19세기에 이르러 러시아의 민속학
자들에 의해 복원된 것이다. 19세기는 러시아 전통문화에 대한 관심이
고조된 시기였다.《원초 연대기》에 기술된 내용에 따르면 키예프 루시
의 블라디미르 대공(재위 980~1015)은 자신이 통치하기 시작한 980년

부터 궁전 바깥에 있는 드네프르 강가의 언덕에 만신전인 판테온을 세
웠다고 한다. 그는 자신의 키예프에 대한 통치력을 강화할 목적으로 동
슬라브-러시아 신화에 등장하는 다양한 자연신들 가운데서 여섯 신을
선택하고 그 신상들을 만신전에 안치해 숭배했다.

만신전에 안치된 6개의 신상

명칭	의미	형상과 역할
페룬 Перун	천둥과 번개의 신 (전쟁과 무기를 관장 하는 신)	은으로 만든 머리와 금빛 수염을 하고 있는 목조상. 인도-유럽민족의 제우스와 유사한 신. 기독교 수용 이전에는 키예프의 귀족들이 가장 많이 숭배했음.
호르스 Хорс	아폴론과 같이 빛을 빌리는 신	태양을 의미하며 이란 신화의 영향을 받음. 다쥐보그와 동일한 기능을 함.
다쥐보그 Дажьбог	태양의 신	축복을 가져다 주는 신. 이란 신화의 영향을 받음. '성스러운 대장장이'라는 역할을 담당함. 일종의 슬라브식 '헤파이스토스'. 12세기 서사시인 〈이고리원정기〉에 러시아 민족이 '다쥐보그'의 손자로도 기술되어 있음.
스트리보그 Стрибог	바람과 폭풍의 신	이란 신화의 영향을 받은 신. 이란어로 아름다움을 의미하는 'stra'에서 'stri'라는 말이 파생되었으며, 인간에게 미적인 속성을 지각하게 하는 신. 고대인들의 미적 감각은 구체적인 자연과 대기의 변화를 통해 인식된 것으로 추정됨.
시마글 Семаргл	파종과 수확의 신	이란 신화의 영향을 받은 신. 죽음의 신, 불의 신으로 알려짐.
모코쉬 Мокошь	대지의 신	유일한 여성신. 대중적 전통의 '촉촉한 어머니 대지Mother Damp Earth'를 의인화한 이름.

호르스, 스트리보그, 시마글은 고대 슬라브인의 만신전에 이란의 요소가 있었다는 것을 보여 준다. 슬라브족이 이주해 오기 이전에는 이란과 투르크계 유목민족이 이 지역을 장악하고 있었다. 페르시아의 영향력은 고고학 유적들에서 분명히 드러난다.

만신전의 신들 중에서 천둥과 번개의 신인 페룬은 특별한 숭상을 받았다. 《원초 연대기》에는 소년이나 소녀를 산 제물로 페룬에게 바치기도 했다고 기록되어 있다. 만신전에 안치되지는 않았지만 비중 있는 신으로는 벨레스가 있었다. 벨레스는 가축과 부의 신이었다. 이러한 주신들 외에 하급 신miner gods들이 존재했다. 하급 신들 가운데 대표적인 신은 집의 수호신인 도모보이Домовой다. 19세기 러시아 농민들에게 도모보이에 대한 믿음은 매우 일반적인 것이었다. 도모보이는 집집마다 문지방 밑, 페치카 속, 마구간 안에 살고 있는 늙은 난쟁이로 인식되었던 특별한 가신이다. 또한 결혼하기 전에 익사한 젊은 처녀 혹은 세례를 받지 못하고 죽은 어린아이들의 혼령은 물과 숲의 여성 정령인 루살카Русалка가 된다고 믿었다. 루살카를 기념하는 봄 축제 때 이 같은 불운한 여성 정령들에게 화환을 바치기도 했다. 그러나 이러한 전통신앙은 체계적으로 발전되지 못했기 때문에 표면적으로는 커다란 갈등 없이 러시아는 기독교를 국교로 채택할 수 있었다.

기독교의 수용과 발전

기독교의 수용과정은 《원초 연대기》에 상세하게 기록되어 있다. 《원초연대기》는 12세기 초 키예프 수도승인 네스토르가 852년에서 1117

년까지의 역사를 편년체로 집필한 책으로, 14세기와 15세기 판본이 현존한다. 기록에 따르면 블라디미르 대공은 987년 러시아 땅에 종교를 전하려는 주변국가들의 사절단을 접견했다. 그는 여러 사절단 중 동방정교의 원리를 전한 그리스 사절단의 박식함에 탄복했다. 블라디미르 대공은 좀 더 신중한 선택을 위해 사절단을 각 지역으로 파견해 여러 종교에 대해 자세히 알아보도록 했다. 이후 콘스탄티노폴의 성 소피아 대성당에서 거행된 예배의식과 성당의 화려한 모습에 반한 러시아 사절단의 보고를 받고 그리스정교를 채택했다.

988년 기독교를 공식 종교로 수용하는 표시로 블라디미르 대공은 루시인들 모두에게 드네프르 강에서 세례를 받도록 했다. 《원초 연대기》에 따르면, 그는 세례일 전날 "부자든 가난한 자든 거지든 노예든 만약 내일 강으로 나오지 않는 자는 모두 나의 적"이라고 공표했다고 한다. 세례를 받은 인원은 기록되어 있지 않다. 그는 다신교적인 이교 신앙은 일반적인 보편성을 가진 종교가 아니기 때문에 중앙집권화에 적합하지 않다고 판단했다. 한편 개인적으로는 통치권의 정당성 획득을 위해 비잔틴으로부터 기독교를 수용했다. 블라디미르는 사후 정교의 성인 반열에 오르게 되었으며, 키예프 루시는 정식으로 기독교 국가가 되었다.

이중신앙

1073년에 볼흐비라고 불리는 바랑고이족의 이교 사제들이 기독교에 저항했다는 기록이 남아 있기는 하지만 러시아에서의 개종은 비교적 평

성 키릴과 성 메포지.

화롭게 진행되었다. 이로써 러시아의 이교신앙은 키예프의 지배자로부터 대중들에게 하달된 기독교에 의해 공식적으로는 저항 없이 물러났다. 하지만 이교신앙의 수동적인 저항은 거칠고 끈질긴 것이었다. 기독교가 국교가 된 이후에도 민중들 사이에는 여전히 범신론적인 자연관의 주술적 세계관이 폭넓게 확산되어 있었다. 이로 인해 교회사가들은 러시아의 중세 종교를 일컬어 '이중신앙double faith'이라고 한다.

이중신앙체계는 비잔틴으로부터 동방정교를 수용하면서 루시의 동슬라브적인 요소들이 자연스럽게 접목된 러시아적인 기독교 신앙을 의미한다. 슬라브의 자연관이 지중해문명의 기독교적 세계관과 조화를 이루면서 고유의 독자적인 세계관을 형성한 것이다. 이러한 이중신앙 체계의 가장 특징적인 요소는 슬라브의 자연신과 기독교의 성인을 일치시킨 것이다.

예를 들어 천둥과 번개의 신인 '페룬'은 '선지자 엘리야 성인'으로, 가축의 신인 '벨레스'는 '바실리 성자'로, '모코쉬'와 같은 대지 모신은 성모의 형상으로 받아들였다. 동슬라브의 범신론적인 맥락에서 기독교의 세계관을 수용한 것이다.

또한 기독교 교리에서 중요한 위치를 차지하고 있는 삼위일체 위격을 범신론적인 신격으로 이해했다. '성부'는 우주의 아버지이자 최고의 신으로 간주한 '스트리보그'로 생각하고 '성자'는 그리스도가 하늘과 땅을 매개한다고 해서 지상에 풍요를 가져다주는 '다줘보그'로 이해했다. '성령'은 새 또는 '그리핀Griffin'과 같은 고대 스키타이의 상징을 통해 받아들였다.

선지자 엘리야와 결합된 페룬.

일부 역사학자들은 하층민들이 진정으로 기독교로 개종한 시기를 15세기 후반으로 잡기도 하다 그러나 19세기까지도 러시아의 신앙생활에는 '이교'의 특성이 여전히 깊게 뿌리박고 있었기 때문에 개종의 정확한 시기를 추정하는 것은 의미가 없다. 서유럽의 기독교도 이중신앙적인 요소들이 있으나 보다 두드러진 특성을 보여 준 것이 러시아정교였다. 이교적인 요소가 기독교적인 정교의 의례와 합쳐져 서로 구별하기 어렵게 되었다.

몽골의 지배와 러시아정교

키예프 루시는 경제적·문화적으로 번영했으나 1125년 블라디미르 모노마흐Владимир Мономах가 사망한 이후 치열한 권력 다툼으로 인해 12세기 중엽에 노브고로드 공국, 블라디미르-수즈달 공국, 폴로츠크 공국, 스몰렌스크 공국 등 여러 공국으로 분열되고, 1147년에 유리 돌고루키Юрий Долгорукий에 의해 모스크바 공국이 창건되기도 했다. 각 공국의 공후들은 세력을 확장하기 위해 치열한 싸움을 벌였고, 이러한 내분이 결국 1237년의 몽골의 침입으로 키예프 공국이 패망하게 되는 원인이 되었다. 그리고 러시아는 이후 약 240년간 몽골의 지배하에 들어가게 된다.

몽골의 지배기에 키예프를 중심으로 한 찬란한 문화지대는 폐허가 되었다. 몽골의 지배는 서구와의 접촉을 단절시켰다. 그러나 교회사적인 측면에서 볼 때에는 이 시기는 교회의 중요성이 한층 더 부각된 시기였다. 몽골은 속국에서 많은 공물을 획득하는 것을 중요하게 여겼기 때문에 상대적으로 러시아의 종교에 대해서는 관대했다. 정복자의 종교적 관용과 절망에 빠진 러시아인들의 신앙심으로 인해 정교회가 민족성 회복의 중심이 되었다. 몽골의 지배기에 러시아인들의 신앙의 중심지가 된 곳은 수도원이었다. 14세기에서 15세기 중엽에 이르는 시기에 180여 곳의 새로운 수도원이 창설되었다. 그리고 이 시기에 러시아 수도생활의 전통이 수립되었다. 당시의 수도원은 수백 명의 수도사를 포함하는 작은 도시와 같았다. 또한 토지를 소유한 수도원 주변에 마을이 생겨났다. 이 수도원이 러시아 일반 민중들에게 용기와 희망을 불어넣어 주었다.

제3의 로마

14세기 말부터 몽골제국의 세력이 약화되었고 모스크바 공국의 힘은 점차 강화되었다. 1480년 마침내 러시아가 몽골 타타르의 굴레에서 완전히 해방되어 모스크바를 중심으로 하는 단일국가가 되었다. 러시아정교회가 독자적인 힘을 갖게 된 계기는 1439년 플로렌스 종교회의였다. 이 회의에서 그리스정교회 성직자들은 콘스탄티노플이 오스만투르크의 위협으로 위기에 처하자 로마에 군사적 도움을 요청하기 위해 로마 교황의 최고권을 인정하고, 가톨릭과 통합하기로 결정했다. 당시 모스크바의 대주교였던 이시도로스 역시 이 회의의 결정 사항에 동의했다. 그러나 러시아인들은 로마 교황의 권위를 인정하는 종교회의의 결정에 대해 반발했고, 그리스인 대주교인 이시도로스를 퇴위시킨 다음 1448년 모스크바의 대공 바실리 2세Василий II가 주교회의를 소집해 독자적으로 라쟌의 주교 요나를 대주교로 선출했다. 1453년 콘스탄티노플이 오스만투르크에게 멸망당하자 모스크바 대주교는 더 이상 콘스탄티노플의 승인을 받을 필요가 없어졌다. 이로써 러시아 정교는 비잔틴 제국으로부터 완전히 독립하게 되었다.

이후 타타르 세력을 물리치고 러시아의 유일한 지배자가 된 모스크바 대공 이반 3세Иван III 가 국가의 정체성을 강화시키기 위해 1472년 비잔틴 제국의 마지막 황제의 조카딸인 소피아와 결혼하고 비잔틴 제국의 계승자이자 그리스정교회의 정통 계승자임을 선포했다. 이는 '제3의 로마론'이라는 이데올로기를 통해 더욱 견고해졌다.

제3의 로마설을 확립시킨 것은 프스코프 출신의 수도사 '필로페이филофей'였다. 필로페이는 1510년에 바실리 3세에게 보낸 서신에서 '제3의 로마'로서의 종교적 자긍심을 한층 드높여 주었다. 그는 앞선 두 로마는 '참된 기독교' 정신이 변질되었기 때문에 멸망했다고 주장했다. 세계 기독교의 중심지였던 제1로마가 로마제국의 멸망과 함께 무너지고, 그 후 교회의 중심이 제2의 로마인 콘스탄티노플로 옮겨졌지만 가톨릭교회와 연합해 정교회를 변질시킴으로써 오스만투르크에 의해 정복당하는 결과를 초래하게 되었다는 것이다. 하지만 모스크바는 정교회에 충실하고 플로렌스 종교회의를 인정하지 않으므로 현재 '제3로마'로 세계 기독교의 중심지가 되었으며 '제4의 로마'는 존재하지 않을 것이라는 주장을 했다.

모스크바 제3의 로마설은 외국에 대한 러시아정교회의 적대적인 태도, 러시아의 민족적 특수성과 자기격리에 대한 정당화와 종교적 불관용의 태도가 포함되어 있었으며, 이후 교회를 개혁하려는 움직임에 적극적인 저항을 하게 되는 근거가 되기도 했다.

교회대분열

17세기에 교회 개혁과정에서 일어난 교회의 대분열은 교권이 쇠퇴하고 황제의 권력이 더욱 강화되는 계기가 된 중대한 사건이었다. 러시아 교회는 10세기 말에 주요 신앙교리와 각종 예배의식서들을 그리스인들로부터 전해 받았다. 러시아정교 신앙의 뿌리인 이 서적들은 이후 필사를 통해 전수되었다. 그러나 필사작업 과정에서 크고 작은 오류들이 발생하기도 했다. 더구나 러시아정교회는 토착화에 우호적인 입장을 취해 온 데다 몽골의 지배로 2세기가 넘게 그리스의 모교회와 단절되었기 때문에 토착화가 강화되었다.

교회개혁의 직접적인 계기는 1654년 우크라이나가 러시아에 편입됨

에 따라 그리스식 전례를 따르고 있던 우크라이나 정교회를 흡수하기
위해 전례 개편의 필요성이 대두된 것이었다. 교회개혁은 1652년 모스
크바 총주교가 된 니콘Hйкон(1605~1681)에 의해 시행되었다. 1654년
에 차르 알렉세이가 참석한 교회회의에서는 교회 서적을 그리스어 원
본으로부터 다시 번역하고 예배의식도 그리스식(성호를 그을 때 두 손가
락이 아니라 세 손가락으로 하고, 알렐루야를 두 번이 아니라 세 번 외칠 것)
으로 통일시키자는 총대주교 니콘의 제안이 가결되었다. 그러나 이러
한 결정은 엄청난 파장을 불러일으켰다. 무수한 성직자들과 평신도들
이 강력하게 반발했다. 아바쿰Аввакум(1620~1682)을 비롯한 많은 성
직자들과 수도원 사제들도 개혁에 반대했다. 그들은 옛 의식을 고수한
다는 의미에서 자신들을 고의식주의자, 즉 구교도 혹은 분리파로 부르
며 전통적인 의식을 고수하는 운동을 전개했다.

처음에는 유배 정도로 그쳤던 이들에 대한 탄압이 나중에는 화형이
라는 극형으로 치달았다. 아바쿰은 1682
년에 세 명의 다른 구교도들과 함께 화형
에 처해졌다. 수십 명의 구교도(분리파) 지

〈대귀족부인 모로조바〉. 러시아 사실주의를 대
표하는 화가 수리코프Василий Иванович
Суриков(1848~1916)의 작품으로 처형장으로
끌려가는 구교도의 모습을 그렸다. 1887년.

도층이 화형에 처해지거나 추방당하거나 수도원에 감금되고, 그보다 훨씬 더 많은 수의 구교도들이 자진해서 분신의 길을 택했다. 17세기 말까지 노약자를 포함하여 약 2만 명의 구교도가 자신의 신념을 지키기 위해 집단으로 불길 속에 뛰어들었다. 그들은 의식을 바꾸기보다는 스스로 순교의 길이라 믿는 집단자살을 택했다.

니콘의 교회개혁에 대한 저항은 여러 사회 계층의 정부에 대한 불만과 맞물려 있었다. 이전의 권한을 잃어 가던 대토지 귀족(바야르)들은 그들 나름대로, 상인들은 외국 상인들과의 힘든 경쟁에서 아무 보호도 해주지 않는 당국의 정책에, 그리고 도시민과 농민은 무거운 세금과 전횡에 불만을 품고 있었다. 이런 시점에 정부가 깊은 세계관의 근간을 건드리는 종교혁신 사업을 지지하고 나섰던 것이다. 그리하여 종교·정치·사회적인 불만들이 아래로부터의 저항이란 모습으로 터져 나왔다.

개혁파와 구교도의 싸움으로 시작된 종교분열은 차르 알렉세이가 아바쿰의 처형에 앞서 1666년 니콘을 추방함으로써 개혁파도 구교도도 아닌 황제의 승리로 막을 내렸다. 그 결과 러시아 교회는 속권의 지배하에 들어가게 되어 황제의 전제정치를 견제할 수 있는 제반능력을 상실했다. 교권의 확장을 위해 시도했던 개혁은 결국 교회의 권한을 약화시켰다. 황제의 승리로 러시아 교회가 누렸던 영광은 종지부를 찍고 18세기에 있을 교회 세속화 정책으로의 길이 열리게 되었다.

종교 대분열 이후 오늘날에 이르기까지 러시아 교회는 주류와 비주류, 제도권과 비제도권으로 양분된 채 존속하게 되었다. 가혹한 탄압에도 불구하고 구교도들은 놀라운 자생력과 저항정신, 순교자정신으로 러시아의 변방에 숨은 채 구교도식의 기도와 의식을 고수하며 살아남았다. 1850년에 내무대신 페롭스키Лев Перовский(1792~1856)는 황제에게 1825년에는 구교도의 수가 82만으로 추산되었으나 1850년에는 75만으로 감소했다고 보고했지만, 실제 등록되지 않은 구교도의 수를 합치면 약 천만 명에 육박하는 규모임을 인정했다. 1863년의 러시아 내무부 통계국의 추정에 따르면 전 인구의 약 10퍼센트, 전체 정교도의 약 6분의 1이 구교도였다.

이러한 교회의 대분열은 일상생활에도 영향을 미쳤다. 구교도들의 생활은 혁신에 대한 끈질긴 저항과, 전통을 확고히 지키려는 의지와 연관되어 있었다. 구교도에게 전통의 계승이란 종교적 경건과 동일한 가치였다. 구교도의 풍습을 보면 옛 관행들이 그대로 보존되고 있었음을 알 수 있다. 면도를 죄로 여겨 턱수염을 깎지 않았으며, 흡연도 배척했다. 감자와 차茶가 들어가는 데도 오랜 시간이 걸렸으며, 포크 역시 오랫동안 받아들이지 않았다. "신의 선물(식품)을 쿡쿡 찌르는 것은 죄"라는 이유에서였다. 그리고 러시아 교회 분열로 인한 교회의 영향력 약화를 가속화시킨 것은 표트르대제의 교회개혁이었다.

표트르대제의 서구화 개혁과 정교회

1722년에 표트르대제는 교회개혁을 통해 총대주교제도를 폐지하고 신성종무원을 창립했다. 신성종무원은 제정 말기까지 존속했는데, 이는 차르에게 종속된 행정기관이었다. 차르가 임명하는 종무원장은 그 지위나 위상이 세속의 고위 행정관료와 동등했다. 종무원에 새로 들어

오는 주교들은 모두 차르와 그 가족에게 충성을 맹세하고 차르를 최후의 심판관으로 인정하는 특별한 서약을 했다. 이것은 러시아 교회에 커다란 영향을 미쳤다. 수도자의 수가 줄어들고, 교회의 재산이 무차별적으로 국고에 귀속되었으며, 성직자들이 국가 사업이나 군대에 동원되었다. 이제 교회의 모든 활동은 행정기관의 통제를 받아야 했다. 표트르대제는 이 개혁을 통해 서구의 국가와 교회의 관계가 러시아에 실현되길 원했다.

달력과 축제

러시아인의 명절은 농사주기와 관련해 형성되었다. 봄이 되어 파종하고 여름에 곡식을 잘 가꾼 후 가을에 추수하면서 한 해를 마무리하는 일련의 주기적인 농사활동 속에서 자연을 공경하고 인간의 행복을 기원하는 관습이 생겨났다. 따라서 이 시기에 형성된 명절은 사람의 건강과 가정의 화목 및 농작물의 풍성한 수확과 가축의 번성 등을 기리는 다분히 주술적인 성격을 내포하고 있어서 훗날 생기게 되는 다른 명절과는 판이한 모습을 하고 있었다.

대표적인 축일인 마슬레니차масленица는 겨울을 보내고 봄을 맞이하는 토속신앙적인 전통명절이다. '마슬레니차'는 러시아로 버터를 가리키는 '마슬로масло'에서 유래되었다. 본래 마슬레니차는 시기적으로 춘분 무렵에 해당되었으며, 또한 기독교가 러시아 땅에 들어오기 이전부터 있었던 오래된 관습이었다. 이날이 시작되면 온 동네가 봄을 맞이하는 떠들썩한 잔치를 벌였다. 마슬레니차에는 일반적으로 전통 음식인 블린Блин을 먹었다. 또한 거리에서는 눈이 쌓인 언덕을 배경으로 썰매 타는 아이들의 모습을 비롯한 각종 겨울을 보내는 행사로 분주했다. 특히 모닥불을 피움으로써 러시아인들은 초자연적이고 부정적인 악마를 물리치고 죄를 씻는 것으로 생각했다. 마슬레니차는 해마다 기념하는 규칙적인 명절이었다.

이외에도 파종기에 따뜻한 봄을 기념하는 축제인 크라스나야 고르카 Красная Горка가 개최되고, 이어서 봄을 보내고 여름을 맞이하는 세믹 Семик 축제가 벌어졌다. 여름에는 하지 축제인 쿠팔라Купало가 행해졌고, 대개 7월 20일(구력) 정오에는 페룬의 날을 기념했다. 10월 하순경부터 시작되는 러시아의 겨울은 이후 6개월 동안 지속되었다, 이와 같이 기독교 수용 이전의 러시아인의 명절은 농경 생활과 연결되어 있었다.

교회축일의 확립

988년 기독교가 수용된 이후 전통적인 축제들이 교회의 축일들과 결합되었다. 이는 기독교 수용과정이 철저히 위로부터의 개혁조치(기독교의 강요)에 의한 결과였기 때문에 나타난 현상이었다. 러시아정교회가 기념하는 축일은 규모에 따라 대축일, 중축일, 소축일로 구분되며, 가장 중요한 축일인 부활절은 별도로 분류하고 있다. 그리고 찬미 대상에 따라 그리스도 축일, 성모 축일, 성인 축일, 영혼의 힘(천사)을 기리는 축일 등으로 나뉘어진다. 다음 표는 정교회가 기념하는 대축일

마슬레니차 축제를 묘사한 유화.
보리스 쿠스토디예프Борис Михайлович Кустодиев(1878~1927) 작. 1919년.

사순절 기간에 벌어지는 슈로브타이드 축제.
보리스 쿠스토리예프 작. 1920년.

러시아 정교회 12 대축일

날짜	축일명	내용
1월 6일	주 세례일(주현절)	세례 요한으로부터 예수가 세례 받음.
2월 2일	주 봉헌일	예수 부모가 아기 예수를 성전에 바침.
3월 25일	성모 수태고지일	천사가 성모의 잉태를 알려 줌.
3월 30일	주 예루살렘 입성일	일명 버드나무 주일. (러시아에는 종려나무가 없기 때문)
5월 15일	주 승천일	부활 후 40일째 목요일.
5월 25일	성 삼위일체일(오순절)	주활 후 50일째 일요일.
8월 6일	주 변용일	예수가 지상생활 중 잠시 신성을 보임.
8월 15일	성모승천일(성모안식)	성모의 기일.
9월 8일	성모탄생일	성모의 탄생.
9월 14일	십자가 헌양일	십자가의 찬양.
11월 21일	성모입당일	성모의 성당 입당.
12월 25일	성탄절	예수의 탄생.

을 나타낸 것이다.

　교회축일은 이전의 토착명절을 수용해 교회식으로 변모되어 옛것과 새것의 융합이 실현되었다. 본래 교회축일과 무관했던 마슬레니차는 육식 금지 주간 형태로서 교회축일로 인정되었다. 부활절 무렵에는 크라스나야 고르카가 있었으며, 성삼위일체의 날은 세믹 축제와 겹치면서 모든 러시아인의 명절이 되었다. 한편 쿠팔라는 세례요한 탄생일과 겹치면서 이반 쿠팔라로 되었고(구력 6월 23~24일), 페룬의 날은 선지자 엘리야의 날로 변환되었다.

기독교의 수용 이전에 동지 무렵에 행해지던 콜랴다коляда는 성탄절 전야의 캐롤송 합창으로 이어졌다. 성탄절 전야에 사람들이 밤새 이집 저집 다니면서 성탄절과 새해를 축하하는 노래를 불렀는데, 특히 아이들과 젊은이들이 축가를 불렀다. 이들은 집 앞 창가에서 노래를 부르고 여러 가지 접대를 받았다. 또한 하급 성직자(보제)들은 성인들을 찬양하는 축가를 부르며 집집마다 다니면서 일반 신자들로부터 빵이나 기름, 보릿가루 등을 받았으며 때로는 성금도 받았다.

교회축일의 정점은 부활절이다. 부활절을 파스하Пáсха라고 하는데, 이는 그리스어에서 유래된 것으로 '불행과 고난의 극복'을 의미한다. 러시아정교회의 가장 큰 축일인 부활절은 카니발 성격의 마슬레니차 축제를 끝내고 40일간의 사순절 기간 동안 금욕으로 몸과 마음을 청결하게 한 후 맞이한다. 부활절이 되면 교회에서 가장 성대한 의식이 거행되는데, 자정에 시작되는 부활절 미사는 여러 시간 동안 지속된다. 가정에서는 예쁘게 장식한 삶은 달걀과 쿨리치кулúч라는 빵을 만들었다. 러시아인들에게 부활절 달걀은 새로운 생명과 자연, 대지 및 태양의 소생을 상징했다. 때로는 먹기도 했으나 대개 일 년 내내 부활절 달걀을 소중히 간직했다.

표트르대제의 개혁과 축제

오랫동안 교회축일의 형태로 기념되어 오던 러시아의 축일은 18세기 초에 이르러 표트르대제의 서구화정책의 실시로 커다란 변화를 겪게 되었다. 기독교가 수용된 시기부터 표트르대제 이전까지 약 7세기 동안 축일의 편성 및 의식의 방법에 대한 권한은 교회가 독점하고 있었다. 이러한 교회의 독점권이 표트르의 개혁과정에서 상실되었는데, 이것은 곧 총대주교제가 신성종무원 체제로 대체되고 교회가 본질적으로 국가에 예속되었기 때문이다. 표트르대제는 교회의 관습에 구애받지 않고 국가 전반에 걸친 개혁 작업에 착수했는데, 우선 달력을 개편함으로써 구습 타파의 기초를 마련했다. 이 과정에서 축제의 세속화 경향이 두드러지게 나타났다. 그 대표적인 것으로 설날과 5월제(마요브카) 및 군사적인 축제행사를 들 수 있다.

달력의 개편과 새해맞이 축제

표트르대제 이전에 교회가 유지하던 9월 1일 신년 축하행사가 표트르대제가 1700년에 단행한 역법개혁 이후 매년 1월 1일로 바뀌게 되었고, 이날은 지극히 세속적인 의미를 부여받은 '설날'로 변화되었다. 고대 민족들은 대부분 3월 1일을 새해로 여겼다. 파종 시기와 모세가 십계명을 받은 날을 기준으로 삼은 것이었다. 로마는 기원전 45년에 카이사르가 달력을 도입하면서 1월 1일을 새해로 삼았다. 프랑스의 경우에는 755년까지는 12월 25일을 새해의 시발점으로, 그 다음부터 17~18세기까지는 부활절을 기준으로 해서 3월 1일부터 새해로 여겼다. 그 후 1564년에 샤를 9세의 칙령으로 1월 1일이 새해로 정착되었다. 독일은 16세기 중반에, 영국은 18세기 중반에 1월 1일을 새해로 삼게 되었다.

한편 러시아의 경우에는 1492년 이전까지는 3월 1일을 새해로 여겼으나 1492년에 이반 3세에 의해 9월 1일을 새해로 삼았다. 3월 1일을 새해로 기념한 것은 1698년에 우스펜스키 사원 앞에서 표트르대제가 직접 사과를 나눠 주면서 25발의 축포를 발사한 것이 마지막이었다. 표트르대제는 다음 해인 1699년 9월 1일에는 새해맞이 축제를 금지시키고 12월 15일에 붉은 광장에 높은 단을 세운 뒤 앞으로는 새해의 시발점을 1월 1일로 삼을 것이라는 차르의 칙령을 12월 20일에 공포했다. 이 칙령에 따라 1700년부터 1월 1일을 신년으로 기념하기 시작했다.

최초로 1월 1일을 한 해의 시작으로 삼은 이때 한 주 내내 다양한 축제 행사가 벌어졌다. 이와 함께 러시아에서 최초로 설날을 기념하는 트리가 등장했다. 표트르대제의 칙령으로 당시 수도인 모스크바에서 한 주 내내 주요 거리와 광장에 모닥불이 피워지고 각 가정은 조그마한 트리로 장식되었다. 1852년에 처음으로 상트페테르부르크에 공공 트리가 세워졌다. 19세기 말에 이르자 트리 장식 관습이 러시아의 도시뿐만 아니라 여러 지방에도 정착되었다.

● 마요브카(5월제)

지금은 노동절로 기념하는 5월 1일(마요브카Маёвка)은 표트르대제 시기에 만들어진 대표적인 세속명절이다. 이날은 반나절만 휴일로 정해져 대다수 도시민들이 점심때까지만 일을 했다. 오후 2시 이후에 많은 사람들이 각자 먹고 마실 음식과 악기를 준비한 뒤 봄을 맞이하는 나들이를 저녁 늦게까지 했다. 그 후 각 도시로 마요브카가 확산되었다. 그런데 나들이의 성격을 지니고 있었던 마요브카가 1890년대에 이르러서는 정치활동을 하는 노동자들 사이에서 또 다른 성격을 갖게 되었다. 이후 러시아의 5월 1일은 국내정치 사정과 노동자들의 정치투쟁 형태에 따라

파업, 집회, 시위 등으로 다양하게 표현되었다. 1905년경에는 정치활동을 하는 노동자의 관습으로서 러시아사회의 뚜렷한 현상이 되었다.

● 군사적인 축제

표트르대제 통치 이후부터 러시아에서는 승전 시 수많은 군중이 참가하는 화려한 축제가 열리는 전통이 생겼다. 군사적 기념행사에서 필수적인 요소는 모스크바의 화려한 거리를 따라 행해진 엄숙한 군대행진이었다. 첫 번째 행진은 1696년 9월 30일 아조프 해전에서 승전한 군대가 모스크바로 명예롭게 귀환하면서 벌인 개선행진이었다. 군대행진은 이후 상트페테르부르크에서도 행해졌다. 이때 포로들이 끌려나와 함께 행진했고, 노획한 무기들도 선보였다.

해전에서의 승리, 새 군함의 진수식 등이 포함된 러시아 바다 축제 역시 표트르대제 시기에 시작되었다. 1725년부터 해마다 기념되는 군사축일은 일곱 가지였다. 이 축일들은 표트르대제가 스웨덴의 카알 12세와의 북방 전쟁에서 승리한 것을 기념하는 날들로 구성되어 있었다. 우선 6월 27일에 폴타바 전투의 승전을 기념했다. 이 날은 1709년 6월 27일 표트르대제가 폴타바에서 카알 12세의 스웨덴군을 물리친 것을 기념하는 날이었다. 두 번째로 7월 27일에는 간구트 만과 그렌감 섬에서 1714년 스웨덴 해군을 물리친 것을 기념했다. 세 번째로 8월 9일에는 1704년 나르바를 획득한 것을 기념하는 축제를 벌였으며, 9월 28일에는 1708년 레스나야 전투에서 승리한 것과, 10월 11일에는 1702년에 쉴리셀부르그 요새를 획득한 것을 기념했다. 10월 18일에는 폴란드

근처의 칼리쉬 전투에서 1706년 승전한 것을, 8월 30일에는 니슈타트 평화조약 체결을 기념했다. 1721년 8월 30일 스웨덴과의 북방전쟁을 종전시킨 이 조약으로 러시아는 핀란드의 상당 부분을 반환하고 배상금을 지불해야 했지만, 리보니아, 에스토니아, 잉게르만란트, 카렐리아의 일부와 몇 개의 섬들을 획득했다. 폴타바 전투 기념일과 니슈타트 평화조약 체결은 러시아 전역에서 기념하는 축제가 되었다.

이러한 표트르대제 시기의 축제행사에는 대규모 불꽃놀이, 가장무도회, 나들이 등과 같은 공공오락이 수반되었다. 다양한 군사축일은 수많은 정복전쟁에 민중이 동원되었으며, 과중한 세금을 부담했음을 의미한다. 그러나 세속적인 축일의 등장은 표트르대제의 개혁정책으로 다양한 세속적인 문화가 확산되었다는 것을 의미했다. 그 결과 1917년 혁명 이전까지 러시아 명절의 대부분은 여전히 부활절을 비롯한 30개가 넘는 교회축일이 차지하고 있었지만, 동시에 설날과 마요브카, 러시아군의 승전을 축하하는 것 등의 세속명절도 확립되었다.

농민과 귀족의 일상

농민들의 가정생활

민중들에게 가정은 큰 의미를 지녔으며, 결혼은 도덕적인 의무로 여겨졌다. 결혼하지 않은 농촌 청년은 비록 그가 20세가 넘었다 하더라도 성인으로 대접받지 못하고 어린아이로 여겨졌다. 미혼 성인남성은 가정에서 발언권이 없고 촌회에도 참석할 수 없었다. 결혼한 이후에야 진정한 남성으로 대우를 받았으며, 가족과 공동체의 일원으로서의 권리와 의무를 부여받을 수 있었다. 결혼하지 못한 여성은 불행한 운명에 처한 것으로 받아들여졌다. "남편 없는 아내는 항상 고아와 같다"라고 전해지는 속담에서 농민들이 남편 없는 여성은 독자적인 가치를 지니지 못한다고 생각했다는 것을 알 수 있다. 이러한 생각들은 "날개를 가진 새가 강하고, 남편 있는 여자가 아름답다", "남편 없는 여성은 차라리 머리 깎고 수도원으로 가는 것이 낫다"라는 속담들에 잘 나타나 있으며, 무엇보다 결혼하지 못한 농민은 토지를 분배받지 못했다.

남성과 여성은 역할이 철저하게 구분되어 있었다. 음식을 준비하는 것, 가축들을 돌보는 것, 아이를 양육하는 것, 의복을 만드는 것을 비롯한 가족들을 돌보는 소소한 일상의 일들은 여성의 역할로 규정되었다. 한편 들에서 일하는 것, 장작을 준비하는 것, 건물을 짓는 것 등은 남성들의 일로 여겨졌다. 농민들의 결혼은 종교관과도 연결되어 있었다. 교회에서는 모든 남녀의 성적 관계는 결혼의 신비 속에서만 성스럽고 정결하게 이루어져야 한다고 가르쳤다. 그 외의 모든 성관계는 신을 배신하는 행위로 여겨졌다. 그러므로 가정을 이루지 않는 것은 신의 뜻을 거스르는 불행의 원인이 되는 부도덕한 것으로 여겨졌다. 그 반면에 결혼한 뒤 아이를 낳고 양육하는 것은 신의 명령을 수행하는 것으로 여겨졌다. 따라서 결혼식은 농민들의 삶에서 매우 중요한 위치를 차지했다.

러시아에는 조혼풍습이 있었는데, 이것은 13세기 몽골 침입기에 형

17세기 러시아의 결혼 피로연.
콘스탄틴 마코프스키 작. 1883년.

성되었다. 17세기에서 18세기 초까지는 결혼 연령은 빠르면 빠를수록 좋다고 여겨졌다. 18세기 초에는 이상적인 결혼 적령기가 여자는 13세, 남자는 15세로, 19세기 후반의 여자는 20~22세, 남자는 23~25세였다. 또한 18세기 초까지는 결혼 당사자들의 견해는 전혀 고려되지 않았다. 농민의 결혼에서 가장 중요한 것은 경제적 이해관계였다. 젊은이들이 자기들끼리 서로 결혼 약속을 하는 것은 전통적으로 인정되지 않았다. 지주가 자신의 재량에 따라 농노들을 결혼시켰으며, 또 당사자가 아닌 부모에 의해 결혼이 결정되었다. 당시 러시아 사람들은 아름다운 신부보다는 건강하고 솜씨 좋으며 부지런한 신부를 고르려고 했다. 19세기 말에 이르러서야 결혼 당사자들의 감정이 반영되었다. 농노를 소유한 영주들은 더 많은 농노를 낳을 수 있기 때문에 자신들이 소유한 농노 소녀들이 어린 나이에 결혼하는 것을 좋아했다. 상류층 소녀들은 농민들

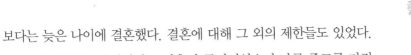

보다는 늦은 나이에 결혼했다. 결혼에 대해 그 외의 제한들도 있었다. 6촌 이내의 형제·자매끼리는 결혼이 금지되었으며 다른 종교를 가진 사람이나 세례를 받지 않은 사람과의 결혼도 금지되었다.

　결혼은 신의 뜻대로 행하는 것이라고 여겼던 농민들은 이혼에 대해 부정적인 생각을 가지고 있었으나 18~19세기에는 이러한 견해가 변했다. 18세기 초 이혼이 허용되었지만 사별하지 않는 한 교회법에서는 결혼을 세 번 이상 허용하지 않았다. 두 번째 결혼조차 죄로 여겼기 때문에 두 번째 결혼을 한 사람에게는 2년 동안 성찬을 금지하는 종교상의 벌을 내렸다. 세 번째 결혼식도 마찬가지였는데, 이 경우에는 5년간 성찬을 금지하는 벌이 내려졌다. 그 이후의 결혼은 교회의 용서를 받지 못했다. 《100항목 결의집》에는 "첫 번째 결혼은 합법, 두 번째 결혼은 용서, 세 번째는 위법, 네 번째는 돼지같은 불결한 생활이 되므로 불신의 상태라 할 수 있다"라고 기록되어 있다. 이는 첫 번째 아내는 신이, 두 번째 아내는 사람이, 세 번째 아내는 악마가 준다는 러시아 속담에도 나타나 있다.

　사별하는 것, 특히 여성이 과부가 되는 것은 신의 형벌인 커다란 불행으로 여겨졌다. "일곱 번 불에 타는 것이 한 번 과부가 되는 것보다 낫다"는 속담이 있을 정도였다. 여성들은 홀아비와 결혼하는 것을 원치 않았다. 저승에서 남편이 첫 번째 아내와 결합하고 자신은 홀로 되지 않을까 우려했기 때문이다. 남성들 역시 과부와 결혼하기를 원치 않았다.

　출산하지 못하는 것 또한 신의 은총을 받지 못하는 것으로 여겨졌다. 아이들은 농민들의 노후를 위한 보장책으로 여겼기 때문에 만약

딸만 있는 경우에는 데릴사위를 들여야 했다. 노후를 위해서는 적어도 세 명의 아들이 필요하다고 생각했다. "아들 한 명은 아들이 아니고, 아들 둘은 반쪽 아들이며, 아들 세 명이 아들 하나이다", "첫째 아들은 신을 위해, 둘째 아들은 황제를 위해, 셋째 아들은 자신의 부양을 위해"와 같은 러시아 속담들은 첫째 아들은 대체로 유아일 때 사망하고, 둘째 아들은 군대에 소집되고(1874년 전까지는 군대에 소집되는 것은 집을 영원히 떠나는 것을 의미했다), 셋째 아들만이 늙은 부모를 부양할 수 있는 현실을 나타냈다. 세 명의 아들을 얻기 위해서는 대체로 여섯 명의 아이를 낳아야 했다. 이러한 농민들의 생각이 인구조사에 잘 나타나 있다. 19세기 말의 인구조사에 의하면 한 살 이전의 유아 사망률은 30퍼센트였고, 21세 이전에 군대에 소집되는 비율이 49퍼센트였다.

중세의 농민들은 15~20명으로 구성된 가부장적인 대가족을 이루며 살았으며 집안에서 나이가 가장 많은 남자가 가장이었다. 가장은 가족의 재산과 가족 구성원의 운명에 관여하고 들일을 주관했으며 할 일들을 배당해 주었다.

농민들의 의복문화

옷은 몸을 보호하고 따뜻하게 해주는 역할뿐만 아니라 그 사람의 부와 사회적 위치를 나타내기도 했다. 황제와 대귀족들은 화려한 옷을 입었고, 농민들은 검소하게 옷을 입었다. 그럼에도 불구하고 표토르대제의 의복 개혁 이전인 중세시대에 귀족과 평민의 옷은 형태, 명칭, 입는 장소에서 많은 공통점을 갖고 있었다. 러시아인들이 입는 전통적인 의

상의 기본은 '루바하(루바시카pyбaxa(pyбaшka))'라고 부르는 상의였다. 주로 늦은 봄이나 여름, 초가을에 남성들이 입는 루바하는 허벅지까지 내려오는 긴 상의였다. 옷깃 없이 목 옆에 단추를 달거나 끈을 여며서 입거나 벗을 수 있었고, 허리에는 띠를 둘렀다. 농민들은 루바하 밑에 바지를 입었는데, 아래통이 좁은 농민들의 이러한 바지를 포르티пopты 혹은 슈타니штаны라고 했다. 19세기까지는 허리를 끈으로 묶었지만 그 이후에는 단추를 채우는 바지가 등장했다. 겉

루바하. 17세기.

샤프카를 쓴 노인. 미하일 네스테로프 작. 1889년.

옷으로 카프탄kaфtaн을 루바하 위에 외투로 입었다. 한겨울에는 슈바 шуба라고 하는 모피 털옷을 입고 머리에는 샤프카шanka라는 털모자를 썼다. 모피 외투는 여우나 담비의 가죽으로 만들었는데 값이 무척 비쌌다. 가난한 농민들은 야생 늑대나 토끼, 양 등의 가죽으로 만든 것을 입었다. 보리수나무 속껍질로 만든 라프치лanotь는 우리나라의 짚신과 비슷한 신발로, 주로 여름철에 신었다. 겨울에는 털로 만든 가죽신인

포르센поршень을 신었다. 13세기 이후 농민들은 사포기сапоги라는 가죽 장화를 신기 시작했다.

여성들은 루바하 위에 사라판сарафан이라는 소매 없는 치마를 걸쳐 입었다. 미혼 여성들은 머리를 길게 기르고 리본으로 묶거나 머리핀을 하고 다녔으며, 결혼한 여성들은 플라톡платок이라는 머릿수건을 하고 다녔다. 결혼한 여성은 머릿수건을 쓰지 않고 밖으로 나갈 수 없었다. 머리카락이 어떤 마법의 힘을 가져온다는 고대의 믿음에서 유래된 관습 때문이었다. 러시아 여성들은 빨간색과 초록색, 파란색 등과 같은 화려한 색상의 무늬를 선호했다.

플라톡을 쓴 여성들.
니콜라이 보그다노프 벨리스키 작.
1901년.

"그들과 함께 카샤를 끓이지 말라"

● 식사

생활문화 전반에 걸친 일반적인 현상과 마찬가지로 기독교 수용, 몽골의 지배, 표트르대제의 개혁 등이 음식문화에도 영향을 미쳤다. '러시아인들이 무엇을 먹고 살았는가'에 대한 초기 기록은 러시아 최초의 법전인《루시 법전русская правда》에 수록되어 있다. 우선 키예프 루시의 정교 수용이 루시인들의 식생활에 많은 변화를 가져왔다. 교회가 종교 축제일과 함께 연간 200일이나 되는 육식 금지 기간을 부과했기 때문이다. 육식 금지 기간에는 육류와 유제품을 먹을 수 없기 때문에 이러한 사정에 맞춘 새로운 요리들이 등장했다. 생선이 중요해졌는데, 특히 러시아인들이 애호하는 철갑상어의 알젓인 캐비어는 에티오피아에까지 이르는 기독교세계에서 육식 금지 기간 중 먹을 수 있는 최고급 음식이었다. 교회의 계율에 따라 러시아인들의 식탁은 생선과 버섯, 채소와 과일 중심의 식단으로 변해 갔고 특별한 날에는 특식을 먹었다. 예를 들면 마슬레니차에는 팬케익인 블린과 바레니키вареник라는 만두를 먹고, 부활절에는 부활절 과자나 푸딩, 쿨리치라고 부르는 부활절 케이크를 준비하며 다양한 종류의 고기를 먹었다.

일상적인 농민의 식탁은 흑빵, 수프, 카샤каша(죽), 크바스, 향신료 등으로 이루어졌다. 이 외에 숲의 산물인 버섯, 딸기, 땅콩, 꿀 등이 있었다. 이 모든 것에서 기본이 되는 음식은 항상 빵이었다. 사람들은 '빵과 소금'으로 귀한 손님을 식사에 초대하고, 결혼식날 신랑과 신부를 축복했다. 빵 없이는 단 한 끼의 식탁도 차릴 수도 없었다. 식탁에서 빵을 자르는 일은 가장의 명예로운 의무로 여겨졌다.

빵은 보통 일주일에 한 번 구웠다. 구운 빵은 나무로 만든 특별한 상자에 보관했으며 구운 빵이 들어 있는 상자를 식탁 위에 올려놓았다. 농민들은 이 빵 상자를 소중히 간직하며, 딸들에게 결혼선물로 주기도 했다. 농촌에서는 주로 검은 호밀 빵을 구웠다. 흰 밀로 구운 원통형 빵은 농민들의 식탁에서는 보기가 힘들었고, 축일에나 먹을 수 있는 별식이었다.

블린과 더불어 러시아의 대표적인 축일 음식으로는 피로그пирог(파이)가 있었다. 러시아에는 파이 없이 축일을 지내는 농민은 하나도 없다고 할 수 있다. 오래전부터 주부들은 많은 종류의 파이를 구워 왔다. 17세기에는 파이의 종류가 50가지 이상 알려져 있었다. 파이의 속으로는 고기, 생선, 뜨바록(응고 우유), 채소, 달걀, 죽, 과일, 딸기, 버섯, 건포도, 양귀비 씨, 완두콩 등 다양한 재료가 사용되었다.

러시아인의 식생활에서 빵과 함께 중요한 비중을 차지하는 것으로 카샤를 들 수 있다. 16세기에 죽의 종류가 곡물 수만큼이나 다양해 20가지 이상의 죽이 있었다. 죽에는 여러 가지 종류가 있었는데, 그 가운데는《원초 연대기》에도 언급되어 있는 꿀죽이 있었다. 죽과 블린이 없으면 어떠한 의식도 치를 수 없었다. 농민들은 결혼식, 세례식, 추도식 때에 죽을 끓였다. 풍습에 따라 신혼 첫날밤을 지낸 신랑과 신부에게도 죽을 대접했다. 고대 러시아에서는 종종 결혼피로연을 죽, 즉 '카샤'라고 불렀다. 적대적인 세력들 간에 평화협정을 체결할 때에도 죽을 끓였다. 동맹과 우정의 표시로서 예전에는 적대자들이었던 이들이 같은 식탁에 앉아 함께 죽을 먹었다. 만약 양측이 평화에 관한 합의에 이르지 못하면 다음과 같이 말했다. "그들과 함께 죽을 끓이지 말라."

수프에서 대표적인 음식은 쉬이щи라고 불리는 양배추 수프이다. 과거에 러시아인들은 쉬이 없이는 하루도 살지 못했다.《음식백과사전 Энциклопедия питания》(1885)을 저술한 칸신Дмитрий Каншин은 다음과 같이 쓰고 있다. "러시아인의 위장이 얼마나 쉬이에 익숙해 있던지 우

빵과 수프로 식사를 하는 러시아인 가족.
보그다노프 벨스키 작. 1913년.

블린이 차려진 식탁.
보리스 즈워르킨[Зворыкин Борис
Васильевич(1872~1942) 작.

리 군사들이 1812년 전쟁 기간 중에 양배추가 떨어지자 포도나무 잎을 발효시켜 쉬이를 끓이곤 했다." 빵을 굽는 것과 마찬가지로 맛있는 쉬이를 끓이는 솜씨 또한 훌륭한 주부의 필수적인 자질이었다. "말 잘하는 사람이 주부가 아니라 쉬이를 잘 끓이는 사람이 주부다"라는 말이 있을 정도였다.

러시아에서 대중적인 음식 중 하나인 블린은 일종의 팬케이크라 할 수 있다. 블린은 슬라브인들이 이교도 시절에 이미 종교의식에 사용하던 음식으로 러시아의 저명한 소설가인 쿠프린Александр Куприн에 의하면 블린은 태양, 좋은 날, 풍작, '행복한 결혼, 건강한 아이들'의 상징으로 이해되었다. 블린은 러시아에서 사람과 일생을 같이했다. 즉 산모에게 블린을 주고 추도식 때에도 블린을 먹었다. 또한 블린은 러시아판 사육제인 마슬레니차 기간 동안에 반드시 손님에게 대접해야 하는 대표적인 축제 음식이기도 하다. 블린은 오늘날 러시아 간이식당 (비스트로)에서 판매되고 있다.

몽골의 침입도 러시아인들의 음식문화에 많은 영향을 끼쳤다. 현재 러시아의 대표적인 음식으로 꼽는, 고기를 숯불에 구워 먹는 샤실리크도 원래 중앙아시아와 카프카스가 본고장이었다. 샤실리크는 주로 양고기 토막을 꼬치에 꿴 뒤 둥글게 자른 양파와 함께 불에 굽는 요리이다. 몽골인들은 요구르트를 준비하는 방법, 약간 발효된 음료인 마유주, 시거나 발효된 우유로 만든 응결된 치즈 등을 제조하는 방법 등을 러시아인들에게 가르쳐 주었다. 16세기에 러시아인들이 발효되지 않은 국수를 배운 것도 몽골인들로부터였다.

몽골인들이 러시아인들에게 가르쳐 준 요리법 중 매우 중요한 것이 소금물에 양배추를 절여 저장하고 요리하는 방법이었다. 여성들은 겨울을 대비해 양배추를 대량으로 발효시켰다. 가을에 전통적으로 많은 양의 양배추를 썰어서 저장하고 양파와 마늘도 대량으로 저장했다. 16~17세기에 러시아를 다녀간 외국인들이 러시아 음식에는 양파와 마늘이 지나치게 많이 들어 있다고 불평할 정도였다. 1630년대에 러시아를 여행한 독일 학자 아담 올레아리우스는 러시아인의 일상 식사의 재료가 귀리, 사탕무, 양배추, 오이와 신선하거나 소금에 절인 생선이라고 전했다. 또한 그는 일반 민중의 음료가 크바스와 맥주, 꿀술, 보드카이고 모든 식사가 보드카와 함께 시작되었으며 식사 중에 다른 음료수도 제공되었다고 기록하고 있다. 19세기 중엽에 러시아를 여행했던 학스타우젠August von Haxthausen에 의하면 양배추는 러시아 농민의 식사에서 기본적인 것이었다.

● 음료

러시아의 대표적인 음료수인 크바스квас는 호밀이나 보리의 맥아를 원료로 하고, 여기에 효모 또는 발효시킨 호밀 빵을 넣어 만든 러시아 특산의 청량음료로서 위로는 황제에서 아래로는 농민에 이르기까지 두루 마시는 보편적인 음료였다. 크바스를 언제부터 마시기 시작했는지 정확한 시기는 알 수 없지만 아마도 경작이 시작되면서부터 마셨을 것으로 추정된다. 크바스는 10세기부터 이미 러시아에서 보편적인 음료가 되어 있었다. 크바스는 수도원에서도 상용하는 음료였다. "고기

가 든 쉬이를 먹어라, 그렇지 않으면 크바스와 함께 빵을 먹어라"라는
러시아 속담은 크바스가 러시아 음식에서 어떤 비중을 차지하는지를
잘 보여준다. 크바스와 소금에 절인 양배추는 영양이 극도로 부족한,
러시아의 긴긴 겨울 동안에 괴혈병으로부터 구제받을 수 있는 유일한
수단이기도 했다. 17세기 중반에는 사과 크바스를 마셨다.

러시아를 대표하는 술은 보드카водка라 할 수 있다. 15세기 이반 3세
때 중앙집권 정책의 일환으로 보드카 생산을 국가가 독점하게 되었다.
그리고 이반 4세가 즉위하던 해인 1533년에 차르의 술집царский кабак
이 생겼다. 이 술집에서는 보드카를 포함한 모든 술이 거래되었다. 이
반 4세의 친위대가 주요 고객이었고, 당시 모스크바를 다녀간 외국 여
행객의 일기나 여행일지에도 언급되어 있다. 주류 사업은 국가재정에
큰 도움이 되었으며, 이후 통치자들이 보드카의 국가독점을 계속 유지
하며 더욱 엄격하게 통제했다. 18세기 표트르대제 시기에는 스웨덴과
의 북방전쟁(1700~1716)을 승리로 이끌기 위해 군자금을 마련하려고
보드카 생산독점권이 황실에만 있음을 명확하게 공표했다. 이 시기에
전례 없이 보드카가 널리 선전되었다.

예카테리나 2세 시기에는 보드카 생산 권리를 일부 귀족에게 나누어
주고 1765년에는 귀족들로부터 징수하던 보드카 증류세를 철폐했다.
그 밖에 부유한 상인들이 증류세를 내고 보드카를 생산하기도 했다.
그 외의 보드카 생산은 불법으로 간주되어 증류소 전체를 압수당하기
도 했다. 19세기에는 보드카의 국가독점이 재개되었으며, 이때 프랑스
에 보드카가 소개되어 인기를 얻게 되었다. 1865년에는 화학 주기율표

로 유명한 멘델레예프Дмитрий Менделеев가 〈알코올과 물의 합성에 관해〉라는 박사학위 논문을 발표했다. 이를 근거로 알코올 도수 40도의 보드카의 국가적 기준이 마련되고 증류법이 표준화되었다. 그리고 보드카란 이름도 공식적으로 인정되었다.

18세기 표트르대제의 서구화정책은 귀족계급의 음식문화에는 커다란 영향을 미쳤지만 일반 농민들의 음식문화에는 거의 영향을 주지 않았다. 그러나 감자는 예외였다. 18세기에 서구로부터 도입된 새로운 식품 가운데 특히 러시아 민중의 식탁에 혁명적인 영향을 미친 것은 감자와 토마토였다. 감자는 1697~1698년에 서구를 여행하던 표트르대제의 지시로 러시아에 도입되었다. 그리고 1765년에 예카테리나 2세가 직접 감자재배를 엄명했지만 러시아인의 식탁에 바로 올려지지는 않았다. 농민들이 악마의 사과라고 부르며 재배를 꺼렸기 때문에 감자는 그로부터 1세기가 지나서야 러시아인의 '제2의 빵'이 되었다. 러시아의 역사가 클류체프스키Василий Ключевский가 기술했듯이 당시 러시아인들은 감자는 사람처럼 머리와 눈을 가지고 태어나기 때문에 감자를 먹는 것은 인간의 영혼을 먹는 것과 같다고 생각했다. 토마토도 처음 유입되었을 때 식용으로 적합하지 않다고 여겼다. 사람들은 토마토를 퐁파수르(루이 15세의 애첩 퐁파두르에서 유래) 혹은 사랑의 사과라고 부르며, 단지 창을 장식하는 꽃으로만 여겼다. 표트르대제가 군인들을 통해 강제로 재배시키려 한 감자와 달리, 토마토는 평화로운 노선을 통해 서서히 재배되었다. 18세기 후반에 들어온 토마토는 러시아인의 식탁에서 사랑받는 식품이 되었다.

농민들의 주택문화

건축은 '삶을 담는 그릇'이라는 말이 있듯이 한 시대 또는 그 지역의 생활상이나 문화를 잘 표현해 준다. 건물의 많은 부분은 기후를 비롯한 환경의 영향을 받는다. 눈으로 뒤덮이는 겨울과 비가 많은 가을로 인해 러시아인들의 주거지는 독특한 방식으로 지어졌다. 러시아 건축은 시대별, 지역별, 계층별로 각각 다른 특징들을 나타낸다. 고대 러시아에서는 견고하고 가공이 쉬우면서도 쉽게 구할 수 있는 나무가 주로 건축재료로 사용되었다. 이에 따라 10세기 말까지 러시아에는 훌륭한 목조건축물들이 건축되었으나 화재로 인해 목조 건물들이 소실되면서 점차 석조 건축물이 등장했다. 키예프에서 석조 성벽이 처음 건축된 때는 1037년이었으며, 노보고로드에서는 1302년, 모스크바에서는 1367년이었다.

농민들의 일상생활에 밀접하게 관련되어 있었던 러시아의 건축물은 정교회의 사원들과 농민들이 거주하는 일반적인 주거공간이었다. 정교회의 건축물들은 비잔틴의 석조건축의 영향을 받았으며, 농민들이 거주하는 일반 주거공간은 주로 목조로 건축되었다. 러시아 최초의 건물은 블라디미르 대공의 지시로 991년에 키예프에서 건축된

우스펜스키 성당

십일조교회이나 이 건물은 몽골군에 의해 1240년에 파괴되어 보존되지 못했다. 11세기 초에 건축된 성 소피아 대성당이 남아 있는 건축물 중에서 대표적인 것이다. 이들 건축물은 비잔틴의 영향하에 그리스 예술가들의 도움을 받아 건축되었다. 이 건축물의 특징은 여러 개의 돔을 갖추고 모자이크와 회화로 장식된 것이다.

키예프의 몰락 이후 러시아의 국력이 북동쪽으로 이동함으로써 블라디미르 수즈달지역에 수많은 교회가 건립됐다. 12세기에는 서구의 장인들에 의해 건축된 일부 교회에서 로마네스크 양식의 접목현상이 나타나기 시작했다. 14~15세기에 모스크바 대공의 세력증대와 더불어 모스크바에 많은 건축물들이 세워졌다. 본래 모스크바 건축물의 주재료는 목재였다. 19세기 초에도 모스크바 건축물의 3분의 2는 나무로 지어졌다. 석재건물로 축조하기 시작한 시기는 이반 3세의 통치 시기였는데, 이때 로마에서 르네상스 교육을 받은 그리스인 소피아Sophia가 건축을 담당했다. 이후 당대의 유명한 피오라벤티A. Fioraventi, 솔라르P. Solari, 알레비시오 프리아신Alevisio Friasin과 같은 건축예술가들이 러시아로 건너와 건축문화를 주도했다.

15세기 말에는 이탈리아인들이 반듯한 벽돌을 러시아로 들여왔다. 비잔틴 벽돌의 두 배에 달하는 이 벽돌의 유입으로 편리하고 다양한 벽을 쌓을 수 있었다. 크렘린의 우스펜스키 성당을 건축한 이탈리아 건축가 피오라반티가 러시아 최초의 벽돌공장을 세웠다. 이탈리아인들의 감독 아래 모스크바 크렘린의 벽들과 탑들, 우스펜스키 성당과 아르한겔리스키 성당 벽과 망루, 이반 대제의 종루, 다면체 궁전이 벽돌로 지어졌다.

16세기 중엽에는 타워와 돔을 갖춘 다양한 채색의 성 바실리 성당이 크렘린 외부에 건립됐다. 교회는 귀족계급과 농민들에게 중요한 공동의 공간이었다. 계급구분이 선명한 러시아에서 계급의 구분을 뛰어넘어 하나의 러시아인으로 통합시켜 주는 중요한 공간이었기 때문이다.

농민들이 거주하는 주거지는 '이즈바изба́'라고 하는 통나무로 만든 가옥이었다. 이즈바의 재료는 주로 전나무와 소나무였다. 전통적인 이즈바는 러시아 우화, 민화, 문학 등에서 상징적으로 나타나는 농민들의 목조문화의 대표로서 민속학자들이 지속적으로 관심을 기울이고 있다. 통나무는 이즈바 내부에 좋은 향기가 나도록 했고, 지붕이 양쪽 방향으로 경사지게 했다. 부유한 농민들은 지붕에 사시나무를 얹었으나, 가난한 이들은 지붕에 짚을 얹었다. 농민들은 주거지를 점차 자신들의 생활양식에 알맞게 바꾸어 왔다. 그리고 경제가 발전함에 따라 농민들의 주거지도 점점 커져 갔다.

페치카

통나무 구조물 이즈바.
짚으로 지붕으로 얹었다. 1891~1892년경.

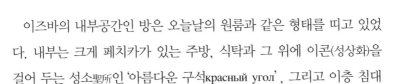

이즈바의 내부공간인 방은 오늘날의 원룸과 같은 형태를 띠고 있었다. 내부는 크게 페치카가 있는 주방, 식탁과 그 위에 이콘(성상화)을 걸어 두는 성소聖所인 '아름다운 구석красный угол', 그리고 이층 침대처럼 벽면의 윗부분에 걸쳐 놓은 침상으로 구분할 수 있었다.

러시아에는 "생각 있는 농민은 농가를 페치카 위에 세운다"라는 속담이 있다. 페치카는 러시아 농민 가정의 혼이라고 할 수 있다. 페치카 덕분에 사람들은 먹고 자며 따뜻하게 지낼 수 있었다. 페치카 없는 농가는 있을 수 없었는데, 페치카의 가장 중요한 역할은 난방기능이었다. 러시아에서 영하 30도쯤의 추위는 흔한 일이기 때문이다. 주거 면적의 4분의 1을 차지하고 있는 페치카는 몇 시간 동안 계속 불을 때어 뜨겁게 달구면 그 후에는 열을 유지한 채 온종일 방 안을 따뜻하게 데워 주었다. 또한 페치카는 음식을 만들 수 있는 기구이기도 했다. 빵 혹은 파이를 굽거나 죽, 수프 등을 끓이거나 고기나 물고기, 채소 등을 삶는 등 페치카 안에서 거의 모든 음식이 만들어졌다.

러시아에는 페치카와 관련된 많은 흥미로운 전설과 민간관습들이 있다. 민간에서는 아궁이 보호신인 도모보이가 페치카 뒤에 살고 있다고 믿었다. 또 혼담이 오가는 동안에는 전통에 따라 페치카 뒤에 신부가 숨어 있었다. 러시아 민간설화 속의 주요 등장인물들도 페치카와 매우 밀접한 관계가 있었다. 예를 들어 동화 주인공인 에멜랴는 어느 날 자신이 잡은 준치 한 마리를 놓아 주게 된 대가로 주문을 외우면 융단처럼 페치카를 타고 날아다닐 수 있게 되었고, 용사 일리야 무로메츠는 힘을 얻을 때까지 무기력하게 페치카 위에 앉아서 몇 년 동안 지

남편의 병이 낫기를 간절히 기도하고 있는
여성의 머리 위에 선반에 모신 성상화들이
보인다. 바실리 막시모프 작. 1881년.

냈다는 이야기가 있다.

페치카의 위치에 따라 농가의
설계가 결정되었는데, 보통 출입
구로부터 오른쪽 또는 왼쪽 구석에 페치카를 두었다. 페치카 아궁이
반대편 부분은 주부들이 일하는 곳으로 간주되었으며, 이곳은 아낙네
의 자리라고 불렸다. 음식을 준비하기 위한 것은 모두 여기에 설비되
었다. 페치카 옆에는 반드시 수건과 세면대가 걸려 있었다. 세면대는
양쪽에 두 개의 손잡이가 달린 점토 항아리였다. 그 밑에는 더러운 물
을 버리기 위한 나무 대야가 놓여 있었다.

농가의 상석은 페치카로부터 대각선에 위치해 있는 성소였다. 농민

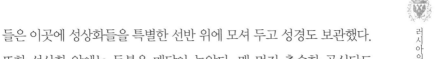

들은 이곳에 성상화들을 특별한 선반 위에 모셔 두고 성경도 보관했다.
또한 성상화 앞에는 등불을 매달아 놓았다. 맨 먼저 추수한 곡식단도
꽃과 리본으로 장식해 성소에 세워 놓았다. 그리고 후에 이 단을 가장
먼저 탈곡했는데, 이 곡식단의 알곡에 신비한 힘이 있다고 믿었기 때문
이다.

농가 안에 들어온 손님은 누구나 문지방 옆에 서서 먼저 성소를 찾아
내고는, 모자를 벗은 다음 세 번 성호를 긋고 성상화에 정중히 절을 했
다. 그러고 나서 주인 내외와 인사를 나누었다. 성소에는 가장 귀한 손
님들이 앉았으며, 결혼식 날에는 신랑과 신부가 앉았다. 평상시 식사를
할 때에는 가장이 이곳에 앉았다. 농가에서는 식탁이 가장 중요한 가구
였다. 그래서 식탁은 성소에 놓여 있었다. 날마다 일정한 시간에 농가
의 모든 가족이 식탁에 모여 점심 식사를 했다. 식탁은 모든 사람이 충
분히 앉을 수 있을 만큼 컸다. 이즈바의 창문은 대체로 작게 만들었다.
농민들에게 일조량은 충분했다. 창은 이즈바의 정면에 세 개를 만들었
다. 이러한 이즈바들이 모여 '제레브냐' 라는 시골 마을을 이루고, 이보
다 좀 더 규모가 크고 교회가 있는 곳은 '셀로' 라는 마을을 이루고 살
았다. 도시를 둘러싸는 장벽을 '크렘린' 이라고 하고, 이 '크렘린' 외곽
의 상공업지대를 '파사드' 라고 불렀다.

귀족들의 가정생활

17세기 귀족가문의 가정은 가부장적이었지만 부모와 자녀들의 관계
는 친밀했다. 그러나 18세기에는 엄격한 가족관계를 서구, 특히 영국

으로부터 모방했다. 성인들은 본채에 거주한 반면에 아이들은 유모와 아이 보는 하녀들과 함께 별관에 살면서 하루에 한두 번 잠깐 부모를 볼 뿐이었다. 19세기의 유럽에서는 아버지를 멀리하는 것이 일반적이기는 했지만 러시아의 귀족가문들처럼 어머니로부터 격리되는 문화는 거의 없었다. 귀족 아이들은 거의 태어날 때부터 유모에게 맡겨지는 것이 관행이었다.

귀족들의 의복문화

표트르대제의 개혁은 의복에도 상당한 영향을 미쳤다. 루바시카나 포르티 같은 러시아의 전통적인 의상 대신 서유럽식, 특히 독일식 외출복을 입었다. 가운데를 단추로 채울 수 있게 만든 서양식 카프탄, 조끼인 캄졸kamzol과 질레트zhilet, 프랑스식 겉옷인 프록 코트, 넥타이인 갈스툭, 반바지 형태인 쿨로트과 무릎까지 오는 긴 양말 출록, 긴 바지인 판탈롱 등을 입었다. 그리고 둥근 서양식 원통형 모자를 쓰고 서양식 단화도 신었다.

상트페테르부르크나 모스크바 같은 도시의 여성들의 의상은 이보다 훨씬 더 많은 변화가 있었다. 루바시카 대신 통이 넓은 치마인 유브카나 치마 속에 철테를 둘러서 넓게 퍼지게 한 프랑스식 피즈마가 유행했다. 이러한 의복들을 만들 수 있는 방직산업을 표트르대제가 러시아에 도입하고 관청에서 입는 옷의 모양도 확정지었다. 남성들의 경우에는 국가의 명예와 단정한 모습을 위해 표트르대제의 명령으로 수염을 강제로 깎아야만 했다. 그러나 턱수염을 면도하게끔 한 조치는 구교

도들이나 전통주의자들의 심한 반대에
부딪히곤 했다. 러시아에서 턱수염은
신이 부여한 남성의 성스러운 모습이
자 가부장적인 권위를 나타내는 상징이
었기 때문이다. 수염을 기르려면 귀족
은 60루블, 상인은 등급별로 60~100루
블, 기타 도시인은 30루블을 지불해야
했다. 여성들도 새로운 머리 모양을 해
야 하고, 종전에 얼굴을 가렸던 베일도
더 이상 착용할 수 없게 되었다. 1718
년 표트르대제는 〈야회에 관해Указ о

표트르대제 재위 당시
수염이 잘리는 러시아 남성을
묘사한 그림.

Ассамблеях〉라는 칙령을 내려 귀족들과 그 부인들이 서구식 야회복을
착용하고 궁정의 사교 모임에 강제로 참석하게 했다. 프랑스의 영향으
로 여성들의 야회복과 화려한 의상들이 등장하고, 향수와 화장품, 가발
과 장신구의 사용이 급격하게 늘어나기 시작했다.

　귀족들의 음식문화

　표트르대제의 서구화정책은 요리에도 영향을 미쳐 서유럽의 음식문
화가 러시아의 상류층에 들어왔다. 그 이전의 귀족들의 음식문화는 농
민들의 음식문화와 거의 구분이 되지 않았다. 표트르대제는 많은 러시
아인들을 서구로 보내 다양한 요리를 배우게 하고 많은 외국인 요리사
들을 초청해 러시아에서 일하게 했다. 처음에는 주로 네덜란드와 독

차를 마시는 러시아 귀족들.
알렉세이 야코프레비치 작. 1851년.

일에서, 나중에는 스웨덴과 특히 프랑스에서 온 요리사들이 주를 이루었다.

18세기 후반에 해외에서 요리사들이 정기적으로 충원되면서 상류 귀족 집안의 러시아인 요리사들이 거의 대부분 서유럽의 요리사들로 대체되어 갔다. 러시아 부자들의 집에 프랑스 요리사들이 등장하면서 18세기 말과 19세기 초 큰 도시에 프랑스와 이탈리아 레스토랑이 생겨나기 시작했다.

표트르대제 시기에 요리를 하는 도구의 경우에도 페치카 대신 플리타(부엌용 곤로)가 나타났다. 식사 순서도 바뀌어 16세기와 17세기 초반과 같이 공식적인 식사가 빵과 보드카로 시작된 뒤 나중에 찬 수프가 나오는 순서가 아니라 고기와 생선 혹은 치즈가 들어 있는 샌드위치로 시작되었다. 또 다른 특징은 설탕이 점차 꿀을 대신하게 되었다는 것이다. 또 1689년에 중국과 통상조약을 체결한 이후 차가 고정적으로 수입되었다. 그리하여 차가 상류계급의 일반적인 음료가 되고, 많은 양의 설탕이 서구로부터 수입되었다. 차는 서구에서 도입된 다른 음식물과는 다르게 아시아로부터 유입되었다. 차는 표트르대제 시기 이전에는 약의 기능을 했다. 차를 끓이는 기구인 사모바르самовар도 18세기 말에 출현했으며, 1860년 중엽에는 러시아의 60여 도시에서 차가 판매되었다. 상트페테르부르크를 건설한 초기에 표트르대제는 도시에 커피하우스를 세웠다. 18세기 후반에는 차와 커피가 널리 유포되었다. 예카테리나 2세는 진한 커피를 무척 좋아했다.

표트르대제는 식관습과 관련해 귀족들에게 포도주를 마시게 하고 아침에는 커피를 마시며 담배를 피우도록 강요했다. 표트르대제는 또 여성들에게는 차를 마시고 케이크나 초콜릿을 먹을 것을 권하고, 남성들에게는 보드카나 맥주를 마실 것을 권했다. 서구의 음식문화는 러시아 상류계층의 식생활 관습에는 크게 영향을 미쳤지만 일반 농민들의 식생활에는 거의 영향을 미치지 않았다.

귀족들의 주택문화

표트르대제의 개혁 시기 러시아 건축에 있어서도 많은 변화가 생겼다. 표트르대제의 영향력 아래에서 서구의 건축 양식들이 본격적으로 소개됨에 따라 전통으로부터의 이탈현상이 급격히 진행됐다. 과거의

겨울궁전(에르미타주) | 러시아적 전통이 무시된 채 바로크와 로코코 양
식의 건축물이 서유럽으로부터 초빙된 전문가
들에 의해 상트페테르부르크에서 집중적으로 건설되었다. 이에 대해
인민주의자인 스타소프Владимир Стасов는 표트르대제가 위대하고 독
창적이며 재능 있는 러시아 건축을 지워버리고 러시아에 전혀 맞지 않
는 유럽 건축, 그 중에서도 불행하게도 가장 낮은 수준의 네덜란드와
독일의 양식을 들여왔다고 비난하기도 했다.

　표트르대제는 1712년 수도를 모스크바에서 상트페테르부르크로 이
전했다. 천도를 전후로 이 도시에는 수많은 공장들, 조선소, 학교, 병
원, 박물관, 극장, 저택들이 건설되었다. 이때 상트페테르부르크 귀족
들 사이에서 저택 건설 붐이 일어났다. 18세기 이전에 러시아에는 귀
족들의 대저택이 없었다. 차르의 가신들 대부분은 소박한 가구와 토
기나 목기가 구비된 농민의 가옥보다 그다지 크지 않은 목조 가옥에
서 살았다. 그러나 공무에 대한 보상으로 표트르대제로부터 토지와 농

노를 하사받은 명문가들이 등장했고, 이들이 대저택을 건축하기 시작했다. 대표적인 명문가로는 셰레메테프Шереметьев 가문, 스트로가노프Строганов 가문, 다비도프Давидов 가문, 보론초프Воронцов 가문 등이 있었다. 그 중 가장 부유한 가문은 표트르대제 통치 시기 최대의 지주 가문인 셰레메테프 가로서, 80만 헥타르가 넘는 토지와 20만 명이 넘는 농노를 소유하고 있었다. 현재 박물관으로 사용되고 있는 셰레메테프 가의 소유 중 하나인 쿠스코보 저택은 모스크바 동쪽에 위치하며 이탈리아 양식과 네덜란드 양식의 건물과 프랑스와 영국 양식의 정원을 소유하고 있다. 또한 저택 앞에는 5만 명 가까운 손님들이 관람하는 가상해전을 벌일 정도의 큰 인공호수를 건설했고, 150명을 수용할 수 있는 좌석을 가진 대형 실내극장(1789년에 260명 수용좌석으로 재건축)도 있었다. 이처럼 주거지에서도 표트르대제의 개혁으로 인해 농민들과 귀족들 간의 계층 분화는 더욱 심화되었다.

예카테리나 2세 시기의 유명한 건축가로는 스코틀랜드의 찰스 캐머런Charles Cameron과 러시아인인 마트베이 카자코프Матвей Казаков, 바실리 바줴노프Василий Баженов 등이 있었다. 러시아에서 바로크 양식의 가장 대표적인 건축

이삭 성당.
이삭 성당 내부.

셰레메테프 가의 쿠스코보 저택

이라고 할 수 있는 겨울궁전은 본래 1711년에 건축된 표트르대제의 궁이었다. 이후 예카테리나 2세가 증축과 개축을 계속해 1762년에 대부분이 완성되었다. 1,050개의 방, 1,886개의 문, 1,945개의 창문, 117개의 계단을 가진 엄청난 규모의 건물로 지금은 에르미타주 박물관으로 사용되고 있다.

19세기 초 알렉산드르 1세Александр I 시기에는 보다 엄격한 고전주의 양식이 사용되었다. 러시아제국의 위상에 적합한 것으로 여겨진 이 양식의 대표적인 건축물로는 상트페테르부르크의 이삭 성당을 꼽을 수 있다. 러시아 고전주의 건축을 대표하는 이삭 성당은 공모를 통해 선정된 프랑스 출신 건축가 오귀스트 드 몽페랑August de Montferand에 의해 설계되어 알렉산드르 2세 때 완공되었다. 이삭 성당에는 100킬로그램이 넘는 금이 사용되었고, 건축기간만 40년이 걸려서 착공 때 참여한 사람들 중 완공을 본 사람은 2명뿐이었다고 한다.

귀족문화와 예술, 서구 대 러시아

● 발레

르네상스시대에 이탈리아에서 처음 시작되어 부르봉왕조시대의 프랑스에서 크게 발달한 발레가 러시아에 들어온 때는 1673년에 알렉세이 미하일로비치 황제를 위해 독일의 한 무용단이 〈오르페우스와 에우리디케의 발레〉를 모스크바 근교에 있는 프레오브라젠스코예의 여름 궁전에서 공연하면서부터였다. 7일 동안 상연되었던 이 공연은 성공리에 끝났고, 이후 러시아에서 발레가 점차 발전하게 되었다.

표트르대제는 수도를 상트페테르부르크로 옮긴 후 서구화의 일환으로 발레를 정책적으로 수용했다. 이후 안나 여제의 통치 시기인 1734년에 프랑스의 무용감독인 장 바티스트 랑데Jean Baptiste Landet가 초청되었으며, 1730년대에는 상트페테부르크에서 발레 공연이 정기적으로 개최되었다. 예카테리나 1세와 표트르 2세의 짧은 재위 기간을 거쳐 약간의 시차를 두고 표트르대제의 뒤를 이은 안나 여제는 1738년에 최초의 발레학교를 세웠으며, 이 학교에서 랑데는 궁정 시녀들과 고아들에게 프랑스에서 유래한 무용 기법을 가르쳤다. 랑데는 우아하고 유연한 선을 강조하면서 러시아 발레의 전통을 세우기 시작했다. 이 발레학교의 교육과정은 3년이었다.

이후 이반 6세와 엘리자베타, 표트르 3세를 이어 즉위한 예카테리나 2세는 프랑스 출신의 샤를 르 피케Charles Le Picqué와 이탈리아 출신의 안지올리니Angiolini를 궁정으로 초빙해 발레를 발전시켰다. 예카

20세기 초반의 대표적인 발레리나였던
안나 파블로바Áнна Пáвлова(1881~1931).
왼쪽에 앉아 있는 이가 안나 파블로바다.

테리나 2세는 1756년에 제국극장들을 세웠
다. 1759년부터 빈 태생의 무용수이자 안무
가인 프란츠 힐퍼딩Fanz Hilferding이 모스크
바와 상트페테르부르크의 발레를 담당했다.
그는 서사적인 '행위발레'를 개발해냈다.

러시아인으로 명성을 얻은 최초의 발레감독
은 이반 발리베르흐Иван Вальберх(1766~1819)
였다. 그는 1794년에 상트페테르부르크에 있
는 발레학교의 교장으로 임명되었다. 그의 발
레 〈새 여성 영웅, 혹은 코사크 여성〉(1812)은
나폴레옹 전쟁에서 활약한 남장 여성 영웅인
나제즈다 두로바Надежда Дурова의 이야기에
바탕을 두고 사실적인 환경을 배경으로 보통
사람들을 묘사한 작품이다.

상트페테르부르크를 중심으로 발전하던 발레가 모스크바로 확산된
계기는 1773년 상트페테르부르크에서 무용수로 일하던 이탈리아인
필리포 베카리Filippo Beccari가 3년간 모스크바 고아원에 고용되어 무
용교습을 시작한 것이었다. 그는 1776년부터 모스크바에서 일반 대중
을 위해 정기적으로 발레를 공연하기 시작했는데, 이것이 볼쇼이 발레
단의 기원이 되었다.

이후 러시아 발레를 크게 발전시킨 대표적인 인물은 러시아 발레단
의 아버지로 불리는 샤를-루이 디들로Charles-Louis Didelot(1767~1837)

이다. 디들로는 약 31년 동안 상트페테르부르크에서 발레 안무가이자 교사로 활발하게 활동하면서 40편 이상의 발레를 제작했다. 또한 발레 학교 교육과정을 확대시키고 황실극장의 발레 스타일을 개혁했다. 무엇보다 그는 러시아 발레에서 마임의 기초를 다졌다. 이때 대표적인 작품으로 〈아폴로와 다프니스Аполлон и Дафна〉(1802), 〈아모르와 프쉬케Амур и Психея〉(1809)와 푸쉬킨Александр Пушкин(1799~1837)의 〈예브게 니오네긴Евгений Онегин〉 등이 있다. 그 외에 러시아 발레에 영향을 미친 무용수들로는 프랑스 출신의 쥘 페로Jules Perrot(1810~1892), 아르튀르 생레옹Arthur Saint−Léon(1821~1870)과 스웨덴 출신의 크리스티안 요한슨Christian Johanson(1817~1903), 이탈리아 출신의 엔리코 체케티Enrico Cecchetti(1850~1928) 등이 있다.

이후 어느 누구보다 러시아 발레에 많은 영향을 미친 사람은 1847년에 상트페테르부르크에 초빙된 프랑스 출신의 안무가로 러시아에 귀화한 마리우스 프티파Marius Petipa(1818~1910)였다. 고전발레의 아버지로 불리는 그는 63년 동안 러시아에서 살면서 아당의 〈지젤Жизель〉을 비롯한 많은 서양 명작들을 개작, 상연해 원작을 능가하는 러시아판 발레를 만들었다. 차이코프스키Пётр Чайко́вский(1840~1893)의 등장은 러시아 발레의 획기적인 변혁을 가져 왔다. 그는 〈백조의 호수 Лебединое озеро〉(1877), 〈잠자는 숲 속의 미녀Спящая красавица〉(1890), 〈호두까기 인형Щелкунчик〉(1892) 등을 비롯한 발레를 위한 위대한 작품들을 작곡했다. 차이코프스키를 비롯해 약 75편의 발레 작품을 안무한 프티파는 무용기법에서도 스펙타클용 발레라는 유형을 만들어 이탈리아와 프랑스 유파와 구분되는 러시아 유파를 확립했다.

한편 모스크바 발레는 알렉산드르 고르스키Александр Горский(1871~1924)의 등장으로 인해 활기를 띠게 되었다. 상트페테르부르크에서 태어난 그는 프티파 밑에서 배운 뒤 모스크바로 이주해 1900년에 발레단장이 되었다. 그는 스타니슬라프스키Константин Станиславский가 제안한 드라마적인 표현의 원리를 발레에 적용하고 무대배경과 의상에 사실주의를 도입했다. 고르스키는 〈백조의 호수〉를 다섯 번 이상 개작함으로써 볼쇼이 극장 상연물의 토대를 단단히 다져 놓았다. 마린스키 극장을 중심으로 한 상트페테르부르크 발레가 유럽적인 세련성을 특징으로 하는 데 반해 볼쇼이 극장을 중심으로 한 모스크바 발레단은 민족적인 색채와 드라마틱한 작품을 상연하는 것이 특색이었다. 대표적인 발레리나로는 안나 파블로바Áнна Пáвлова(1881~1931)가 있었는데, 그녀는 세계적으로 인정을 받은 천재 발레리나였다. 파블로바는 마린스키 극장의 단원으로 있다가 1910년에 수석 발레리나가 되었으며 〈지젤〉의 지젤 역과, 〈백조의 호수〉의 오데트 역을 잘 소화해 내어 격찬을 받았다. 이후 소비에트 시기에도 발레는 원작에 충실한 상트페데르부르크의 마린스키 극장과 작품 해석에 창의성이 돋보이는 모스크바의 볼쇼이 극장을 중심으로 크게 발전했다.

● 오페라

러시아에서 교회음악과 민요는 10세기경부터 시작된 데 반해 예술음악은 18세기에 이르러서야 시작되었다. 초기 러시아 오페라는 이탈리아

마리우스 프티파.
지금도 세계 각지에서 공연되는 〈호두까기 인형〉, 〈백조의 호수〉 등의 안무는
그가 완성한 고전 발레의 형식을 따른 것이다.

와 프랑스, 독일의 영향을 받았으며, 특히 이탈리아의 영향을 크게 받아서 초기 오페라의 대부분은 이탈리아어로 공연되었다. 러시아에 오페라가 처음 소개된 때는 드레스덴 궁정 출신의 이탈리아 가수 공연단이 조반니 리스토리Giovanni Ristori의 〈칼란드로La Calandro〉를 공연한 1731년이었다. 이에 매혹된 안나 여제는 프란체스코 아라이아Francesco Araja의 극단을 고용해 1736년 자신의 생일날 겨울궁전에서 〈사랑과 미움의 힘 La forza dell amore e dell Odio〉을 공연하도록 했다. 아라이아가 작곡한 이 오페라는 기교적인 아리아와 화려한 무대장치 등에서 나폴리 오페라 양식을 따랐으며 이탈리아 가수가 이탈리아어로 공연했다. 이후 아라이아는 상트페테르부르크에 머물면서 러시아 오페라 역사에 크게 기여했다.

1746년과 1748년에는 독일에서도 성악가들이 러시아로 왔다. 이후 1755년에 아라이아의 오페라 〈새펠루스와 프로시스Цефал и Прокрис〉가 공연되었는데, 러시아인 등장인물에 의해 러시아어로 공연된 최초의 오페라였다. 1762년 에카테리나 2세는 제위에 오른 후 프랑스 오페라단을 궁정으로 초청하고, 프랑스의 희가극Opera Comique도 수입했다. 이때 루소Jean-Jacques Rousseau의 〈마을의 점쟁이Le Devin de Villege〉도 러시아에서 공연되었다. 그의 치세 중에 궁정 오페라는 유럽에서 최고 수준을 자랑했다.

19세기 말까지 궁정 오케스트라의 지휘자는 단 두 명을 제외하고는 아라이아를 필두로 한 이탈리아인이 담당했다. 그 결과 초기 러시아 작곡가들은 이탈리아 양식에 강한 영향을 받았다. 막심 베레조프스키 Максим Березовский, 드미트리 보르트냔스키Дмитрий Бортнянский와

예브스티그네이 포민Евстигней Формнин은 모두 상트페테르부르크의 이탈리아인에게 교육을 받은 후 이탈리아로 유학을 다녀와서 러시아 오페라의 발전에 기여했다.

러시아의 국민 오페라를 개척한 사람은 1797년 상트페테르부르크에 온 베네치아인 카보스Catterino Albertovich Cavos였다. 그의 음악 양식은 이탈리아풍이었지만 내용은 러시아 신화 혹은 역사에 기초해 작곡했다. 예를 들어 카보스의 대표작인 〈이반 수사닌Иван Сусанин〉은 대규모 오페라로 로마노프 왕조에 헌신한 영웅을 소재로 했다.

1836년에는 오페라 공연을 위해 상트페테르부르크에 볼쇼이 극장이 건립되었다. 당시 공연된 오페라를 살펴보면 73편 중 37편이 프랑스 오페라, 23편이 이탈리아 오페라, 13편이 러시아 오페라였다. 러시아인에 의해 러시아어로 공연되는 오페라는 〈새펠루스와 프로시스〉를 지나 18세기 말에 이르러서 등장했다.

볼쇼이 극장의 내부.
당대 러시아제국의 힘을 느낄 수 있다.
미하일 지치Mihály Zichy(1827~1906) 작, 1856년.

19세기에는 러시아 문학과 음악에서 민족주의적 색채가 보다 강해지고 사실주의 또한 중요한 요소로 부각되었다. 나폴레옹 군대를 물리친 이후 애국심이 더 고취되었고 새로운 영웅들을 다룬 작품들이 등장했다. 1825년 12월 데카브리스트 반란 이후 사회 비판적인 고골Николай Гоголь(1809~1852)과 푸쉬킨의 문학 작품들이 음악에도 영향을 미쳤다. 러시아 음악의 아버지로 알려진 글린카Михаил Глинка(1804~1857)는 민족적 리얼리즘 예술의 기초를 닦았다. 그는 러시아 국민정신을 크게 고양시킨 오페라 〈차르를 위한 삶Жизнь за царя〉(1836)과 푸쉬킨의 극시에 바탕을 둔 〈루슬란과 류드밀라Руслан и Людмила〉(1842)를 상트페테르부르크에서 처음으로 공연했다. 글린카를 이어 다르고미즈스키Александр Даргомыжский는 오페라 〈루살카Русалка〉(1856)를 발표했다. 이 작품은 민중생활에 대한 사실적 묘사와 민요조의 강한 음악이 민중성을 잘 드러내고 있다.

글린카의 영향으로 고유한 민족적 정서를 표현하는 국민주의적 음악운동이 일어났고, 이를 대표하는 음악가들이 '러시아 5인조'라고 불린 발라키레프Милий. Балакирев, 보로딘Александр. Бородин, 무소르그스키Модест. Мусоргский, 큐이Цезарь. Кюи, 림스키-코르사코프Николай. Римский-Корсаков였다. 대부분 직업적인 음악가가 아니었던 이들은 음악은 인간의 감정과 사상을 정확하게 표현해야 한다고 주장하면서 예술의 민중성과 민족성을 확립시키기를 원했다. 이

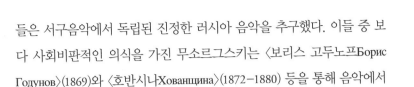

들은 서구음악에서 독립된 진정한 러시아 음악을 추구했다. 이들 중 보다 사회비판적인 의식을 가진 무소르그스키는 〈보리스 고두노프Борис Годунов〉(1869)와 〈호반시나Хованщина〉(1872-1880) 등을 통해 음악에서 사실주의를 더 강화시켰다.

한편 이들 '러시아 5인조'의 경향에 반대해 전문성을 강조하는 음악가들도 등장했다. 1862년에 상트페테르부르크 음악원을 창설한 안톤 루빈스타인Антон Рубинштейн과 1866년 모스크바 음악원을 창설한 안톤의 형제인 니콜라이 루빈스타인Николай Рубинштейн이 그 대표적인 인물이었다. 모스크바 음악원 학생들은 서구식 음악 교육을 받은 후 전문성이 돋보이는 작품들을 만들었는데, 그 대표적인 음악가로는 차이코프스키와 라흐마니노프Сергей. Рахманинов, 스크리야빈Александр. Скрябин등이 있다. 이들은 프랑스, 이태리, 독일 등의 음악적 전통을 흡수해 자신만의 고유한 양식을 창출했다. 이처럼 오페라 역시 서구의 영향으로 러시아에서 시작되었으나, 이후 러시아 작품들이 서구 오페라에 영감을 주게 되었다.

러시아 생활문화는 기독교 수용과 몽골 침입, 표트르대제의 서구화 개혁의 영향을 크게 받았다. 특히 지배계급의 생활문화에 일대 변혁을 가져온 표트르대제의 개혁은 러시아의 근대문화 속에 '옛 것 대 새로운 것', '러시아 대 서구'라는 모델을 만들어 놓았다. 그러나 한편으로는 과거 정교회를 통해 이루어졌던 사회통합이 표트르대제의 개혁으로 인해 깨지게 되었다. 무엇보다 일상생활 속에서 지배 계급과 피지배 계급의 간극이 극대화되었으며, 이는 러시아 혁명의 단초가 되었다.

푸쉬킨 광장의 푸쉬킨 동상.

에스파냐·이베로아메리카의 생활문화

저 너머로
Plus Ultra!
–
이은해

혼합과 공존의 역사, 히스파니아

에스파냐는 지중해와 대서양을 양편에 두고 있을 뿐 아니라 유럽과 아프리카를 잇는 중요한 교차점에 위치해 있다. 이러한 지정학적인 특징으로 인해 에스파냐는 일찍부터 지중해를 무대 삼아 교역활동을 하던 이민족들의 잦은 접근과 유입에 노출되었다. 긴 해안선을 따라 세워졌던 여러 식민 도시들은 바로 이러한 접촉의 산물이라고 말할 수 있다. 그러나 본격적인 이민족의 침입과 지배는 지중해

에스파냐와 포르투갈 지도.
'Hispania' 라고 기재되어 있다. 1762년.

이베로아메리카 전역 지도. 1750년.

의 패권을 둘러싸고 벌어진 카르타고와 로마와의 전쟁(포에니전쟁, 기원전 264~146) 이후 시작되었다. 그리고 최종적인 승리가 로마에게로 돌아가자 이베리아 반도의 로마화는 이미 기정사실이 되었다. 북쪽 주민들을 중심으로 로마에 대한 항거가 없지는 않았지만 대체로 에스파냐의 로마화는 성공적인 수준이었다고 말할 수 있다. 다수의 황제들과 지식인이 이베리아 반도 출신이었다는 점에서도 그러할 뿐만 아니라, 라틴어와 기독교문화를 비롯해 에스파냐문화 전반에 남아 있는 로마의 흔적으로도 이를 쉽사리 추정해 볼 수 있다.

한편 에스파냐España의 어원인 '히스파니아Hispania'라는 용어는 라틴어에서 유래한 것이지만, 페니키아인이 반도에 첫발을 내딛었을 때 이 지역을 스판Sphan이라고 불렀다는 데서 그 기원을 찾기도 한다. 이 말은 여러 가지 의미로 해석되는데, 학자들에 따라 '토끼가 많은 땅'으로 해석하기도 하고 '머나먼 또는 미지의 땅', '피난처'로 해석되기도 한다.

그 후 로마제국의 영향은 제국의 쇠퇴 시기에 게르만족의 이동으로 단절을 겪게 되는데, 이때 유입된 여러 게르만족의 일파들 가운데 반도에 정착해 게르만 왕국을 건설하기에 이른 일파는 서고트족Visigodos이었다. 그리고 서고트왕국은 새로운 정치체제와 문화를 반도에 이식시켰다기보다는 기존의 이베리아 로마 문화를 수용하고 동화하는 쪽으로 나아갔다고 할 수 있으며, 732년에 서고트 왕인 레카레도Recaredo가 정통 가톨릭교로 개종하고 모든 서고트인이 그 뒤를 따른 사실이 이를 단적으로 입증하는 예가 된다. 한편 서고트왕국 시대의 대표적

357

무데하르 양식으로 건축된 테루엘 성당.

인 지식인이라고 할 수 있는 성 이시도로 세비야 주교San Isidoro de Sevilla가 그의 저서 《어원학Etimología》에서 언급한 데서 볼 수 있듯이 '에스파냐'라는 지역과 문화에 대한 남다른 자긍심 속에서 에스파냐인으로서의 정체성을 일찌감치 표방하기도 했다.

그러나 에스파냐의 유럽성이 심각하게 위협을 받기 시작한 것은 사실상 8세기 초 이후로, 711년에 북아프리카에 소재하던 이슬람 세력이 반도로 진입해 지배하면서, 또 그 세력이 13세기에 이르기까지 에스파냐 중남부를 중심으로 강력한 영향력을 행사하면서 에스파냐에서 이슬람문화는 이제는 떼려야 뗄 수 없는 존재가 되었다. 한편 북쪽의 험준한 산지를 근거지로 '레콩키스타Reconquista'라는 이름 아래 전개되었던 국토회복전쟁이 군소 기독교 왕국들의 기독교적인 정체성을 강화시켜 나가는 결정적인 계기가 되었고, 또 때마침 발견된 야고보 사도 Apóstol Santiago의 시신이 그 진위 여부를 떠나 에스파냐와 유럽의 많은 순례자들을 끌어모으는 추동력이 되었다. '산티아고의 길Camino de Santiago'이라 불리는 이 순례길은 남프랑스의 길을 비롯해 수많은 길들을 만들어 냈으며, 이 길들을 따라서 가톨릭교의 독특한 풍광지대가 형성되었다.

그러나 에스파냐는 톨레도의 번역원Escuela de Traductores de Toledo이나 기독교도, 이슬람교도, 유대교도와의 공존convivencia에서 볼 수 있듯이 타문화들 간의 접촉과 변용이 자주 이루어졌고, 그 결과 문화적 혼재의 사례들을 많이 남기게 되었다. 무데하르Mudéjar 양식이라고 하는 이슬람적 건축기법을 비롯해 다양한 종교적 정체성을 보여 주는 물라디에스muladíes(이슬람교로 개종한 기독교인), 모사라베스mozárabes(이슬람문화를 받아들인 기독교인), 모리스코스moriscos(기독교로 개종한 무어인), 무데하레스mudéjares(기독교도 밑에서 생활한 무어인), 콘베르소스conversos(기독교로 개종한 유대인) 등의 존재가 그중 몇 가지 예라고 할 수 있다. 그러나 이러한 공존은 이사벨Isabel과 페르난도Fernando라는 에스파냐의 기독교 공동왕Reyes Católicos에 의한 국토회복전쟁의 종결로 종말을 맞게 되었고, 이후 종교재판소Inquisición라는 기구를 통해 전개되는 종교적 핍박과 박해는 오직 기독교적 정체성만을 고수하는 배타적 분위기를 형성했다.

그리고 이러한 에스파냐문화가 세계로 확장된 것은 1492년 콜럼버스의 신대륙 '발견'으로 가능해졌다. 일차적인 관심사였던 금은 외에 수많은 미지의 신대륙 산물들이 이베리아를 거쳐 유럽으로 소개되면서 일명 콜롬버스의 교환이라고 하는 대대적인 신·구대륙 간의 문화접촉이 야기되었다. 그리고 그 결과 오늘날 유럽의 식단에서 빼놓을 수 없는 감자를 비롯한 토마토, 고추 등의 식재료가 활용되기 시작했다. 특히 감자는 구대륙의 심각한 기아 문제를 근본적으로 해결하는 계기가 되었다는 점에서 그 의미가 자못 크다 하겠다. 한편 신대륙의 토양에서 단일품종의 형태로 대량 경작되었던 담배, 초콜릿, 커피, 설탕과 같은 기호식품들도 세계시장을 무대로 한 차문화의 변화를 가져오기에 충분했다. 그러나 구대륙의 이러한 변혁과 풍요는 사실상 신대륙의 엄청난 대가와 희생에 기반을 둔 것이었다. 정복자들의 수탈과 전염병의 유입은 신대륙 원주민들에게 끔찍한 질병과 죽음을 안겨주었다. 원주민들의 인구격감이 가속화되면서 부족해진 노동력을 충당하기 위해 아프리카로부터의 흑인 유입이라는 새로운 대안책이 모색되었고, 새로운 인종의 유입은 당시 진행되고 있었던 정복민과 피정복민간의 혼혈 양상을 더 복잡하고 다양하게 만드는 결과를 가져왔다. 그리고 이것이 오늘날 중남미인들의 인종적 특징이라고 할 수 있는 대대적인 혼종문화를 낳았던 것이다.

에스파냐의 생활문화

다양한 향신료의 등장

● 올리브

에스파냐의 음식에서 빼놓을 수 없는 식재료는 올리브로 수확량의 대부분은 기름으로 정제되고 나머지만 열매로 소비된다. 고대사회에서 평화와 승리의 상징으로 여겨지기도 했던 올리브는 페니키아인들이 처음 에스파냐에 전수한 것으로 추정되며, 이들은 타르테소스Tartessos 왕국의 귀금속을 찾아 주로 해안선 남쪽으로 접근했던 것으로 보인다. 올리브 열매를 분쇄해 기름을 짜내는 기술도 바로 이들을 통해 전수되었다고 보는데, 페니키아인들의 도시였던 코르도바Córdoba의 어원이 '기름의 압착기' 라는 뜻의 코르테브Corteb라는 단어에서 유래된 것으로도 이것을 알 수 있다. 그러나 올리브나무가 넓게 경작될수 있었던 것은 스키피오Escipión 장군과 로마군대의 지배 덕분이며, 안달루시아Andalucía가 올리브의 첫 황금시대를 맞이하게 된 것도 이 시기부터였다. 서고트족이 지배하는 동안에도 올리브 경작에서 진전이 이루어졌는데, 심지어 산지나 기후조건이 맞지 않는 곳에서도 재배가 이루어진 점에서 그러하다, 6세기에 성 이시도로 세비야 주교가 다양한 올리브 기름에 대해 언급하면서 올리브나무의 그늘이 이베리아 반도의 지면 전체를 덮고 있다고 서술하기도 했다. 이후 에스파냐의 지배자가 된 아랍인들이 그리스, 카르타고, 로마 및 자신들의 농업기술을 종합해 경작 및 기름을 얻는 기술을 향상시키고 기름을 보관하는 거대한 통을 제조하기도 했다. 그들은 또한 오늘날에도 유효한 올리브 관련 조리법과 의학법을 발견해 내기도 했다. 15세기에 에스파냐에서 이루어진 재再식민화는 올리브 경작지의 확대를 초래해, 많은 올리브 대농장이 출현 했다. 그리하여 16세기 초반에는 경작지대가 오늘날의 형태와 유사한 정도에까지 이르렀다.

● 양파

로마인과 아랍인들이 에스파냐의 식문화에 끼친 두드러진 영향은 무엇보다 마늘과 올리브 열매, 양파에서 후추, 설탕, 레몬, 오렌지의 활용에 이르기까지 다양한 맛을 내는 향료 및 식재료를 이용했다는 데 있다. 그중에서 양파는 16~17세기에 주된 식재료 중 하나로서 많은 양이 소비되었을 뿐만 아니라 많은 논란을 불러일으키기도 했다. 즉 양파는 성욕을 불러일으키는 불결한 음식으로 여겨지기도 하고, 껍질이 원형으로 되어 있어 하늘을 상징하는 것으로 해석되기도 했다. 심지어 종교인들 사이에서는 양파가 눈물을 유발한다고 해서 많이 애호되기도 했는데, 이는 견실한 기독교인이라면 누구든지 그리스도의 죽음을 생각하며 밤낮으로 우는 것이 필요하다고 여겼기 때문이다. 그외에 양파가 소화를 돕고 시력을 좋게 해준다는 주장이 있었는가 하면, 뿌리 식물이라서 시력을 나쁘게 하고 이해력도 흐리게 한다는 반론이 제기되기도 했다. 샐러드는 카스티야와 안달루시아 지방을 제외하면 저녁식탁에 늘 나오는 음식으로서 페레힐perejil과 양상추, 양파에 식초, 오레가노orejano, 토미요tomillo, 올리브 기름과 소금이 가미되어 만들어졌다.

● 빵과 치즈

빵은 모든 식품 가운데 가장 중요한 것으로 통밀로 만들어지고 깨끗이 정제되었다. 소금과 아니스로 반죽되어 만들어진 것이 황금세기 에스파냐에서는 최고의 빵으로, 또 아들을 낳기 위한 필수적인 식품으로 각광을 받았다. 17세기의 에스파냐 사람들은 말랑하면서도 작고 둥근 빵을 제일가는 음식으로 손꼽았지만, 수프와 함께 먹을 때에는 딱딱한 빵도 전혀 문제될 것이 없었다. 당시 일부 의사들이 치즈와 유제품을 건강에 그리 좋지 않은 것으로 보기도 했지만, 에스파냐 사람들은 대부분 양과 염소의 치즈를 많이 소비했다. 젖소의 치즈는 적은 양만 생산되었기 때문에 그만큼 소비가 적었다.

〈시장 풍경〉, 피터 에르첸Peiter Aertsen(1508~1575).
채소와 생선을 파는 행상 팔꿈치 밑에 양파가 놓여 있다.

● 고기와 생선

이 당시 가장 일반적인 조리법은 포타헤potaje로서, 물을 넣고 약불로 천천히 끓이는 것이었다. 갖은 야채와 고기 등 여러 식재료들을 넣고 소금, 향료, 마늘, 양파, 파 등으로 양념을 했다. 고기는 일반 서민의 경우 자주 넣어 먹지 못했다. 포타헤라는 용어도 실은 금욕기간 중에 고기 대신 대구나 야채를 넣고 끓인 것을 뜻했다. 대구는 에스파냐

363

에서 생선 가운데 가장 많이 소비되던 것으로서 말린 상태나 소금에 절인 상태로 보관된 채 금식과 금욕의 시간에 대체식품으로 줄곧 이용되었다. 한편 이슬람문화의 영향을 받은 음식은 우유, 아몬드, 꿀, 사프란azafrán과 같은 재료를 사용하는 경우가 많았는데, 모리스코인(기독교로 개종한 이슬람교도)들의 식문화에서 유래된, 다진 고기로 작고 동그랗게 만들어 먹는 알본디가albóndiga가 금욕기간이나 여름철에는 고기가 제외되기는 했지만 정기적으로 소비되었다. 돼지고기는 기독교와 피의 순결의 상징이자 진정한 개종의 표시로 받아들여졌다. 그래서 돼지고기를 먹지 않는 것은 유대교인이나 이슬람교인이라는 것을 간접적으로 나타내는 것으로 여겨졌다. 가난한 자들은 값싼 음식들로 만족해야 했다. 주로 콩, 야채류, 올리브 열매가 소비되었으며, 가장 서민적인 요리 중 하나로 꼽히는 것은 돼지고기를 넣어 풍족하게 만들어 먹는 '오야 포드리다olla podrida' 였다. 하몽jamón(햄의 일종)은 이미 알려져 많이 애용되던 식품으로 황금세기에는 페르닐 데 토시노pernil de tocino라 불리기도 했다. 한편 하인들은 주인집 밖에서 먹는 것이 일상화되어 자기 집이나 술집에서 식사를 하곤 했다. 특별한 종류의 하인들paniaguados은 주인집에서 식사하기도 했는데, 이들은 처음 고용되었을 때부터 그렇게 하기로 규정되어 있었다.

● 달걀

달걀은 그 당시에도 올리브 기름으로 부쳐서 먹었으며, 날달걀을 한입에 빨아서 먹는 전통도 있었다. 16세기와 17세기 초에 달걀의 소비

량이 매우 많았다. 달걀은 또한
회복 중에 있는 환자들에게 원기

〈달걀 부치는 노파〉,
벨라스케즈Diego Velazquez (1599~1660) 작.

를 되찾아 주는 음식으로 여겨지기도 했다.

● 후식

이 당시 후식으로는 건포도와 견과류, 치즈 조각 등이 있었다. 사순
절 기간에 주로 먹는 후식은 꿀을 넣어 구운 단 밤이었고, 생크림, 마
르멜로membrillo, 아몬드, 캔디, 올리브 열매, 페스티뇨 등은 일 년 내
내 소비되었다. 부푼 파이인 오할드레hojaldre는 에스파냐 음식이 유럽

〈포도와 멜론을 먹는 두 아이들〉,
무리요Bartolome Esteban Murillo(1618~1682) 작.

음식에 영향을 미친 예 중의 하나이며, 과일 절임 통조림도 인기 있는 후식으로 꼽혔다. 한편 지역에 따라 과일 절임의 방법도 가지각색이었다. 아랑후에스Aranjuez의 경우에는 배, 그라나다Granada 지역에서는 멜론, 세비야Sevilla에서는 시드라sidra 등이 선호되었으며, 과일 잼은 선물용으로도 이상적인 것으로 여겨졌다.

● 음료

포도주는 물이 깨끗하지 않았기 때문에 물을 대신해 많이 소비되었을 뿐 아니라, 평상시에 영양공급이 제대로 이루어지지 않은 탓에 반주의 성격 외에 부족한 식사량을 보충한다는 의미도 있었다. 하루 중 소비되는 시각은 아침, 점심, 저녁 어느 때든 상관없었으며 요리에 사용되기도 했다. 그러나 취기는 바람직하게 여겨지지 않았다. 심지어는 품위의 하락과 모욕을 감수해야 했다. 한편 포도주의 품질이나 가격을 통해 신분을 구분할 수도 있었다. 고가와 저가의 포도주가 같은 술집에서 판매될 수 없었으며, 때로 많은 이익을 남기기 위해 값비싼 포도주에 물을 타는 일도 종종 벌어졌다. 17세기 이후에는 포도주 외에 시원한 음료도 많이 소비되었는데, 당시에 얼음을 이용한 것으로 보아 17세기 말에는 아이스크림까지 등장했을 것으로 추정된다. 흰 눈이 산에서 공급되고, 도시까지 말이라는 교통수단으로 운반되어 보관되었다. 그러나 이후 에스파냐에서 가장 인기 있는 음료는 아메리카 대륙에서 도착한 초콜릿이었다. 약간의 비스코 bizcocho나 케이크와 곁들여 먹는 진한 초콜릿이 많은 사랑을 받았다.

물벼락이 떨어지는 주택가

주택은 대개 거주자의 소유물일 때가 많았지만 임대해 사용하는 경우도 있었으며, 계약의 체결은 주로 성 후안San Juan의 날(6월 12일)에 이루어지는 것이 보통이었다. 집은 위치한 지대에 따라 달랐지만 대개 한 가족이 2~3층으로 된 집에서 살았다. 보통 집은 현관이 있고 이것이 중앙의 뜰로 이어졌다. 1층에는 부엌과 거실, 창고와 같이 자주 사용되는 곳이 배치되었고, 위층에는 방들이 있었다. 또한 오늘날의 횡단보도와 같은 형태로 이웃집들이 늘어서기도 했는데, 보통 거대한 중앙 뜰에 의해 나누어질 때가 많았으며 침실과 거실이 구비된 주택들이 들어서 있었다. 가구와 장식물은 거주민의 경제적·사회적 수준에 따라 달라졌다. 식탁 하나와 몇 개의 긴 의자들이 기본품목에 속했으며 개인용 의자는 거의 없었다. 당시 에스파냐에서는 바닥 위나 쿠션 위에 앉는 것이 일반적이었기 때문이다. 침대는 나무로 만들 수도 있었으나 이런 화려한 것은 거의 없었고, 양쪽 못에 매달아 놓은 그물 위에서 자거나 바닥에 깔아 놓은 매트리스 위에서 자는 것이 보통이었다. 부엌은 사람들이 집결하는 장소로 기능했다. 사회적 신분에 따라 사는 층이 달랐는데, 같은 건물에 살 경우 부르주아계층은 주로 1층에서 살고, 귀족층은 2층에 사는 것이 일반적이었다. 난방은 화로를 통해 공급되었으며, 조명은 기름등이나 은 혹은 동으로 된 촛대를 통해 이루어졌다. 귀족은 대개 넓은 집에서 살았는데, 그 외관이 비록 소박해 보이더라도 정문에는 어김없이 돌로 된 가문의 문장이 새겨져 있었다. 2층의 열린 창문은 양 격자창으로 되어 있었으며, 그 내부는 대개 세 곳의 장소로 통했다. 화려하게 장식된 곳은 주로 방문을 염두에 둔 곳이고, 일상활동을 위해 성별로 구분된 장소들이 있었으며, 마지막으로 침실과 같은 사적 공간이 있었다. 그러나 귀족집이라 하더라도 욕실이나 세탁실이 따로 구비되어 있지 않아 배설물을 세르비도르servidor라고 하는 용기에 담아 밤 시간을 이용해 거리로 내던졌는데, 여기서 '물이 나간다Agua va'는 말이 유래해 통용되기도 했다. 이는 당시 거리의 위생이 거의 부재하였음을 보여 주는 단적인 예로, 거리가 온통 집안의 쓰레기와 주민들이 버린 배설물로 넘쳐났다. 결국 1639년 9월 23일 마드리드에서 공중위생과 관련된 포고령이 내려졌는데, 누구든 창문이나 수로를 통해 더러운 것을 버려서는 안 되며 쓰레기 투기는 거리의 문을 통해서만 이루어질 수 있다고 규정했다. 또 버리는 시간도 여름에는 밤 11시, 그리고 겨울에는 밤 12시로 정해져 있었으며, 이 명령이 준수되지 않을 경우에는 주인에게는 4년간의 추방형과 20두카도ducado의 벌금을, 투기 당사자인 하인이나 하녀에게는 100대의 태형과

6년간의 추방형을 부과하게 되어 있었다. 그러나 이러한 노력도 무색하게 당시 에스파냐를 찾은 외국인 여행자들은 마드리드를 가장 더럽고 냄새나는 곳으로 꼽았다. 심지어 부르넬Brunel이라는 사람은 마드리드가 날마다 10만 파운드 이상의 더러운 것으로 악취를 풍긴다고 불만을 토로하기도 했다.

황금세기다운 화려한 의복

외적인 면은 황금세기 동안 사회관계를 결정짓는 중대한 요소라고 할 수 있었다. 이런 점에서 옷은 계층 간의 구별뿐 아니라 사회경제적 지위를 판단하는 기준이었다. 보통 가장 많이 선호되었던 색상은 검정으로 특히 남자들에게서 이것이 두드러지게 나타났는데, 이는 그 시대가 요구하는 엄숙한 면이 검정색을 통해 잘 반영되었기 때문이다. 그러나 이러한 성향도 17세기 전반기인 펠리페 3세Felipe III의 치세기에는 잠시 주춤했는데, 이때에는 눈에 띄는 색깔이 자주 사용되었기 때문이다. 남자는 더블릿을 입어 머리에서부터 허리까지 덮는 형태를 취했으며, 때로 가죽으로 만들어지고 안감을 댄 조끼를 입어 권위 있는 모습을 강조하는 동시에 외부의 공격에 방어하는 태세를 갖추기도 했다. 이러한 옷 위에 기사는 로피야ropilla라고 하는 소매가 있는 짧은 옷을 걸쳐 어깨 위에 주름이 잡히게 하기도 했다. 다리에는 몸에 밀착하는 바지를 입고 스타킹을 분리해 신었다.

보다 낮은 신분의 남자들은 긴 바지를 입었고 무릎까지 접고 다니기도 했다. 한편 린넨 셔츠를 애용하고 챙이 긴 모자를 쓰곤 했는데, 이

에스파냐 왕자 돈 카를로스Don Carlos(1545~1568).
더블릿과 몸에 밀착하는 바지를 입고 있다.

는 격식을 갖춘 인사를 하기 위해서
였다. 신발은 가죽으로 만들어졌으
며 대개 검은 색이고 넓은 매듭으
로 묶이는 것이었다. 농촌 사람들이
나 여행자들 사이에서는 부츠가 애
용되었다. 귀족들의 경우에는 장식
물이 불편하기는 해도 목을 완전히
덮는 프릴lechuguillas을 입었으며, 검
과 망토espada y capa는 신분을 드러
내는 필수항목이었다. 여성의 경우
에도 의복은 신분의 표지였다. 비천
한 신분의 여인들은 아무 장식이 없
는 상태에서 블라우스나 셔츠, 그
리고 긴 치마를 입었다. 보통 어
깨를 덮고 가슴 위에서 매듭을 짓

는 파뇰레타panoleta를 입고 다녔으며, 추운 계절에는 온기를 가져다주
는 파뇨paño나 울로 된 망토를 걸쳤다. 귀부인의 경우 '과르다인판테
guardainfante'라 하는 옷을 선호했는데, 이것은 막대기, 테, 밧줄, 거대
한 틀로 된 것으로 종과 같은 모양을 했다. 플랑드르 지방에서 수입된
것으로 미적인 측면에서뿐 아니라 신체를 보호하고 임신한 사실을 감
추기 위해서도 사용되었다. 의복의 복잡한 양상은 날이 갈수록 더해졌
다. 부피도 그만큼 커져서 귀부인들은 문으로 똑바로 들어가지 못하고

옆으로 서서 들어가야 할 정도였다. 이러한 모습은 아주 꽉 조인 상체와 큰 대조를 이루었다. 가슴을 코르셋으로 바짝 졸라매야 했기 때문이다. 17세기에 에스코트는 몸을 파는 창녀를 제외하고는 당연히 받아야 하는 것이었으며, 치마는 항상 길고 발을 덮는 것이어야 했다. 여인의 발은 황금세기 에스파냐에서 기사의 위세 앞에 귀부인이 내놓는 마지막 부분이 되어야 했기 때문이다. 여인들은 작고 귀여운 발을 자랑했는데, 이것이 나무 바닥에 코도반 가죽으로 만든 구두 속에 감추어져 있곤 했다. 이는 발을 감추고 거리의 진흙과 더

필리프 4세의 딸인 공주 마리아 테레사. 과르다인판테를 입고 있다. 벨라스케즈 작.

러움으로부터 발을 보호하기 위한 목적에서였다. 여성들의 화장 시간이 점점 길어졌으며, 가식과 인위에 대해 비판의 소리를 낸 철학자 비베스Vives나 루이스 데 레온 수사fray Luis de León의 말과 같이 여성의 얼굴이 더욱 도드라져 보이게 되었다. 불그스름한 색조를 띠고 그에 앞서 먼저 면도를 하고 회반죽을 칠하는 등, 속눈썹에서부터 귀, 목, 손에 이르기까지 귀부인이든 서민의 여인이든 할 것 없이 화장 일색이었다. 입술은 초로 빛을 냈고 피부는 염화수은으로 하얗게 만들곤 했

는데, 이는 하얀 피부가 천박한 노동을 하는 사람이 아니라 귀족임을 드러내는 상징이었기 때문이다. 향수de azahar, cordobesa o de rosas가 냄새를 무마시키기 위해 지나칠 정도로 많이 사용되었고, 보석은 가능하면 항상 의복 위에 등장했다. 안경이 일종의 장식물로 사용되었는데, 이로 인해 지나친 장식이 자기과시와 과소비를 부추긴다는 비난이 가해지기도 했다. 짧은 장갑과 짧은 비단 스타킹도 여인의 의복을 돋보이게 하는 품목으로 자주 애용되었다.

반동 종교개혁과 민중문화
황금세기 내내 에스파냐 정신세계의 항구적인 요소 중의 하나는 종교성일 것이다. 이것은 특히 트렌토공의회와 반동 종교개혁에 기초해 강화된 것이었다. 죄와 참회는 에스파냐 생활의 기본요소가 되었는데, 범죄 이후에 즉각적인 사죄의 은총이 가능했으며, 심지어는 살인한 이후에도 그러했다. 사제들은 민중이 그들의 행위를 바꾸도록 하는 데 부심할 때가 많았다. 이는 민중들 사이에서 신성모독은 흔한 것으로 미사나 로사리오에 대한 무시는 말할 것도 없고, 연옥, 삼위일체, 마리아의 처녀성과 같은 기본적인 가톨릭 교리에 대해서도 회의를 나타냈기 때문이다. 황금세기에는 민중에게 종교적 요소를 제공하기 위한 일련의 싸움이 벌어졌는데, 수많은 성인열전이 출판된 점이나, 16세기까지만 해도 23명이 시복諡福되고 20명이 성인으로 추앙된 점에서도 그러했다. 또한 자연재해나 이상한 일들이 계시록적인 의미의 목적으로 이용될 때가 많았다. 황금세기의 가장 두드러진 종교적 현상은 무결함의 수태에 관한 숭배였다. 이와 관련된 많은 그림들이 남겨졌는데, 무리요나 발데스 레알Valdés Leal에서 벨라스케스, 수르바란Zurbarán에 이르는 일련의 화가들이 이를 기리는 작품들을 남겼다. 1621년 11월 19일에 카스티야의 의회Cortes에서 도시 대표들이 삼위일체와 성모 마리아의 이름으로 선서를 하고 이 선서가 카스티야 왕국의 주요 도시에서 반복될 정도였다. 성모에 대한 숭배와 신비를 의식

〈성모 마리아의 승천〉. 무리요 작.

화 · 대중화하기 위해 수많은 신도단cofradía이 생겨났으며, 1622년 5월 24일 교황 그레고리우스 15세Gregorio XV는 종교재판소에 성모 마리아가 원죄 없이 잉태했다는 것을 부인하는 자들을 모두 처벌할 수 있는 권한을 허락하기도 하였다.

반동 종교개혁Contrarreforma은 이전에 일상생활에서 종교가 담당했던 역할을 더욱 강조하는 방향으로 나아갔다. 일탈과 이단에 대한 두려움이 확산되고 축제들이 반동 종교개혁의 이데올로기를 표현하는

수단으로 변모했는데, 이는 축제의 대중성과 참여성으로 인해 트렌토 공의회의 지침들이 한층 더 효과적으로 전달될 수 있었기 때문이다. 이러한 맥락에서 성모승천Asuncion과 성모수태, 사순절, 부활절과 관련된 종교행사들이 보다 엄격하게 시행되었으며, 특히 종려주일과 성목요일과 금요일이 강조되었다. 한편 트렌토공의회를 기점으로 새로운 축제들이 출현하기도 했는데, 앙헬 쿠스토디오Ángel Custodio(1609년 9월 29일)나 성 요셉San José의 축제가 그 대표적인 예이다. 종교적 열심과 헌신을 부추기기 위해 성물거래도 이 시기 활발하게 이루어졌으며, 시복과 시성의 추가 선정을 위한 싸움도 치열하게 전개되었다. 그래서 1622년에 성녀 테레사 데 헤수스Santa Teresa de Jesús와 성 이그나시오 데 로욜라San Ignacio de Loyola, 성 프란시스코 하비에르San Francisco Javier가 새롭게 성인으로 추앙되기도 했다. 또한 미학적인 측면에서도 변화가 나타났다. 종교적 도상학이 무지한 민중을 교육시키는 가장 좋은 방법으로서 성전을 통해 확산되며 전국 곳곳에 이르게 되었다. 성직자와 신도단의 윤리가 회심자와 고해 신부 간의 신체적 접촉을 피하는 새로운 고해실을 설립함으로써 통제되었으며, 새로운 헌신이 종교심을 더 심화시키고 빠르게 신도들을 얻으려는 동기가 되었다. 종교의식을 일반화하고자 하는 노력은 다른 한편으로는 이교도들에 대한 가톨릭교회의 박해로 이어졌다.

이리하여 농업주기와 연관된 일정한 의식들이 금지되었는데, 예를 들면 비를 구하는 행렬이나 기근을 거두어 달라고 기원하는 의식과 같은 것이 그러했다. 조상에 대한 의식이나 투우, 가면무도회, 카니발과 같은 전통적인 축제들도 이교적인 성격을 이유로 금지대상이 되었다. 특히 사육제가 1641년 1월 카탈루냐Cataluña지역에서 한때 폐지되는 등 어려움을 겪었지만, 민중들 사이에 그 뿌리가 깊이 박혀 있고 사회적 긴장에서 벗어나기 위한 일탈 혹은 회피 수단으로 활용되었기 때문에 국가와 교회로부터 대체로 관대한 대우를 받았다. 한편 극단적인 미신은 엄격한 비판을 받았지만, 그 정도가 경미한 미신적 표현들은 가톨릭 의식에서 용인되는 편이었다. 그리고 무료함에서 벗어나 삶의 활력을 되찾고자 하는 민중의 기대가 춤, 경기, 시합, 연극 관람 등으로 표출되었다. 특히 연극은 이 시기에 대표적인 민중문화의 하나로 자리를 잡아갔다고 할 수 있는데, 이는 극

민중축제.
악사의 연주에 따라 남녀들이
춤을 추고 있다.

플라자 마요르 대광장에서 열린 투우경기를 그린 그림.

단과 코랄corral(야외극장)의 수적 증가와 성별, 나이와 상관없이 연극을 찾은 관람객들에게서 그 이유를 찾아볼 수 있다. 그러나 극장 내 좌석은 성별이나 신분에 따라 여전히 구별되었다. 여인들은 무대를 마주하고 있는 자리cazuela에 앉았고, 귀족들은 가장 고가의 좌석palcos에 앉았다. 연극의 치솟는 인기가 교회의 후원을 이끌어 내는 요인이 되기도 했는데, 이는 다시 연극의 매일 상연이라는 결과를 초래함은 물론, 교회 편에서도 성찬 신비극이라는 장르로 대중에게 종교교육을 실시할 수 있었다. 그러나 사순절의 시작을 알리는 재의 수요일이 끝나면 이 모든 즐거움을 잠시 포기해야 했다. 연극의 상연이 당분간 중단되고 금욕과 고행의 사회적 분위기가 조성되었다. 한편 제1막과 제2막 사이가 막간극entremés이라는 것으로 채워지고, 마지막 두 막 사이에는 춤이나 즐거운 노래가 곁들여지기도 했다. 투우경기는 그 기원이 비록 귀족적인 것이긴 했지만 부르봉왕조가 들어선 18세기 이후 대중적인 경기로 변모해 자리를 잡은 사례이다. 발로 서서 하는 경기는 천한 계층이 하는 것이라 해서 본래는 말에 탄 채로 진행되었는데, 국왕 펠리페 4세의 애정과 관심에 힘입어 인기 상승의 가도를 달릴 수 있었다. 마드리드에서 투우경기가 열린 곳은 주로 플라사 마요르Plaza Mayor 대광장이었다. 왕족과 유력인사들은 발코니에 앉아서 관람하고, 일반 평민들은 일정하게 지정된 자리에서 앉아 보아야 했다.

이베로아메리카의 생활문화

혼종문화

중남미 전역에서 광범위하게 일어난 인종적 혼혈은 다양한 인종을 배출하는 결과를 가져왔다.

16세기의 아메리카사회는 다양한 문화와 정신세계를 복잡한 양상으로 섞어 놓은 산물과도 같았다. 1492년의 신대륙의 발견 이전에도 원주민들은 이미 메소아메리카와 안데스 문화지대라고 하는 위대한 문화적 전통을 경험한 바 있었다. 에스파냐적인 요소는 변방사회 출신들에 의해 유입되었는데, 이들은 중세유럽에 창궐하던 전사적·종교적 전통의 계승자이자 부와 명예를 위해서라면 신세계에서의 모험도 마다하지 않는 사람들이었다. 한편 인종적·문화적 혼혈에 있어 빼놓을 수 없는 요소 중의 하나는 바로 광산과 아메리카 플랜테이션의 강제노동에 투입된 수많은 흑인노예들이다. 이들은 혹독한 노예생활을 견뎌내며 그들만의 애환을 풀어나가는 과정에서 자신들의 독특한 문화적 흔적들을 아메리카문화 가운데 선명하게 남겨놓았으며, 이것이 결과적으로 이베로아메리카문화의 풍요로움을 가져다주었다. 이리하여 역사적·지역적 다양성을 전제로 한 혼혈이 전례 없는 다양한 문화의 혼종을 가져왔으며, 비록 권력을 장악한 백인 혹은 크리오요criollo가 우세하긴 했지만 대체로 이러한 과정이 16세기부터 일어났다.

정복자들은 일반적으로 육체노동을 멸시했다. 그들이 멀고 험난한 여행을 마다하지 않고 아메리카 대륙을 찾은 것은 이전의 가난을 버리

	번호	남성	여성	후손 명칭
이베로아메리카의 혼혈인	1	테르테엔 엘 아이레	원주민 여성	메스티소Mestizo
	2	메스티소	에스파냐 여성	카스티소Castizo
	3	카스티소	에스파냐 여성	에스파뇰Español
	4	에스파냐 남성	흑인 여성	물라토Mulato
	5	물라토	에스파냐 여성	모리스코Mulatto
	6	모리스코	에스파냐 여성	치노Chino
	7	치노	원주민 여성	살타 아트라스Salta atras
	8	살타 아트라스	물라토 여성(물라타Mulata)	로보Lobo
	9	로보	치노 여성(치나China)	히바로Gibaro
	10	히바로	물라토 여성	알바라사도Albarazado
	11	알바라사도	흑인 여성	카르부호Carbujo
	12	카르부호	원주민 여성	산바이고Sanbaigo
	13	산바이고	로보 여성(로바Loba)	칼파무라토Calpamulato
	14	칼파무라토	카르부호여성(카르부하Carbuja)	테르테엔 엘아이레 Terteen eLAire
	15	테르테엔 엘 아이레	물라토 여성	노테엔티엔도Noteentiendo
	16	노테엔티엔도	원주민 여성	토르나아트라스Tornaatras

메스티소 아이.

메스티소와 원주민 여성 사이에서 태어난 코이오테.

물라토와 에스파냐 여성 사이에서 태어난 모리스코.

로보와 원주민 여성 사이에서 태어난 산비아고.

에스파냐 남성과 알비나 사이에서 태어난 흑인.

원주민 남성과 테르티엔 엘 아이레 사이에서 태어난 테르티엔 엘 아이레.

물라토와 에스파냐 여성 사이에서 태어난 물라토.

다양한 문화의
혼종.

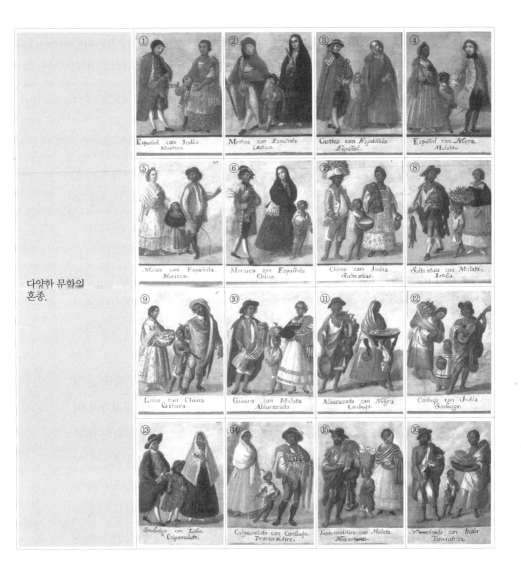

인디오들의 강제노동

고 에스파냐의 전통 영주와 같이 살길 원했기 때문이다. 그래서 원주민이 노동에 부적합할 뿐 아니라 질병과 사망으로 그 숫자가 급격히 줄어들었기 때문에 이를 대체할 만한 사람들을 생각해 내야 했다. 사실 초기의 흑인노예들은 정복자들의 수행원에 포함되어 있었고 심지어 전투에 참여하기도 했다. 이 기독교화된 흑인들ladinos은 카스티야어를 구사할 줄 알았고, 심지어 이베리아 반도에서 노예들의 자녀로 태어났을 수도 있었다. 무엇보다 이른 바 보살레스bozales라 불리는 아프리카 출신의 흑인들이 수만 명에 육박했다. 그들의 특별한 신체조건은 흑인 무역을 용이하게 했다. 첫째로 온화한 기후를 가진 지역에 비교적 용이하게 적응했으며, 게다가 순종적이고 온순하며 강인한 노동자라는 평판을 듣고 있었다. 한편 인디오들과 비교하여 볼 때 그들이 교화되어야 할 대상으로 여겨지고 원주민에 대한 정복자들의 착취는 부당하다는 교회와 왕실 측의 비난과 압력이 따랐다면, 아프리카 흑인들은 열등한 전통을 가진 자들이라고 여겨지며 라스 카사스las Casas와 같은 아메리카의 인권 수호자들 사이에서도 고려의 대상이 되지 않았다. 노예무역은 아메리카 발견 이후 활기를 띠었는데, 이것은 이미 몇 세기 전부터 유럽의 상인들에 의해, 특히 세비야에 정착한 제노바인들에 의해 이루어지던 활동을 지속하는 형태였다. 이를 통해 카를로스 5세와 함께 왕실과 계약을 체결한 플랑드르인들과 독일인들이 부유해졌다. 포르투갈인들은 아프리카 해안에서 직접 흑인을 '사냥'해 운송하는 것으로 정평이 나 있었다. 노예들은 기본적으로 세네갈과 앙골라에 위치한 해안지역 출신인 경우가 많았다. 흑인노예들의 출신과 수는 시기에 따라 다양했는데, 이는 국제관계가 그 기능에 대해 호의적이냐 적대적이냐에 따라 달라졌기 때문이다. 노예선들이 도착한 거대 항은 멕시코의 베라크루스Veracruz 항과 콜롬비아의 카르타헤나 데 인디아스Cartagena de Indias 항이었으며 여기에서부터 대륙의 나머지 지역으로 흑인들이 퍼져 나갔다고 볼 수 있다.

콜럼버스의 교환, 음식

에스파냐의 정복자들 및 식민주의자들이 원주민들을 가혹하게 다루었다는 것은 결코 부인할 수 없는 사실이지만, 일상생활사의 측면에서 보면 구대륙으로부터 신대륙에 이식된 요소들 가운데 오늘날에도 활용되는 것들이 다수 포함되어 있었던 것을 알 수 있다. 특히 정복자들을 통해 신대륙에 유입된 가축들, 즉 말, 소, 돼지, 양 등은 이전에 존재하지 않았던 것들로서 신대륙이라는 새로운 토양 위에서 급속히 양적 성장을 이룬 것들이라고 할 수 있다. 또한 밀, 보리, 포도, 무화과,

오렌지 등의 곡물과 과일들도 원주민의 식생활에 적지 않은 변화를 가져왔는데, 그중 일부 품목들은 향후 신대륙의 대표적인 수출상품으로까지 자리 잡기에 이른다. 한편 아메리카대륙에도 구대륙인들이 출현하기 이전에 이미 풍성한 야채와 과일이 자라고 있었다. 고추와 마늘을 비롯하여 코코아, 토마토, 파인애플, 코코아, 고구마, 감자, 파프리카, 콩, 호박, 옥수수 등은 오늘날 유럽인들과 전 세계인들의 식탁을 풍성하게 하는 식재료이자 이 당시에 아메리카 대륙에서 유럽으로 소개되기 시작한 산물이었다. 이 가운데 이베로아메리카인들의 식문화에서 빼놓을 수 없는 식재료이자 그들의 삶과 역사와 불가분의 관계를 맺고 있는 것이라면 아마도 옥수수와 감자일 것이다.

인문지리학자인 칼 소어Carl Sauer(1889~1975)가 제작한, 콜럼버스 이전의 아메리카의 식량 지도에 의하면 플로리다 해협과 멕시코 만을 거쳐 온두라스에 이르는 지대는 옥수수, 남미의 안데스 산맥 지대는 감자, 남미의 대서양 연변은 유카를 주식으로 삼고 있었다고 한다.

● 옥수수

멕시코나 과테말라의 시골에서는 어디서든 지붕 꼭대기가 까맣게 그을린 집을 어렵지 않게 발견할 수 있다. 그리고 그 집 안에 들어가 보면 중앙에 세 개의 돌로 된 화덕이 있고, 여자들이 그 주위에 둘러앉아 옥수수 가루로 토르티야tortilla를 굽고 있다. 한편 남자들은 한편 구석에 모여 앉아 느긋하게 대화를 즐기는 모습이 발견된다. 이러한 일상의 풍경에서 알 수 있듯이 멕시코나 메소아메리카 지대의 주민들에게 옥수수는 빼놓을 수 없는 주식이며, 이것은 2000년 전이나 지금이나 별반 다를 바가 없다. 심지어 밀로 된 빵 문화가 확산된 도시에서도 주식원료 중 절반은 옥수수인 점을 감안한다면 시골에서의 옥수수 소비는 두말할 필요도 없을 것이다.

에스파냐어로 옥수수maíz는 'mahíz'라는 안틸리스 어원에서 유래했으며 '삶의 자양분'이라는 뜻을 지니고 있다. 당시 원주민들의 인권 보호에 앞장섰던 바르톨로메 데 라스 카사스Bartolomé de las Casas 수도사는 콜럼버스가 쿠바 지역에 처음 당도했을 때 두 명의 선원을 보내 육지를 탐사하게 했고, 이들은 mahíz라고 불리는 식물을 가져왔다고 한다. 그리고 콜럼버스는 이것을 자신의 첫 번째 귀환여행에 가지고 가서 에스파냐의 기독교 공동왕에게 바쳤다고 한다. 이렇게 전래된 옥수수에 대한 관심은 에스파냐 뿐 아니라 유럽으로 점차 확산되었을 것으로 추정된다. 콜럼버스가 1498년 세 번째 여행일기에 남긴 "화본과 식물과 유사하며 낟알을 만드는 옥수수의 씨는 내가 그곳에서 가져온 것으로 이미 카스티야Castilla(에스파냐 중부 지방)에도 많이 있다"라는 기록을 보면 이를 알 수 있다.

한편 연대기자인 로페스 데 고마라López de Gomara는 1552년에 옥수수에 대한 아메리카 원주민들의 지극한 사랑을 다음과 같이 기술했다. "옥수수는 매우 좋은 것으로 원주민들이 밀을 알게 되었다고 옥수수를 버릴 것 같지는 않다. 옥수수는 그들에게 빵과 포도주를 제공하기 때문이다." 여기서 그가 '빵과 포도주'라고 언급한 것은 옥수수가 원주민들의 기초식량이 되었을 뿐 아니라 술로도 쓰였음을 시사하고 있다.

《포폴 부》에서의 옥수수 인간 창조 부분.

　　마야문화에서 세상과 인간의 근원을 다루는 신화집《포폴 부Popol Vuh》에서는 신들이 인간에게 준 선물로 옥수수를 묘사하고 있다. 또한 옛 아스테카인들의 종교의식과 제신들, 사회풍습들은 옥수수에 대한 숭배가 주를 이루고 있다. 그들은 옥수수 낱알로 점을 치고, 게임을 했으며 제물을 만들었다. 농사 주기도 옥수수 주기가 중심이 되었으며 옥수수 여신인 치코메코아틀Chicomecoatl은 '긴 머리카락의 어머니'를 상징하며 아스테카의 모든 가정이 숭배하고 예찬했다. 여인들은 옥수수의 파종과 수확의 시기가 되면 긴 머리카락을 풀어 헤치며 춤추고 노래했다. 춤은 일종의 주문과 같아서 옥수수 수염의 다산성과 풍요로운 수확을 바라는 표현이었다. 페루에서도 일명 아이모라이aymoray라고 불리는 5월의 의식이 있어서 '옥수수 어머니'에게 노래하며 옥수수를 밭에서 촌락으로 가져갔다. 이미 가정에서는 가장 좋은 옥수수 열매를 얇은 보자기에 씌워서 큰 초와 노래로 기리며 3일 밤 동안 잘 지키고 난 뒤에 주술사는 제사를 통해 이듬해의 풍년에 대해 옥수수 어머니에게 묻는다. '아니다'라는 대답이 있게 되면 옥수수 열매는 바로 불에 태워지고, 다시 밭에서 다른 옥수수 열매를 가져와 동일한 절차를 거치며 이 의식을 반복했다.

《포폴 부》에서는 인간의 기원이 다름 아닌 옥수수에 있다고 말하고 있다. 창조자들은 인간에게 생명을 주고자 처음에는 진흙으로 사람을 지었지만, 진흙 인간은 의미 없는 말을 하는 데 그쳤고, 그마저도 육체의 연약함으로 얼마 가지 못해 부서지고 말았다. 이들이 생존할 수도, 번성할 수도 없다는 것을 알게 된 신들은 이들을 파괴하고 나무로 다시 인간을 만들었다. 그러나 이들은 사람으로서 말하고 번성하기는 했지만 메말랐고 피도 없었으며 얼굴에도 표정이 없었다. 그리고 이렇게 영혼과 지식이 없는 인간은 자신을 만든 창조자들을 알아보고 존경하지도, 숭배하지도 않았다. 그래서 신들은 다시 나무 인간을 파괴해야겠다는 결론을 내리며 대홍수를 일으켰다. 나무 인간들은 피난처를 발견하지 못하고 결국 멸망했다. 그나마 그 가운데서 살아남은 나무 인간의 후손들은 정글의 원숭이가 되었다. 나무 인간의 문명이 파괴되고 난 후 신들은 자신들에게 기도와 제물을 바칠 인간을 다시 필요로 했다. 진정한 인간 창조는 쌍둥이 영웅들이 세상을 악마로부터 해방시키고 인간의 육체를 만들 재료를 얻게 될 때까지 기다려야 했다.

《포폴 부》의 세 번째 책에서는 드디어 옥수수 인간에 대해 말하고 있다. 이들은 노란색과 흰색의 옥수수 덩어리로 만들어졌으며 각각 '발람-키체Balam-Quize(부드러운 미소의 호랑이)', '발람-아갑Balam-Agab(밤의 호랑이)', '마아쿠타Mahacutah(뛰어난 이름)', '이키-발람Iqi-Balam(달의 호랑이)'라고 불렸다. 그러나 정작 이들에게 모양을 준 우라칸 신dios Hurakan은 자신의 작품에 대해 만족할 수 없었다. 인간이 신들과 너무나 흡사했기 때문이었다. 그래서 신들은 또다시 의논을 한 끝에 내린 인간이 덜 완벽하고 덜 지혜로워야 한다는 결론을 내렸다. 이렇게 해서 우라칸 신은 인간에게 먹을 양식을 주되 그 바라보는 눈 위에 구름을 주어서 이전과 같이 땅 전체를 보지 못하고 일부분만 보게 했다. 이 일이 있고 난 후에 네 명의 인간은 깊은 어둠 속에 잠기게 되었고, 그동안 네 명의 아내가 만들어졌다. 그 여인들은 '카아-팔루마Cahá-Paluma(흐르는 물)', '초미아Chomihá(아름다운 물)', '트수누니아Tzununihá(물의 집)', '카키사아Caquixahá(반짝이는 물)'라는 뜻의 이름을 가졌으며 바로 이들 네 쌍이 마야-키체족Quiché의 조상이 되었다고 전한다.

● 치차

옥수수 술인 치차chicha는 적어도 한 주 정도 옥수수를 물에 불린 뒤 싹을 내어 옥수수의 엿기름인 호라jora를 만들면서 시작된다. 이것을 큰 냄비에 넣고 물을 부은 뒤 오랫동안 삶고는 독에 넣어 발효시킨다.

386

발효한 치차는 막걸리와 비슷하다. 독한 술처럼 보이지만 실제로는 그렇지 않다. 독한 치차도 있기는 하지만 대개는 알코올 도수가 낮은 편이다. 따라서 남녀노소 구별 없이 치차를 마시고, 축제 때에는 커다란 컵에 가득 따른 치차를 반복해서 마시곤 한다. 그런데 인디오들은 아무리 취해도 땅에 대한 감사만은 잊지 않는다고 한다. 컵에 따른 술을 우선 그들이 믿고 있는 대지의 신 파차마마Pachamama에게 바쳐야 한다. "산타 티에라 파차마마"라는 말과 함께 그들은 컵을 약간 기울이거나 손가락 끝으로 치차를 땅에 뿌린다고 한다.

● 감자

감자 재배의 시작은 기원전 8,000년 전 혹은 9,000년 전으로 거슬러 올라가며 지역적으로 안데스 산지, 구체적으로는 쿠스코Cuzco와 티티카카Titicaca 호수 사이에 있는 곳에 기원을 두고 있다. 최근 고고학적 발굴에 의하면 야생 감자들의 흔적이 칠레 중부 지방에까지 발견되었으며 그 기원은 1만 1,000년 전 이상으로 추정되고 있다. 또한 과테말라 산지에서도, 멕시코에서도 야생종의 감자가 다수 있는 것으로 알려져 있다.

3,500미터 이상의 고도에 위치해 있는 안데스 산지의 혹독한 자연조건상 감자는 원주민들이 생존하는 데 필수불가결한 식량이었다. 경작 방식은 지금과 크게 다르지 않아서 고랑을 파고 미리 잘게 부순 흙으로 감자를 덮은 채 일렬로 배치하는 형태로 이루어졌다. 한편 이곳에 처음 도착한 에스파냐 사람들은 1532년 피사로Pizarro의 원정대원들

로서 모두 165명이었다. 이들은 원주민들을 통해 감자의 존재를 알게 되었으며 4년 뒤에는 시에사 데 레온Cieza de León이 습기를 제거한 감자, 즉 추뇨chuño의 제작방식을 기술했다. 안데스 산지를 따라서 여러 지역으로 알려진 감자에 대해 쿠스코의 주교였던 비센테 발베르데 수도사Fray Vicente Valverde는 1539년 카를로스 5세Carlos V 황제에게 보낸 서신에서 감자를 뿌리들, 고구마들, 파파 등으로 묘사했으며, 건조한 뿌리들은 '추뇨' 라고 부른다고 기술했다. 그러나 연대기자들은 대개 케츄아어를 어원으로 두고 있는 '파파' 로 감자를 지칭하곤 했다. 한편 오늘날의 '감자patata' 라는 용어는 18세기 멕시코에서 카모테camote로 알려진 다른 덩이줄기인 '고구마batata' 의 소리가 바뀐 것으로, 이후 여러 번의 변화를 거쳐서 영어로는 "포테이토potato"로 불리게 되었다. 1653년에는 베르나베 코보엔Bernabé Coboen이 감자식물과 덩이줄기에 대해 최초로 연대기를 썼으며, 이것은 훗날《신세계의 역사》라는 저서에 통합되어 1890년경 4권으로 출판되기도 했다.

에스파냐에서는 북서쪽에 위치한 갈리시아 지방에서 처음으로 감자가 재배되었으며, 구체적으로는 라 코루냐La Coruña지역인 것으로 추정되고 있다. 이탈리아에는 1560년에서 1570년 사이 아메리카에서 전투를 하고 돌아온 군대를 통해 도입되었으며, 빈과 프랑크푸르트에도 1588년경 학문적인 호기심의 일환으로 전수되었다. 한편 프랑스에는 파르망티에Parmentier가 루이 14세에게 감자를 소개하면서 알려지게 되었으며, 왕 자신이 빈자들의 음식을 발견한 사람에게 경의를 표하기 위해 자신의 식탁 위에 오르는 것을 용인했다고 한다. 아울러 당시 군주들은 장식의 목적으로 감자꽃다 발을 들고 나타나기도 했다. 파르 망티에는 교황에게도 감자의 탁월한 면에 대해 기술했는데, 이것을 어떻게 불러야 할지 몰라서 송로 trufas라는 이름을 사용했다고 한다. 따라서 독일어로 감자Kartoffel는 프랑스어 혹은 이탈리아어인 'tartufo' 혹은 'tartufolo'에서 유래된 것으로 보이며, 프랑스에서는 'pomme de terre'라는 이름으로 지칭된다.

파타타(위)
추뇨(아래)

영국에서는 감자가 문둥병과 다른 종류의 악을 유발한다는 소문이 생겨났다. 한편 감자는 1610년 롤리Raleigh를 통해 아일랜드에 전해졌고, 왕립학회의 주도 아래 아일랜드에서 감자재배가 확산되어 1840년에서 1845년 사이에는 감자가 아일랜드의 주요 농산물로 탈바꿈하게 되었다. 이 기간 동안에 아일랜드에서는 매년 평균 210만 톤이 생산되어 절반은 식용으로, 나

머지 절반은 돼지와 다른 가축 사료로 이용되었다. 그러나 1845년에서 1848년 사이에 불어 닥친 백분병으로 인해 아일랜드 주민들의 감자 생산은 중단되었다. 아일랜드 역사에서 대기근으로 알려진 이 사건으로 인해 아일랜드인들은 북미로의 대대적인 이민을 감행해야 했다. 한편 독일에서는 감자 재배가 17세기 중반 라이프치히와 작센에 도입되었으며 1870년경부터는 구대륙의 주민이 다시 감자 재배에 의존하게 될 정도로 새로운 전성기를 맞이했다.

● 추뇨

감자를 장기 저장하기 위해 만든 음식이 바로 동결 건조 감자라고 할 수 있는 추뇨chuño이다. 추뇨를 만드는 일은 우선 감자의 종류와 크기를 선별하는 일에서부터 시작된다. 이 감자를 노천에 늘어놓고 며칠 동안 가만히 놔두면 밤의 추위 때문에 감자가 자연히 얼게 된다. 그리고 이 상태에서 낮이 되어 고온에 이르면 녹게 되며, 밤낮의 기온차를 이용해 이런 과정을 반복하다 보면 나중에는 저절로 흐물흐물한 상태에 까지 이르게 된다. 이때 감자를 발로 이겨서 탈수하고 건조시키게 되면 어느새 감자가 가볍고 부피가 작은 코르크 상태로 되어 저장과 운반이 용이해진다. 한편 추뇨로 요리를 하고자 할 때에는 미리 몇 시간 전에 물에 불려야 하는 수고로움이 있으나, 츄뇨는 예비식량이나 물물교환 상품으로서 고지생활에서 빼놓을 수 없는 생필품이자 가공식품으로 애용되어 왔다.

인디오들은 이처럼 감자나 옥수수를 수확하고 그 뒤에 추뇨를 만드는 일 등으로 분주하게 나날을 보내고 7월 말이 되어서야 비로소 한숨을 돌리게 된다. 8월 말에 다시 다음 해의 감자 심기가 시작되고 이어서 옥수수 씨도 파종해야 하기 때문에 그들에게 있어서 7월 말에서 8월 말 사이의 약 한 달 기간이 일 년에 한 번 있는 농한기인 셈이다. 그리고 이때에는 집 안이나 창고에 옥수수, 감자, 추뇨 등이 가득 쌓여 있어서 축제도 주로 이 시기에 열린다.

● 유카

중미 및 카리브 지역에서 좀 더 남쪽으로 내려가면 안데스 산맥의 원주민과 남미 중앙부의 원주민들이 즐겨 먹었고 또 현재에도 이 지역 서민들이 즐겨 먹고 있는 유카yuca 혹은 만디오카mandioca가 있다. 이 식물은 뿌리과 식물로 마치 연뿌리 같지만 기후조거에 대한 적응력이 뛰어나서 건조하고 황폐한 지역이든 습기 찬 열대우림지역이든 어디에서나 잘 자라는 특징이 있다. 감자와 마찬가지로 전분과 당분이 있어 맛도 좋고 영양도 풍부한 데다 비타민과 미네랄의 함유량이 높아서 고기 스프나 스테이크와 함께 먹으면 좋은 식물이다. 또한 만디오카 가루를 만들어 밀가루처럼 반죽해 먹기도 하는데, 재배가 어렵지 않고 값이 저렴해 빈민층을 포함한 일반 주민들도 즐겨 먹는 음식이다. 옛 과라니족의 전설에서는 만디오카가 신의 선물로 다루어지기도 했는데, 그만큼 고대부터 중남미 원주민들이 중요한 식량으로 여겼기 때문일 것이다.

유카의 뿌리는 바로 식용으로 이용되는 부분이지만 어떤 지역에서

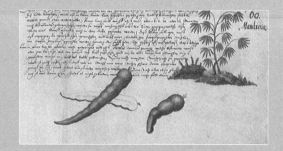

자카리아스 바그너Zacharias Wagner의
자연사 드로잉 화첩(*Thier Buch—Livro dos Animais*, 1641)에 실린 유카(만디오카)

이그나시오 만조니Ignacio Manzoni의 〈아사도El asado〉(19세기경)

는 잎도 음식으로 이용한다. 유카의 뿌리는 신선한 상태로 먹거나 굽거나 삶거나 기름에 튀겨 먹으며, 뿌리만 먹을 경우에는 빵처럼 소스를 뿌려 먹거나 다른 음식과 함께 버무려 먹는다. 유카 재배에 대한 최초의 기록은 기원전 2700년의 베네수엘라, 혹은 기원전 1200년의 콜롬비아 카사베의 '호르노스hornos'이다. 유카로 만들어진 가장 보편적인 전통음식은 카사베로 알려진 동그랗고 얇은 과자인데, 탄수화물의 함유량이 상당히 높고 단백질이 거의 없어 영양학적으로 다소 문제가 있을 수 있으나 가지고 다니기에 편리하고 달이 지나도 상하지 않는 이점이 있어 상당히 유용한 음식으로 이용되어 왔다.

● 팜파와 아사도

아르헨티나와 우루과이의 광활한 초원에 가득찬 소들은 본래 아메리카 대륙에 존재하지 않았던 동물들이다. 야마llama와 알파카alpaca 등의 육축만 있었던 아메리카에 소를 비롯해 구대륙에서만 볼 수 있는 많은 종류의 가축이 살게 된 것은 16세기에 에스파냐인 정복자들이 소, 양, 돼지 등 가축을 대거 신대륙에 이식했기 때문이다. 이렇게 해서 신대륙에 도착한 가축들을 거의 방목하다시피 방치해 두어 이들의 수와 서식 범위가 급속도로 확산되었다. 아사도asado는 이러한 환경에서 남미의 카우보이라고 할 수 있는 가우초gaucho들에 의해 개발된 쇠고기 요리인데, 그들 특유의 소금 절임 방법과 장작불로 굽는 비법으로 유명한 요리가 되었다.

우루과이와 아르헨티나, 칠레에서는 마푸체 같은 농경민족들이 여전히 촌락을 이루면서 옥수수와 감자 등의 곡식을 재배하고 있다. 오랫동안 야마를 키웠지만 에스파냐의 침공 이후에는 다른 유형의 가축들도 기르기 시작했다. 소와 양, 돼지, 닭이 그런 가축이며, 말들은 목양과 전쟁을 위해 이용되었다. 남쪽의 팜파pampa에서는 농경을 하는 것이 불가능해 이곳 주민들은 사냥으로 연명했고, 해안에서는 낚시를 하거나 갑각류를 수집하며 생활했다. 16세기 중반에 에스파냐 사람들의 침략으로 말이 유입되면서 파타고니아Patagonia에서는 사냥이 큰 변동을 겪어야 했다.

계급과 인종에 따라 나뉜 주거문화

일부 원주민 부족들의 주택은 단순해 보일 수도 있으나 상당히 복잡하다. 메소아메리카와 안데스 민족들은 돌과 회반죽(시멘트와 석회, 모래)을 이용해 건물을 건축했다. 공공건물들과 최고위층의 주택은 높은 대 위에 세워지고, 대개 많은 수의 방과 안마당, 안뜰이 있었다. 테오티우아칸의 예술과 건축, 그리고 마야의 예술과 건축을 보면 그 일면을 알 수 있다. 거주형태는 식민지사회에 존재하고 있던 여러 계층들과 불평등을 단적으로 보여 주는 근거가 될 뿐만 아니라 그 안에서 이루어진 다양한 형태의 일상생활문화를 엿보게 하는 통로도 된다.

내부구조를 들여다보면 먼저 중앙에 두 개의 내부 뜰이 앞뒤로 있어 patio principal, patio de servicio 양쪽에 있는 공간들과 유기적으로 연결되게 되어 있다. 그리고 왼쪽에 방들이, 그리고 왼쪽 뒤로는 부엌이 있으며, 부엌 근처에는 바로 후문이 있어 외부로부터의 접근이 용이하다.

또 오른쪽 가장자리를 따라 하인들의 방과 욕실이 있는 것을 알 수 있다. 주택 정면에는 집 안으로 들어가는 입구가 있고, 그 뒤에 바로 거리와 면하는 거실이 있다. 주택 맨 뒤쪽에는 마차를 비롯한 수송기구를 보관하는 장소가 있는데, 이곳이 주택 전체 구조에서 가장 넓은 공간을 차지하고 있다.

주택 정면은 격자창들과 여러 개의 기둥들이 있어 외벽을 아름답게 장식하고 있으며, 내부로 통하는 주요 입구는 정중앙이 아니라 약간 오른쪽으로 비껴 있는 모습이다. 이와 같이 식민지사회의 상층부를 차지하는 엘리트 계층이 장식성과 다기능성을 갖춘 주택에서 거주했다면, 일반 백인들의 주택은 외부와 내부 모두가 지극히 단순한 형태를 취하고 있었다.

원주민 오두막집.

주택 정면은 창 하나와 문 하나로 되어 있는 것을 알 수 있다. 거리와 면한 곳에 거실이 위치하고 있으며, 왼쪽 뒤로는 침실이, 그리고 그 뒤에는 부엌이 있다. 그러나 이러한 가운데서도 오른쪽 뒤로 비교적 넓은 뜰이 위치하고 있어 안뜰에 대한 당시 백인들의 선호도를 다시금 확인해 볼 수 있으며, 이러한 특징으로 에스파냐 본토의 주택구조와 무관하지 않았음을 알 수 있다.

엘리트 가문은 일반적으로 한 채 이상의 집을 보유하고 있었다. 하나는 도시에, 또 다른 하나는 교외에 두곤 했다. 도시의 집들은 대개 넓은 규모에 여러 개의 방들이 있어서 여기에 집주인의 직계 자녀들뿐만 아니라 조부모, 형제들, 사촌들과 숙부들에 이르기까지 여러 친인척이 함께 살곤 했다. 그리고 집 내부는 보통 두세 개의 뜰로 이루어져 있었으며, 맨 뒷뜰에서는 노예들이 생활했다. 한편 우물은 사회 상층부라고 하여 모두 구비하고 있었던 것 같지는 않다. 아르헨티나의 부에노스아이레스 시의 경우를 보면 과도한 비용이 필요한 우물보다 강물을 길어다 파는 물장수의 물을 더 선호했기 때문이다.

창문들은 거리를 향해 나 있었지만 격자창으로 되어 있어서 어느 정도 외부의 침입으로부터 차단되었다. 당시 창문 격자가 얼마나 돌출되어 있었는지 어두운 밤에 지나가던 행인들이 자주 격자에 찔려 상처를 입을 정도였다. 그러나 무더운 여름에는 이러한 격자로도 도둑의 침입을 완전히 막지는 못했는데, 이는 도둑들이 열린 창 틈으로 장대를 이용해 물건들을 낚아 올렸기 때문이다.

한편 도시 외곽에는 대표적인 주거형태로 오두막ranchos이 있었는

데, 이곳에는 메스티소와 물라토를 비롯한 민중계층이 거주했다. 오
두막은 보통 아도비Adobe(진흙벽돌)로 되어 있었고 천장은 짚으로 덮여
있었다. 가구는 거의 없고 짚으로 된 의자만 몇 개 있는 정도였다. 그
러나 때로 소 두개골을 이용해 의자나 탁자, 침대 프레임, 옷장을 만들
기도 했다. 안쪽에 아기 요람을 두어 혹시 있을지 모르는 동물의 공격
으로부터 보호하고자 했으며, 집안 중앙 바닥에는 화로가 놓이게 되어
있었다. 그릇은 나무나 납으로 되어 있는 것이 대부분이었고, 그 밖에
통구이틀, 두세 개의 냄비, 절구통, 뼈로 된 도끼 등이 있었다. 여러 개
의 가지로 되어 있는 촛대며 매트 같은 흔한 물건도 있었다. 다른 용기
로 진흙으로 된 오븐이 있어 빵이나 과자, 비스코biscocho를 구웠으며,
비가 와서 들일을 못 하는 날에는 작은 도넛과 핫케익을 만들어 먹기
도 했다.

헝가리의 생활문화

유럽으로 넘어온 사람들
—
김지영

헝가리인들이 유럽 정착사

헝가리인은 지금의 중앙아시아 지역에서 출발해
유럽에 정착한 민족으로 알려져 있다. 헝가리
민족이 이동해 온 경로는 우랄 산맥 근처의 원
거주지에서 유럽의 중앙지대인 카르파티아 분지
에 이르는 지역에 걸쳐 있었다. 이렇기 때문에 헝
가리인은 유럽으로 이동해 정착한 뒤 정주생활을
영위하는 과정에서 그들이 지나온 도상에 놓여 있었던
민족들의 문화로부터 영향을 받았으며, 이후 정착한
중앙유럽 지대에서는 먼저 거주하고 있던 게르만 민족

* 《헝가리의 생활문화》의 일부분은 저자가 《동유럽발칸학》 제5권에 발표한 논문을 일반 독자들이 읽기 쉽도록 풀어쓴 것입니다.

형가리 지도. 1762년.

가장 오래된 헝가리 역사서인 《게스타 훙가로룸》의 첫 장.

과 슬라브 민족의 문화적 요소들을 받아들이면서 헝가리의 문화를 발전시켜 나갔다고 할 수 있다. 헝가리 민족의 원래 주거지는 아시아와 유럽의 경계인 우랄 산맥 근처였다. 언어는 핀−우랄어 계열의 머져르어Magyar(마자르어)를 사용하고 있어 언어학적으로 유럽언어의 대부분을 이루는 인도−유럽어 계열의 언어와는 차이가 많다.

헝가리인은 아시아에서 출발한 뒤 오랜 이동기간을 거쳐 유럽에 정착했기 때문에 이동기간 동안 만난 많은 민족들과 투쟁하고 교류하며 살아오면서 다른 민족의 문화를 받아들여 체화하는 과정을 거쳤다. 따라서 헝가리문화에 이란, 중앙아시아, 슬라브 등의 요소가 어느 정도 섞여 있는 점이 발견되는 것은 이상한 일이 아니다.

헝가리 민족이 유럽에 정착한 시기는 대략 9세기경이다. 헝가리의 고대 기록에 따르면 7인의 부족장이 모여 아르파드를 지도자로 선택해 이동을 시작했다고 한다. 그 후 그의 영도 아래 서쪽으로 이동해 서기 896년경 오늘날의 루마니아의 트란실바니아 지역에 정착하며 유럽사에 그 모습을 드러냈다. 헝가리는 서유럽과 주변지역으로의 진출을 계속해 북쪽으로는 슬로바키아 지역을 점령하며 크라코프 근처까지 이르렀고, 서쪽으로는 도나우 강 연안을 따라 서진하며 판노니아 지역까지 영토를 확장했다. 그 결과 대략 10세기에 이르러서는 현재의 슬로바키아, 트란실바니아 지역을 포함한 넓은 지역을 영토로 갖게 되었다. 헝가리인이 유럽에 정착할 시기에는 농경에 종사하지 않고 주로 약탈과 사냥으로 생활해 나갔다. 이들은 수시로 유럽의 여러 나라들을 침략하고 공격하는 사나운 종족으로서 유럽인에게 공포의 대상이 되기도 했

1956년 라코시Matyas Rakosi 공산정권에 대항한 헝가리 민중혁명을 소개한 《타임TIME》 지 표지와 1989년 공산정권을 무너뜨리고 구성한 정부의 초대 수상인 언털 요제프.

다. 그러나 서기 972년경 이슈트반 왕이 기독교를 받아들이고 그 후로 유럽의 문화를 수용하면서 유럽의 일원으로 자리잡게 되었다. 헝가리인이 기독교를 받아들이는 데는 신성로마제국의 황제들과 베네딕토수도회 등의 수도사와 사제들의 공로가 매우 컸다. 헝가리는 기독교를 받아들인 후 국가의 체계를 갖추기 시작하며 법률을 제정하고 토지의 사유제, 봉건영주제 등을 실시했다.

그후 1241년에 타타르의 침략을 받은 헝가리는 유럽의 관문으로서 타타르의 침공을 막아냈고, 1458년 왕으로 선출되어 르네상스를 받아들인 후녀디 Hunydi(후냐디) 왕에 의해 새로운 전기를 맞이하게 되었다. 후녀디 왕은 32년간 통치하면서 경제적·문화적으로 헝가리를 중세유럽의 기독교 국가로 완성시켰다. 그러나 1526년 오스만 투르크에 의해 당시의 헝가리왕국의 수도였던 부

다가 함락되어 서부지역 일부는 오스트리아의 합스부르크가가, 중앙부
와 남부는 오스만 투르크가 지배하는 삼분할 통치시대가 시작되었다.
헝가리는 그후 약 150여 년간에 걸친 오스만 투르크의 지배 후에 1699
년 체결된 카를로비츠 조약에 의해 합스부르크 왕조의 통치하에 들어
갔다.

19세기에 들어 합스부르크 왕가의 약화와 함께 헝가리의 지속적인
저항과 투쟁에 힘입어 1867년에 헝가리와 합스부르크 제국 간에 대타
협Ausgleich이 이루어졌다. 이로써 오스트리아–헝가리 이중제국이 성
립되고, 헝가리가 수도를 부다페스트로 하는 별도의 독립정부를 갖게
되었다. 이후 1차세계대전과 2차 세계대전 때 오스트리아, 독일 편에
서서 전쟁에 참여했다가 패전국이 되고 말았다. 이로 인해 오스트리
아–헝가리제국이 붕괴되고, 헝가리는 트란실바니아, 슬로바키아 크
로아티아 등 국토의 3분의 2를 잃었다.

2차 세계대전 이후에는 1949년에 정권을 장악한 공산정권이 1989년
원탁협상에 의해 40년 만에 무너지고 민주적인 시민그룹이 정권을 장
악해 개혁과 개방을 전면적으로 추진해 왔고, 2004년 5월 1일 유럽연
합의 정식회원국으로 가입해 오늘에 이르고 있다.

호반의 나라

헝가리는 유럽의 중앙부에 있다. 대략 북위 46도에서 48도 사이, 동경

16도에서 23도 사이에 놓여 있고, 헝가리의 북쪽과 동남쪽은 카르파티아 산맥으로 둘러싸여 있다. 전체적으로 아늑한 느낌을 주는 카르파티아 분지 안쪽에 위치하고 있다. 이곳은 아시아의 우랄 산맥에서 연원해 서쪽으로 이동해 온 헝가리인의 첫 거주지였다. 이후 서쪽으로 진출해 오늘날의 오스트리아 국경과 아드리아 해까지 이르렀다. 전 국토의 약 60퍼센트 정도가 해발 2백미터 이하의 구릉이나 평야지대로 되어 있어 농업이 발달한 유럽의 중요한 곡창지대 중 하나이다.

헝가리는 합스부르크–헝가리 제국의 일원으로서 1867년부터 1920년까지는 약27만 평방킬로미터 영토를 지닌 큰 나라였다. 그러나 두 차례의 세계대전을 겪으며 오늘날의 영역으로 축소되어 현재는 9만 3천여 평방킬로미터 정도만이 헝가리의 영토이다. 또한 1차 세계대전 때까지는 헝가리 국경의 서쪽 끝이 아드리아 해의 리예카에 이르렀으나, 현재는 오스트리아, 슬로바키아, 우크라이나, 루마니아, 세르비아, 크로아티아, 슬로베니아에 둘러싸여 있는 내륙국가이다.

헝가리에는 두 개의 큰 강이 흐른다. 하나는 김춘수 시인의 〈부다페스트에서의 소녀의 죽음〉이라는 우리에게 꽤 낯익은 시에 나오는 도나우 강이고, 다른 하나는 띠서Tisza 강이다. 도나우 강은 헝가리를 북쪽에서 남쪽으로 가로지른 후 남쪽의 세르비아–몬테네그로를 거쳐 흑해로 들어간다. 헝가리의 또 다른 강인 티서 강은 북쪽의 카르파티아 산맥에서 발원해 헝가리의 남부로 흘러 내려가다가 도나우 강과 합류해 흑해로 들어간다. 헝가리의 자연환경의 특징으로 손꼽을 수 있는 것은 서유럽에서 제일 큰 규모의 벌러톤Balaton이라는 호수가 헝가리 안에

벌러톤 호수 지도.

기호	설명
	Für Radfahrer verbotene Hauptstraße
	Hauptstraße mit hoher Verkehrsdichte
	Mit Fahrrad befahrbare öffentliche Straße
	Für Radfahrer empfohlene Route am Balaton
	Ausgebauter Fahrradweg am Balaton

* Leuchtturm der Sturmwarnung
⌁ Segelbootshafen
▣ Tourinform-Informationsbüro
⇦ Thermalbad
▥ Hafen

Herend
Gyulafirátót Hajmáskér
Márkó
Szentgál Veszprém Kádárta Sóly
Bánd Királyszentistván
Litér Vilonya
72
Szentkirályszabadja Papkeszi
Nemesvámos Balatonfűzfő
73
Veszprémfajsz Balatonalmádi 71
Ajka-Padragkút Tótvázsony Felsőörs Balatonkenese
Halimba Hidegkút Lovas Balatonakarattya
Óes Pula Paloznak Alsóörs
Nyirád Nagyvázsony Csopak
Sümeg Vigántpetend Balatonszőlős Balatonfüred Balatonvilágos
Taliándörögd Vöröstő M7
Kapolcs Pécsely Aszófő Siófok
Zalaszentgrót Monostorapáti Szentantalfa Dörgicse Örvényes
Zalahaláp Monoszló Balatonudvari Tihany Szántód
Zalaudvarnok Balatonhenye Hegyestű Balatonakali Zamárdi
Tapolca Szentbékkála Zánka
Zalaszántó Lesencetomaj Balatonszepezd
Kehidakustány Várvölgy Révfülöp Balatonszárszó Balatonföldvár
Karmacs Rezi Lesencefalu Balatonrendes Balatonőszöd
Zalacsány Hévíz Ábrahámhegy Balatonszemes
Userszegtomaj Badacsonytomaj Balatonnszéplak
łóháza Keszthely Balatonederics Badacsony Balatonlelle
Gyenesdiás Szigliget Balatonboglár
Zalaapáti Vonyarcvashegy
Sármellék Balatongyörök
Zalavár Balatonszemes
Balatonkeresztúr Fonyód
aton-háza Nagyrada Balatonmáriafürdő
abar Balatonberény Balatonfenyves
Garabonc Balatonszentgyörgy
Zalakaros Balatonmagyaród
Zalakomár Bivalyrezervátum
Kis-Balaton

기호	설명
	Biciklisek számára tiltott főút
	Biciklizésre nem ajánlott főút
	Biciklivel járható közút
	Biciklizésre javasolt közút
	Kiépített önálló bicikliút

⇦ Termálfürdő * Viharjelző rendszer lámpája
▥ Hajókikötő ⌁ Vitorláskikötő
Hajózási útvonal ▣ Tourinform Iroda

© Balatoni Turisztikai Szolgálat 2008 - www.balatontipp.hu

벌러톤 호수.

존재한다는 사실이다. 헝가리인은 이 호수를 헝가리의 바다라고 부른다. 이 호수의 면적은 598평방킬로미터로 거의 서울시 전체와 맞먹는 면적을 가지고 있다. 이 호수 근처에는 많은 별장과 고급 빌라가 즐비한데, 과거의 공산주의 시절에 가족을 만나고자 하는 동독과 서독의 주민들이 해후하기도 했던 역사의 아픔을 간직하고 있는 곳이기도 하다.

헝가리의 기후는 전체적으로 건조하며 다소 대륙성 기후를 보이기도 한다. 그러나 세르비아, 크로아티아와 국경을 접하고 있는 남부 일부 지방에는 지중해성 기후가 약간 나타나는 곳이 있기도 하다. 여름에는 대체로 무더운 편이지만 습도가 높지 않아 기후 때문에 큰 고생을 하지는 않는다. 겨울에는 눈이 자주 오는 편이지만 우리나라처럼 혹심한 한파가 밀려오는 경우는 비교적 드물다고 할 수 있다. 헝가리에서 가장 아름다운 계절은 늦봄에서 초여름으로 넘어가는 시기이다. 특히 5월경의 날씨가 가장 좋아서 이때가 되면 온 헝가리가 신록과 꽃향기로 가득하다.

민간신앙과 기독교의 조화

민족의 기원에 대한 믿음

아시아에서 유럽으로 이주한 헝가리인의 경험이 사회, 문화 전반에 걸쳐 유럽적이면서도 헝가리적인 특징을 나타내기도 한다. 이러한 특징이 일상생활의 문화 속에 다양한 형태로 존재해 그 유형들을 쉽게 찾아볼 수 있다. 헝가리의 전설과 신화를 살펴보면 헝가리 민족의 기원을 대부분 훈족과 연관시키는 점을 발견할 수 있는데, 이것으로 훈족과 헝가리 민족이 역사의 발전과정에서 어느 정도 관계를 맺고 있었으리라 추측할 수 있다.

신화는 '역사상 존재했던 사실과 그들이 되고자 희망하는 목적의 상상적 재구성'이다. 따라서 신화를 통해서도 훈족의 후예들이 오늘날의 헝가리 대평원에 남아 살면서 후에 이 땅에 도착한 헝가리인과 교류하며 생활을 했으리라고 추측할 수 있다. 물론 많은 연구를 통해 훈족이나, 훈족의 왕 어띨러Attila(아틸라)와 헝가리인의 관련성은 매우 적은 것으로 밝혀졌다. 그러나 유럽을 공략한 다음 자신의 왕인 '어띨러'의 갑작스런 죽음을 계기로 고향으로 되돌아가던 훈족이 지금의 헝가리 대평원 지역을 거쳐 동쪽으로 갔을 가능성이 있고, 그 와중에 후족의 일부 병사들이 헝가리의 평원지역에 남아 정착했을 가능성은 상당히 높다. 이러한 점은 헝가리인이 자신들의 정체성을 규정하는 중요한 요소이기도 하다.

헝가리 민족의 유래가 정확히 기록되어 있는 역사서는 존재하지 않는다. 다만 헝가리인이 유럽에 정착해 살며 왕조를 형성한 이후 궁정의 사관이 기록한 내용이나, 혹은 연대기 작가들이 기록한 내용을 통해 헝가리 민족의 기원과 유래에 관한 신화와 전설을 살펴볼 수 있다.

헝가리인의 기원을 다룬 신화는 께저의 시몬Keza de Simon이라는 저자와 이름이 알려지지 않은 또 한 사람의 수도사 저자가 쓴 연대기에 나와 있다. 이 신화는 기독교적인 사상과 이교도적인 사상, 그리고 헝가리인이 이동해 왔을 지역에서 전승된 설화들이 혼재되어 있는 양상을 보인다. 특히 신화의 첫 부분에는 기독교 성경의 창세기 설화에서 차용한 부분이 많이 나타나 있는데, 이는 아마도 이 연대기가 기독교를 받아들인 이후에 저술되었기 때문일 것이다. 또한 수도사에 의해 연대기가 작성된 것으로 미루어 볼 때 미사나 강론을 통해 이러한 내용들이 민중의 일상생활 속에 구전되고 애송되었을 것이다.

다음에 나오는 헝가리의 기원에 대한 신화를 보면 헝가리인들이 자신들의 기원에 대해 어떤 생각을 가지고 있었는지 짐작할 수 있다.

"…… 아주 오래전에 죄악이 인간들 사이에서 넘쳐흘러 늑대와 같은 삶을 살고 있을 때, 하느님께서 큰 홍수를 땅에 내려 그들을 벌하셨다. 이 홍수가 인간을 멸족시켰는데, 다른 이들은 살아남지 못하고 노아와 그의 가족들만이 살아남았다. 노아에게는 샘, 함, 야벳이라는 세 아들이 있었다 …… 세 아들의 민족들은 각기 세계의 다른 지역에서 살았다. 샘의 후손들은 아시아에서, 함의 후손들은 아프리카에서, 야벳의 후손들은 유럽에서 살았다 …… 야벳의 작은 아들로부터 '멘로뜨' 라고 불리는 한 거인족이 유래되었다. 이거인족은 하느님께서 다시 한 번 땅에 홍수를 내리실 것을 두려워했다. 그래서 친척들을 불러 모은 뒤 친척들과 더불어 홍수가 나면 그곳으로 탈출할수 있도록 거대한 탑을 건설하기 시작했다. 그러나 그들은 그 탑을 세울 수없었다. 하느님께서 탑을 세우는 사람들의 언어를, 심지어는 친척들끼리도서로 이해할 수 없도록 방해했기 때문이다. 그래서 그 후 '멘로뜨' 민족은전 세계로 흩어졌다 …… 멘로뜨는 그 자신의 언어에 대한 혼란을 겪은 후에 페르시아로 갔다. 거기서 에니 혹은 사슴이라고 불리는 한 아름다운 소녀를 알게 되어 그녀와 결혼했다. 그리고 그 아내는 두 명의 예쁜 사내아이들을 선물했다. 그 둘 중 하나를 '후노르'라고 하고, 다른 하나를 '머져르'라고 이름지었다. 그들로부터 훈족과 헝가리족(머져르족)이 유래되었다."

이 전설에서는 태초의 천지창조와 인간의 타락에 대해 성서와 같은 맥락에서 기술하고 있다. 노아의 홍수와 방주 이야기가 나오고, 노아의 세 아들인 셈, 함, 야벳에 대해서도 언급하고 있다. 이는 전적으로 성서의 모티브와 맥락을 그대로 차용한 것으로서 헝가리인이 기독교적 사고와 의식세계 속에 이미 깊숙이 동화되어 있음을 보여 준다.

어띨러. 하트만 쉬델
Hartmann Schedel
(1440~1514) 작.

다음은 헝가리인이 자신들의 조상으로 간주하는 훈족에 대한 전설이다. 앞에서도 언급했듯이 훈족과 헝가리 민족의 직접적인 연관성은 아주 희박한 것으로 밝혀졌다. 그러나 '헝가리'라는 나라 이름 자체가 훈족의 땅을 뜻하는 '훙가리아'에서 비롯되었다는 것으로도 알 수 있듯이, 헝가리인에게 있어서는 이미 그 내용이 사실인가 아닌가는 그리 중요하지 않다. 헝가리인은 스스로를 훈족의 후예로 간주하면서 그러한 강인한 자기 정체성과 의지로 유럽에 정착해 살고 있다고 믿고 있다. 특히 훈족의 왕 '어띨러'에 대한 헝가리인의 애정은 매우 강하다고 할 수 있다.

"…… 민족이 스키타이에서 아주 번성했을 때, 108민족으로부터 싸울 준비를 끝낸 장정들을 선발해 서쪽으로 가서 그곳에 있는 땅을 정복하게 했다. …… 훈족이 도착한 그 땅은 그 당시 펀노니아Pannonia라고 불리는 곳이었는데, 그곳에서는 롱고바르드 민족 출신인 머르낀이 통치하고 있었다. 머르낀은 훈족이 띠서강 근처에 다다랐다는 소식을 듣자 로마제국에 도움을 요청했다. 자신의 힘으로는 훈족을 물리칠 수 없었기 때문이다. …… 훈족의 왕은 구릿빛 피부에 검고 빛나는 눈동자를 갖고 있었으며 위엄 있게 걸었지만 체구는 작았다. 어띨러 왕의 문장엔 왕관을 쓴 새가 부조되어 있었는데, 그 새는 헝가리어로 뚜룰새라고 불렸다. 뚜룰새가 새겨진 문장은 게저 공국 시대에 사용되었다. …… 훈족의 왕 어띨러는 세계에 있는 다른 모든 왕들보다 영광스러운 왕이었다."

아직도 헝가리에서는 남성의 이름에 '아틸라'의 헝가리식 발음인 '어띨러'라는 이름을 많이 사용하고 있다. 이는 어띨러와 같이 유럽을 공포에 떨게 했던 강인하고 용맹스러운 존재가 되고자 하는 의지의 표현이라고 할 수 있는데, 이와 같은 행태가 헝가리의 생활문화에서 볼 수 있는 특별한 점이라고 할 수 있을 것이다.

가톨릭 신앙과 축제

헝가리인은 서기 1000년경에 서구로부터 기독교를 받아들여 유럽사회의 일원으로 등장했다. 기독교를 받아들일 당시에는 아직 아시아적 전통과 민간신앙적 요소가 많이 남아 있어 기독교 전파에 강하게 저항

헝가리의 야크 성당. 13세기 초에 건립되었다.

하기도 했다. 그러나 기독교가 국교로 수용된 이래, 가장 신실하게 기독교를 신봉하는 국가가 되었다. 일상의 모든 삶이 기독교적 의식과 전통에 의해서 이루어졌으며, 다른 기독교국가들과 마찬가지로 헝가리인의 삶 자체를 교회를 떼어 놓고는 생각할 수 없었다. 12세기 무렵부터는 정주생활이 완전히 정착된 모습을 보이며 농업을 위주로 하는 정주문명적 양상을 강하게 나타내게 되었다. 따라서 농업을 주축으로 하며 농사절기에 따라 삶을 영위하게 되었다. 이러한 농업사회의 특징은 마을의 인화와 단결을 고취하는 민중들의 놀이와 유희가 발달한다는 점이다. 따라서 이 시기의 기독교 축제들을 살펴보면 중세 헝가리의 생활세계를 엿볼 수 있다.

형가리의 축제는 계절과 시간의 순서에 따라 가톨릭의 교회력과 거의 일치하는 모습을 보인다. 가톨릭교회의 전통에 따르면 새해는 대림절 시기부터 시작된다. 이는 1월 1일이라는 상징적 날짜가 갖는 의미와는 좀 다른 것으로 보이는데, 아마도 새해의 시작이 어느 특정한 날로부터 기산되지 않고 대략 이때쯤부터 새해로 간주하던 전통에 기인한 것으로 생각된다. 중세시대에는 한 해의 시작이 성탄절과 더불어 시작되었다. 따라서 성탄절 시기에 관련된 축제나 풍습, 관습들이 환절換節, 예수의 탄생, 새해의 시작과 연관된 내용들을 포함하고 있는 것이 당연한 사실로 받아들여진다.

성탄절 축제기간은 대림절advent과 더불어 시작된다. 다음에 오는 축제는 12월 6일의 성 니콜라스의 탄생일에 벌어지는 작은 축제이다. 이때에는 선물을 교환하는 풍습이 있었는데, 아직도 형가리에서는 이 풍습이 지켜지고 있다. 형가리에서는 이 축일을 전후해 어린이들이 가면을 쓰고 집집마다 돌아다니며 성 미꿀라시Mikuláše(성 니콜라스)를 환영하는 노래를 부른다.

미꿀라시 축제일 다음의 축일은 루처 축제일인데, 이날은 이교적 전통의 동지제와 연관되어 있다. 그 다음의 축제가 성탄절 축제이다. 형가리의 성탄절 축제는 여타의 유럽 국가들과 크게 다르지 않다. 성탄절은 전통적으로 가족을 위한 축제이다. 따라서 이 시기에는 전 가족들이 모여서 특별한 성탄 음식을 나누고 같이 미사를 드림으로써 조용하게 지내는 경향이 많다. 1937년 쇼모지 메제의 민속학자인 괸찌 페렌츠Gönczi Ferenc는 "성탄절은 특히 어린이들에게 아주 호의적인 축제일이다. 도시의 교양 있는 가정의 어린이들 앞에는 소위 성탄절 나무가 친절하게 놓였고, 농촌 지주 가정의 어린이들의 경우에도 이와 유사한 풍습이 행해졌다"라고 밝히고 있는데, 이는 전통적으로 성탄절이 어린이들을 중심으로 한 가족적 성격의 축제일이었음을 보여준다고 할 수 있겠다.

성탄 전야와 성탄절에는 베들레헴에서 예수가 탄생한 것을 재현하는 놀이들이 행해졌다. 즉 아기 예수의 탄생과 동방박사의 경배를 기념해 예수 성탄극을 연극 형식으로 진행했는데, 헝가리의 전통은 베들레헴을 형상화한 모형을 들고 마을의 여러 지역을 순례하는 것이었다. 이 예수 성탄극은 헝가리의 여러 마을에서 찾아볼 수 있는 성탄 축하 공연으로 성탄절 축제의 중요한 부분을 차지하고 있다. 이 축제의 주연을 맡은 '베뜰레헤메시'는 보통 16~18세의 소년이나 청년들이 맡았는데, 오직 메죄꾀뵈슈드 지역에서만 소녀들이 이 역할을 맡았다. 이것으로 성탄 기간의 축제를 끝내고 가족들과 조용한 휴식을 취하며 새해를 맞는 것이 보통이다.

새해를 맞이하면서 서로 행운을 빌어 주는 전통적인 풍습이 레괴뢰시이다. 레괴뢰시는 주로 12월 26일에 행해졌다. 이 풍습은 주로 두난뚤 지역, 특히 두난뚤 지역의 서부와 세께이뮐드 지역에서 발견되는데, 약 200여 개의 마을 공동체에서 이와 유사한 풍습들이 보고되었다. 이러한 풍습은 민간신앙적인 전승요소가 강하다고 생각되는데, 그것이 기독교와 융합해 헝가리적인 전통을 형성하게 되었다고 할 수 있다. 이와 같은 풍습은 매우 오랜 전통을 가진 것으로 판단되는데, 특히 에르데이 지방에서 오래전부터 광범위하게 진행되었던 것 같다. 에르데이에서 1552년에 발간된 문서에 다음과 같은 내용이 적혀 있었다.

"우리의 주님이신 예수 그리스도의 탄생 후에 악마들의 대축제일이 따라온다, 악마들의 주간週刊 …… 많은 술을 마시고, 많은 악마들에게는 결코 끝이 없다."

이 기록을 살펴보면 성탄 이후 대축제일이 따라온다는 점을 명기하고 있는데, 이것이 레괴레시 축제에 대한 내용이라고 보는 것이 헝가리 학계의 정설이다. 그것이 현재에 이르러 연초에 덕담을 하거나 복을 빌어 주는 어린이들의 유희적 축제로 변형되었을 것으로 생각된다. 특이한 점은 쇠사슬과 도자기로 만든 호각, 지팡이를 사용한다는 점이다. 이러한 풍습도 민간신앙적 전통과 기독교적 요소가 융합해 하나의 축제 형태로 발현된 예라고 할 수 있겠다.

헝가리 사육제 풍경.

헝가리의 사육제 풍습으로는 가면을 쓰고 벌이는 행사들이 대표적이라고 할 수 있다. 전통적으로 이때가 청혼과 구애의 시기로 간주되었으며, 무척 시끄럽고 분방한 성격의 축제라

414

고 할 수 있다. 헝가리에서는 이 축제가 전국적으로 행해졌으며, 특히 가톨릭의 전통이 강한 지역에서 좀 더 성대하게 치러지는 경향이 있었다. 사육제에서는 노처녀들을 희롱하는 노래들이 많이 불렸다. 청년들이 가면을 쓰고 노처녀의 집 앞이나 창문 아래에서 처녀들을 놀리는 노래를 불렀다. 절기상 사육제는 봄의 시작을 알리는 축제이다. 겨울철에 행해지는 축제들이 이 사육제를 끝으로 봄의 축제로 넘어가게 된다. 봄의 시작과 더불어 시작되는 부활절은 종교적 성격의 축제이기도 하지만, 오랫동안 농경사회였던 헝가리의 입장에서 보면 한 해의 농사가 시작되는 시점에서 그 시작을 알려 주는 신호탄과도 같은 성격을 지닌다.

부활절 축제의 특징은 전국적이라기보다는 각 지역이나 마을별로 이루어지는 데 있다고 할 수 있다. 각 지역이나 마을마다 자신들의 문화와 전통에 맞는 고유한 형태의 부활절 축제가 지속되어 오고 있다. 그 중에서도 가장 헝가리적인 성격을 보유하고 있는 축제는 홀로꾀 마을의 부활절 축제라고 할 수 있다. 홀로꾀는 지형적인 영향으로 인해 부다페스트 등의 인근지역과의 교류가 힘들었기 때문에 오랫동안 헝가리의 전통과 풍습을 그대로 보존할 수 있었다. 홀로꾀는 '헝가리의 살아 있는 민속박물관' 이라 불리는 마을로서, 유네스코에 의해 세계문화유산으로 지정된 곳이기도 하다. 부활절의 축제적 성격을 이해하기 위해서는 전통적인 홀로꾀 마을의 부활적 축제를 살펴볼 필요가 있다.

헝가리 사람들은 부활절 아침에 청년들이 처녀들에게 물을 뿌리는 전통이 있다. 헝가리에서 발견되는 부활절 풍습 중 물 뿌리기는 아마도 여러 가지 복합적인 영향을 받은 것 같다. 기독교의 세례의식을 연상하게 하기도 하고 고대 종교의 영향이 보이기도 한다. 세상의 시발점을 물로 보았던 고대 아시아인들의 세계관이 반영되어 있는 흔적도 발견할 수 있다. '물 붓기'라고 하는 이 풍습은 새 생명의 탄생을 의미하는 일이라고 하는데, 과거에는 남녀가 서로에게 물을 뿌려 주었지만 지금은 남성만 여성에게 물을 뿌려 준다. 도시에서는 요즘 여성에게 물 대신 향수를 뿌려 주는 풍습이 유행하고 있지만, 홀로꾀에서는 전통적인 방법으로 물 뿌리기가 진행된다. 물 뿌리는 방법을 살펴 보면 먼저 마을의 청년 몇 명이 큰 양동이에 물을 가득 담아 아가씨가 있는 집을 방문하고는 시를 하나 읊은 후 물을 붓는다.

여름으로 접어드는 시기의 성령강림절은 여름 축제일을 알리는 신호탄 역할을 한다. 성령강림절은 '50번째 날'이라는 뜻을 지닌 그리스어 펜테코스트pentecost에서 유래했으며 부활절로부터 50일째에 오는 일요일에 거행된다. 헝가리에서의 성령강림절은 밀의 수확 시기와 일치한다. 따라서 성령강림절의 축제는 밀을 수확한 뒤 첫 생산물로 빵을 만들어 봉헌하고 그것을 함께 나누는 나눔의 축제이다. 성령강림절 축제와 더불어 헝가리는 절기상 여름으로 들어간다. 성령강림절이 지나면 본격적인 초여름이 시작되며, 이때부터 가장 활기차고 아름다운 계절이 시작된다. 이 기간 중에 세례식이나 결혼식 등 생활의 중요한 의례들이 행해지기도 한다. 이러한 풍습은 현재까지도 남아 있어, 성령강림절이 들어 있는 주간에 사람들이 가장 많이 결혼식을 올리기도 한다.

성령강림절 기간에는 사람들이 숲에서 나무를 가져와 교회와 집을 신록의 가지로 장식을 하고, 민속관습에 뿌리를 둔 모든 축제들이 야외에서 개최된다. 서구의 기독교문화권 국가들에서 흔히 보이는 축제로서 그 형태가 대개 유사하다.

성령강림절 축제의 농업적 특징은 부다페스트 근교의 센뗀드레 마을에서 행해지는 성령강림절 축제를 통해 쉽게 발견할 수 있다. 즉 이 마을의 축제 진행 구조를 살펴보면 수확과 봉헌이라는 두 개의 모티브가 농업과 가톨릭이라는 요소의 메타포적 성격을 보여 준다는 점을 알 수 있다. 성령강림절 축제 첫날에 마을의 중앙에 무대가 설치된다. 이 무대에서 축제기간 중에 행해지는 모든 프로그램이 진행된다. 제일 먼저 시작되는 프로그램은 성령강림절 빵 나누기이다. 제단 주위에 설치된 화덕에서 특별히 소녀들이 소년들에게 선물할 맛있는 성령

헝가리 성령강림절 행진(위).
헝가리 성령강림절에서 춤추는 사람들(아래).

강림절 빵을 굽는다. 소녀들은 그 빵을 소년들에게 선사하게 되는데, 빵을 받은 소년은 소녀를 성령강림절 연회에 데리고 가서 춤을 신청해야 한다. 성령강림절 연회는 성령강림절 일요일에 예배 후 베풀어지는데, 음식과 주류가 풍부하게 준비되고 즐거운 춤을 마음껏 즐긴다. 그리고 전통적으로 주부들과 남자들이 그녀들의 부엌에서 함께 맛있는 음식을 만드는 놀이가 행해지기도 한다.

다음에 이어지는 프로그램은 마을의 청년들과 처녀들이 대형을 짓고는 그해에 수확된 밀을 어깨에 메거나 들고 들어오는 행렬이다. 이 행렬은 헝가리의 전통 농업민요를 부르면서 팔자형의 원을 그리며 이동한다. 이때 주위에 있는 참가자들과 구경꾼들이 환호와 박수로 이들을 환영한다. 이는 한 해 동안 농사를 짓느라 수고한 농부들을 위로하고 축하하는 자리이다. 물론 이와 같은 곡식을 얻게 해준 하느님에 대한 감사와 찬양이라는 형식을 취하기는 하지만 본질적으로는 농부들에 대한 감사와 축하의 자리이다. 현재에는 성령강림절 기간이 초여름 휴가 기간으로 사용되는 경우가 많지만, 아직도 전통적인 농촌에서는 축제기간으로 남아 있는 것을 종종 목격할 수 있다.

성령강림절의 농업적 연관성은 특히 포도재배 지역에서 발견되는 격언이나 속담들에 의해서도 파악된다. 예를 들어 버러너 지역에서 발견되는 "성령강림절 시기에 날씨가 좋으면 포도주가 많이 생산된다," 또는 "성령강림절의 비는 가끔 좋은 것을 가져온다" 등등의 격언이 성령강림절의 농업적 연관성을 증명해 준다.

성령강림절 축제기간의 하이라이트는 성령강림절 왕과 여왕을 선발하는 행사이다. 이는 서구에서 행해지는 '5월의 여왕May Queen' 축제의 모태가 되는 것이라고 할 수 있다.

헝가리의 대평원 지역과 에르데이 지방에서는 성령강림절 여왕을 선발한 뒤 어깨에 둘러멘 가마에 태우고 마을을 행진하며, 청년들을 위한 활쏘기 대회가 개최되기도 했다. 그러나 현재 헝가리의 도시지역에서는 성령강림절의 전통이 거의 사라지거나 찾아보기 어렵다. 성령강림절의 축제적 전통은 부다페스트를 포함하는 뻬슈뜨 메제와 얼푈드 지역의 일부 마을, 헝가리 남부의 일부 지역에서 명맥을 유지하며 지켜져 오고 있다.

구야시 스프 속으로 녹아든 문화

헝가리인은 이주문명적 특성과 정주문명적 특성을 동시에 지니고 있다. 따라서 그들의 음식문화가 형성되는 과정에서도 이 두 가지 요소가 매우 밀접하게 연관되어 있다고 할 수 있다. 유럽으로 이주하던 시기에는 육식이 광범위하게 이루어졌으나, 거주지 근처가 채소밭으로 사용되었던 흔적들도 부분적으로 발견할 수 있다.

헝가리인의 초기 거주지에서 출토된 식생활재료들을 살펴볼 때 버섯, 장과, 개암, 호도, 층층나무 열매, 딸기 등이 채소와 과일의 주종을 이루었을 것이다. 또한 조미용 소금은 트란실바니아의 암염광산에서 운반되었을 것이다. 주식과 더불어 정착시기의 주류 및 음료에 대한 최초의 기록을 헝가리 최초의 대수도원인 펀논헐머Pannonhalma 대수도원의 건축 면허장에서 찾아볼 수 있다. 서기 1000년경에 작성된 이 면허장에서 포도재배인에 대해서도 언급하고 있는 것을 보아 이미 이 시기에 포도를 이용한 음료가 생산되었을 것이라고 추측할 수 있다.

초기의 헝가리 음식문화에서 육류는 가정에서 사용하는 요리재료인 동시에 장기간 전투에 나가는 전사들의 중요한 식량이기도 했다. 그러나 육류의 생산이 대규모로 이루어진 흔적은 찾아보기 어렵다. 육류는 소금에 절임으로써 장기간 보관할 수 있었는데, 이후 여러 가지 향신료들이 여기에 첨가되어 초기 헝가리 음식문화의 중요한 요소가 되었다. 이러한 염장육류 음식은 타타르 군대가 침략했을 당시 그들이 가져온 염장건조육포와 비슷한 형태를 보인다. 타타르 군대는 이동시 이 염장육포를 휴대하고 다니다가 적당한 크기로 자른 뒤 주변지역에서 생산되는 야채와 함께 끓여 먹었는데, 헝가리의 '구야시goulash 수프'는 아마도 이것의 영향을 받았을 것이다. 이 또한 타타르 군대의 영향을 받았을 것으로 보이는 '타타르 비프스테이크'는 우리나라의 육회와 비슷한 음식으로 헝가리의 식문화를 보여 주는 특징적인 음식이라고 할 수 있다.

기독교가 전래된 11세기 이후에는 특별한 종교적 요구조건들이 많은 영향을 미쳤을 것으로 생각된다. 헝가리에 들어온 외국의 선교사나 성직자, 상인, 귀족들이 기독교의 식문화를 헝가리에 전파시켰다. 각종 기독교 축일이나 기념일에는 종교적 성격에 합당한 음식들이 준비되었으며, 이것은 유럽의 음식문화와 그리 큰 차이를 보이지 않았다. 외부의 침략이 많기도 하고 끊임없이 외부세계와 교류하는 지정학적 영향도 있어서 헝가리의 음식문화가 주변국가들과의 다양한 문화적 교류 속에서 형성되었다는 점은 그리 놀라운 일이 아니다. 헝가리의 식문화가 주변의 영향을 받은 흔적들은 헝가리어에 차용된 외국어를 검토해 보면 좀 더 명확히 파악된다.

핀-우고르시대의 식생활에 대해서는 별로 알려진 바가 없지만 퍼제크Fazék(손잡이가 달린 접시), 꾈레시köles(사료, 여물), 버이vaj(버터), 께녜르kenyér(빵), 푀즈föz(요리하다), 에씩eszik(먹다), 이씩iszik(마시다) 등의 헝가리어 단어 속에서 핀-우고르어족의 흔적을 찾아볼 수 있다. 또한 헝가리어에서 수프를 뜻하는 '레lé'라는 단어는 핀-우고르 어족의 관련 민족 언어에서는 보통 생선 수프를 의미한다. 그러나 헝가리어에서는 이것이 일반적으로 모든 종류의 수프를 의미하는 단어로 전성되었다. 또한 민족이동 시기에는 투르크족으로부터 영향을 받았는데, 이때의 특징적인 것은 우유 발효 식품을 사용한 음식들이 많았다는 점이다. 현재 헝가리어에서 사용되고 있는 꾀쁠köpl(유지를 저어 버터를 만들다), 이로író(탈지우유), 셔이뜨sajt(치즈), 뚜로túró(응유 치즈) 등에서 그 예를 찾아볼 수 있다. 특히 응유 치즈를 활용한 음식들은 현재 헝가리 식단의 중요한 구성요소이기도 하다. 현재의 터키 지방의 식문화에서도 이러한 응유 치즈나 요구르트 계통의 음식이 중요한 식재료로 활용되는 것으로 미루어 볼 때 헝가리 음식에 대한 투르크의 영향은 쉽게 간과하기 어렵다고 보인다.

헝가리 음식문화는 헝가리 민족이 카르파티아 분지에 정착하기 이

전에 거주했던 슬라브족과 게르만족의 영향 또한 크게 받았다. 슬라브족의 영향은 꼬치요리, 저장성 요리 등에서 나타나는데, 슬라브어에 기원을 둔 이와 관련된 헝가리어는 에체뜨ecet(식초), 까셔kása(거칠게 빻은 보리 죽), 껄라치kalács(과자, 빵 종류), 꼴바쓰kolbász(소세지), 꼬바스kovász(효모, 이스트), 뽀가처pogácsa(빵의 한 종류), 썰론너szalonna(베이컨), 떼스떠tészta(국수), 까뽀스떠káposzta(배추) 등이다.

게르만족의 음식문화는 주로 농부들의 식단에 영향을 미쳤는데, 후에는 고급 식단에서도 게르만족의 영향을 찾아볼 수 있었다. 헝가리어에 들어와 있는 게르만족의 어휘로는 추꼬르cukor(설탕), 프뤼스뛱früstük(아침 식사), 꾸글로프kuglóf(빵의 한 종류) 등이 있다. 따라서 헝가리의 음식문화는 끊임없는 민족의 이동과정에서 먼저 기본적으로 핀-우고르어족 민족의 영향을 받고, 그 후 비교적 많은 부분에서 찾아볼 수 있는 투르크의 영향, 카르파티아 분지의 본래 거주자들인 슬라브족과 게르만족의 영향을 받아 그 토대가 이루어졌다고 볼 수 있다. 그리고 이 과정에서 헝가리의 식문화에 영향을 미친 여러 민족들의 생활풍습까지도 헝가리의 문화를 형성하는 데 어느 정도 영향을 주었을 것이라고 추측할 수 있다.

헝가리의 식생활에서 가장 중요한 위치를 차지하는 것 중 하나는 수프이다. 수프를 의미하는 단어는 '레'인데, 이는 핀-우고르어족에서 유래된 단어로서 이후 레베시leves라는 단어와 함께 모든 종류의 수프를 의미했다. 헝가리의 식단에서 수프가 빠지면 '정식'의 의미가 사라져 버린다. 따라서 모든 주요리가 나오기 전에 반드시 수프가 준비된다. 수프 가운데서 가장 중요한 것은 쇠고기나 돼지고기, 사슴고기 등으로 만들어지는 고기 수프Húsleves이다.

야채 요리 및 곡물 요리도 헝가리 음식에서 주된 위치를 차지하는 중요한 음식이다. 가난한 농민들의 경우에는 야채와 곡물을 주재료로 한 죽kása 형태의 요리가 주된 식사였다. 주로 옥수수를 주재료로 한 이러한 죽이 가난과 빈곤의 상징으로서 문학작품에 등장하기도 한다. 이러한 형태의 음식은 현대에 와서는 헝가리의 전통적인 명절에만 찾아볼 수 있는데, 얼푈드 지역이나 소평원지역의 농촌에서는 아직까지도 이 음식을 공동으로 나누어 먹는 모습을 볼 수 있다.

빵은 헝가리의 식문화에서 매우 중요한 위치를 차지한다. 빵이 갖는 의미는 음식 이상의 것이다. 빵을 굽는 일은 종교적 의례와도 같은 중요한 행사이다. 헝가리의 남동부 대평원인 얼푈드 지역에서는 빵을 굽는 것이 아낙네들의 아주 중요한 일로 간주되어 빵을 구울 때는 몇 가지의 종교적 금기사항까지 있을 정도이다. 우선 빵은 주중에 구워야 하고 주말에는 빵을 구워서는 안 된다. 이는 온 가족이 주일에 먹을 신선한 빵을 주중에 미리 준비해야 한다는 중요성을 강조하는 것이며, 또한 주일을 거룩하게 지키라는 종교적 가르침과도 연관되어 있다. 즉 일요일에 종교적 행사가 거행될 뿐만 아니라 가족 간의 식사라 할지라도 '거룩한 날'에 이루어지므로, 거기에 사용될 빵을 미리 신선하고 정갈하게 준비해야 한다는 것이다.

육류 음식은 헝가리 식단에서 매우 중요한 위치를 점하고 있으나 계급과 계층, 지역에 따라 음식의 종류와 조리법이 매우 상이하다. 농부들의 경우에는 집에서 사육되는 가금류, 즉 닭, 오리, 거위 등을 육류 요리의 주재료로 사용했다. 중산층 이상의 농가에서는 돼지를 사육했다. 요리는 구이, 수프 등의 형태를 취했다.

헝가리인의 정착시기부터 중세 전체를 통해 전 계층에 의해 애용되었던 말고기는 현재는 일부 농가에서만 발견할 수 있으며, 헝가리의 전통 요리로서는 타타르 스테이크에서만 그 명맥을 유지하고 있다. 또한 얼푈드 지역의 일부 시골 마을에서는 양고기가 매우 중요한 식재료로 활용되고 있는데 주로 기념일이나 종교적 축일에 요리한다. 이는 이 지역에서 양고기가 많이 생산되기 때문이다. 돼지고기는 전 헝가리 지역에 걸쳐 광범위하게 조리되는 대표적 육류인데, 특히 돼지기름과 베이컨은 헝가리의 모든 음식에 사용된다고 해도 무방할 정도로 많이 사용된다.

유럽의 모든 나라들이 그러하듯이 헝가리도 자신들의 포도주에 대해 매우 큰 자부심을 갖고 있다. 포도주의 생산은 헝가리의 역사와 더불어 시작되었다고 해도 과언이 아니다. 헝가리에서는 전 국토에 걸쳐 포도주가 생산되는데, 특히 벌러톤 지방과 또꺼이 지방, 에게르 지방이 유명하다. 이 지역들은 대부분 일조량과 포도를 재배하기에 적합한 자연환경을 지니고 있다. 헝가리의 포도주 중에서 세계적으로 명성을 떨치는 포도주는 또꺼이 지방에서 생산되는 포도주이다. 이 지방에서 생산되는 포도주는 '왕들의 와인, 와인 중의 왕vinum regnum, rex vinorum'이라고도 불리는데 달콤한 맛과 독특한 향기로 인해 디저트용으로도 많이 사용된다. 특히 귀족들의 식단에서는 빠질 수 없는 중

빈자들에게 나눠 주기 위해
전통 헝가리 빵 걸라치Kalács를 들고 있는
성 엘리자베스St. Elisabeth of Hungary.

구야시 스프는 유목민이었던 헝가리인들이 큰 그릇에 쇠고기, 양파, 고추, 파프리카 등 여러 재료를 한꺼번에 넣고 조리해 간단하게 먹던 스프다. 구야시라는 명칭은 목동이라는 뜻을 가진 헝가리어 'Gulyás'에서 유래되었다. 그림은 스테리오 카롤리Sterio Károly(1821~62)의 〈목동Gulyás〉(19세기 중반).

요한 위치를 차지하고 있다. 이 포도주는 당도에 따라 모두 7등급으로 나뉘는데, 제7등급 포도주가 가장 단 것으로 매우 소량만 생산되고 있다. 또꺼이 지방은 헝가리의 북동부에 위치한 작은 지역으로, 이곳에서 프랑스나 독일보다 먼저 최고급 와인이 생산되었다고 전해진다. 대략 독일보다는 100년 전, 프랑스보다는 200년 전부터 포도주를 생산했다고 한다.

이 밖에 헝가리 특산물인 살구와 버찌, 배로 만든 과실주 빨링커 Palinka도 매우 유명하다. 알콜도수가 40도 가량되는 독주지만 서민층에서 널리 사랑받는다는 점에서 우리의 소주쯤에 해당한다고 할 수 있다. 헝가리에서는 지금도 일하러 나가기 전 간단한 아침 식사와 더불어 마시는 전통이 남아 있다. 특히 아침에 방문하는 손님에게는 반드시 이 독주를 한잔 권하는 관습이 남아 있다.

헝가리의 음식문화에서 빼놓을 수 없는 것이 양념재료인 고추(뻐쁘리꺼)와 마늘(포끄허지머)이다. 고추는 우리나라의 고추처럼 헝가리의 모든 음식에 들어간다고 해도 과언이 아니다. 헝가리에서 생산되는 고추는 대략 200여 종으로 알려져 있다. 이러한 고추가 많이 사용되는 구야시 수프는 헝가리를 대표하는 음식이다.

김치가 한국을 대표하는 음식이라면 구야시 수프는 헝가리를 대표하는 음식이라고 할 만하다. 구야시 수프는 헝가리의 유목민적 성격을 잘 드러내 보여 주는 음식이다. 이 음식에는 과거 헝가리 민족이 중앙아시아의 대평원에서 방목을 하던 유목민의 전통이 그대로 남아 있다고 할 수 있다. 구야시 수프는 쇠고기나 말고기, 야채, 고추를 넣고 걸죽하게 푹 끓인 스튜로서 목동들이 들판에 큰 가마솥을 걸어 놓고 수시로 데워 가며 먹던 음식이다. 헝가리를 방문한 외국인들이 가장 즐겨 찾는 전통음식 중의 하나가 구야시 수프이다. 매운 음식을 별로 즐기지 않는 서양인들에게 구야시 수프가 '지옥의 음식'으로 불리며 헝가리의 한 상징물로서 간주되고 있다. 헝가리인들도 매운 구야시 수프를 먹는 유럽인은 자신들뿐이라며 이 음식에 강한 자부심을 느끼고 있다.

이주와 정주의 공존, 떠녀

'떠녀tanya'는 헝가리 주거형태의 특징적인 한 형태이다. 떠녀는 외형적으로는 산재주거형태이지만 본질적으로 밀집 주거형태의 한 변형으로서 이원적 주거형태라고 할 수 있다. '떠녀'는 물질적 측면에서만이 아니라 정신적으로도 헝가리 전통문화와 민속의 형성과 깊이 연관되어 있다. '떠녀'는 헝가리인이 고대 유목문화에 나타나는 이중주거방식을 대규모 농업경영의 필요성과 접목시켜 합리적이고 경제적인 주거형태로 발전시킨 것이다.

'떠녀'는 헝가리 대평원에 널리 분포되어 오늘날에도 이를 쉽게 찾아볼 수 있다. '떠녀'는 헝가리인 사이에서 대체로 산재주거형태 유형으로서 밀집주거형태인 도시나 촌락에서 멀리 떨어진 곳에 위치하며 문화와 문명으로부터 소외된 가난한 농민층의 거처로 인식되고 있다. 물론 촌락이나 도시 등의 밀집주거형태도 헝가리 농민층의 주거문화

형가리 전통부엌.

에서 큰 비중을 차지하고 있지만, 이 주거형태들은 대체로 유럽의 다
른 농촌 주거문화와 공유되는 점이 많아 형가리 전통 농촌사회의 특징
적인 주거문화와 주거형태를 대변해 주지 못한다. 따라서 '떠녀'가 형
가리의 전통적 주거형태를 대표하는 특징적인 거주체계라는 점은 분
명해 보인다.

'떠녀'는 산재주거형태의 통칭이 아니라 형가리 대평원 지역에 15
세기부터 나타나기 시작해 18~19세기에 광범위하게 분포된 이 지역
농민의 독특한 주거형태를 지칭하는 말이다. '떠녀'의 형성은 기본적

으로 헝가리의 역사와 깊은 관련을 맺고 있다. '떠녀' 형태의 주거구조가 생성되기 시작한 시기는 오스만 투르크가 헝가리를 지배한 16세기 이후로 보는 것이 타당할 것이다. 이후 합스부르크 제국의 지배를 받으면서도 헝가리의 농촌주거의 전형적인 형태로서 존재해 왔다고 할 수 있다.

'떠녀'는 지리적 측면에서 보면 도시나 촌락이라는 밀집주거지역으로부터 멀리 떨어져 있어 산재 주거형태로 오해될 수도 있겠지만, 도시나 촌락으로부터 분리된 독자적 단위로서의 주거형태가 아니라 주거처가 속하고 있는 밀집 주거단위, 즉 도시나 촌락의 일부이며 동일한 행정단위의 외곽지역으로서 밀집 주거단위와 긴밀한 유기적 관계를 유지하고 있는 법적·사회적 위상을 갖고 있다. 또한 '떠녀'는 농업활동의 직접적인 현장으로서 목축 및 경작 등의 농사활동을 행할 수 있도록 가축의 우리, 농기구 및 곡물 창고, 그리고 사람이 지속적으로 거주할 수 있는 소박한 거주시설이 마련되어 있는 상시 거주지이다.

헝가리 대평원의 전통 농민사회는 대가족제에 바탕을 두고 있는데, 그중 젊은 성인 남자들은 '떠녀'에 상시 거주하며 농업생산활동을 하고 부모를 비롯한 노년층과 아녀자, 그리고 어린아이들은 밀집주거지 내의 주거처에서 생활하는 삶의 방식을 취했다. 또한 젊은 세대가 노령화되면 그들은 도시나 촌락의 주거처로 터전을 옮기고 그 대신 가족 중 장성한 젊은 층이 새로 '떠녀'로 이주해 경제활동을 지속하는 방식으로 세대교체를 이루었다. '떠녀'는 통상적으로 네 개의 유형으로 분류해 볼 수 있다. 먼저 '부농 떠녀'는 50~100에이커 정도의 영역을 갖고 있는데, 소유주의 가족은 도시에 거주하고 주인 혼자만 '떠녀'에 거주하며 작업지시를 하고 실제 농사일은 계약제에 의한 일꾼들에 의해 진행된다. 소유주 자식들은 거의 농사일에 참여하지 않고 대개의 경우 농업과 무관한 직업에 종사한다.

다음으로는 '임차 떠녀'를 들 수 있는데, 이 유형은 소유주가 '떠녀'에 거주하지 않고 임대만 해주며, '떠녀'에의 거주와 농업활동은 임차인인 농부가 자신이 소유자인 것처럼 행하는 유형이다.

세 번째로는 '자작농 떠녀'를 들 수 있는데, 이 유형은 전통적 '떠녀' 체계의 특성과 구조에 가장 잘 부합된다. 이 '떠녀'의 소유자는 경제활동은 '떠녀'에서 하고 주거처에서는 사회생활을 영위한다. 20세기 초반까지 헝가리 대평원의 '떠녀'는 대부분 가족 중심의 '자작농 떠녀'였다. 마지막으로 '독립농가 떠녀'를 들 수 있는데, '떠녀'에 항구적으로 거주하기 위한 목적으로 전 가족이 이주한 경우를 말한다. 이러한 '떠녀'의 경우에는 전 가족의 생활공간이라는 의미와 더불어 농촌촌락의 중요한 구성원 역할을 하기도 하기 때문에 헝가리 농촌사회의 중요한 구성원이라고 할 수 있다.

'떠녀'는 헝가리 주거형태의 독특한 형태로서 공산주의 시기에는 '떠녀'에 대한 통제와 제약이 이루어지기도 했지만, 떠녀의 순기능에 대한 관심이 증대되면서 오늘날에는 떠녀 형태의 주거문화에 대해 다시금 관심이 고조되고 있다.

'떠녀'는 대평원 지역의 농민층이 영위하는 특이한 주거형태로서만 의미를 갖는 것이 아니라 헝가리 농민사회의 발전과정과 그 궤적을 같이해 왔다는 큰 의의도 지니고 있다. 따라서 '떠녀'는 헝가리 대평원 농민문화의 주요한 특성인 동시에 전통 헝가리 사회와 문화를 이해하는 데 빠질 수 없는 특성이라고 할 수 있다.

참고문헌

1장 고대 그리스의 생활문화

김복래, 《서양생활문화사》, 대한교과서, 1999.

고애란, 《서양의 복식 문화와 역사》, 교문사, 2008.

신상옥, 《서양복식사》, 수학사, 2006.

오영근, 《세계가구의 역사》, 기문당, 1999.

오인탁, 《고대 그리스의 교육 사상》, 종로서적, 1994.

정흥숙, 《서양복식문화사》, 교문사, 1997.

로드 필립스, 이은선 옮김, 《도도한 알코올》, 시공사, 2002.

로베르 플라실리에르, 심현정 옮김, 《고대 그리스의 일상생활》, 우물이있는집, 2004.

메리 폼 어즈번, 노은정 옮김, 《고대 그리스 올림픽》, 비룡소, 2004.

카트 센커, 함희숙 옮김, 《고대 그리스 생활사》, 한국삐아제, 2005.

클로드 모세, 김덕희 옮김, 《고대 그리스의 시민》, 동문선, 2002.

한스 리히트, 정성호 옮김, 《그리스 성 풍속사》, 산수야, 2003.

호메로스, 이상훈 옮김, 《오디세이아》, 오늘의 책, 1995.

호메로스, 이상훈 옮김, 《일리아드》, 오늘의 책, 1995.

헤시오도스, 김원익 옮김, 《신통기》, 민음사, 2003.

The Greeks and the Sea: Hellenic Ships from Ancient Times through the 20th century (Newyork: Foundation for Hellenic Culture, 2002).

2장 고대 로마의 생활문화

Andrea Giardina, *L' Impero romano* (Roma–Bari: Editori Laterza, 2003).

D. Feeney, *Letteratura e religione nell antica Roma* (Roma: Saleno, 1998).

Filippo Cassola, *Storia di Roma dalle origini a Cesare* (Roma: Jouvence, 2001).

Francisco Villar, *Gil Indoeuropei e le origini dell Eurpa* (Bologna: Il Mulino, 1997).

Giacomo Devoto, *Gli antichi Italici* (Firenze: Vallecchi, 1951). 2a. ed.

J. Champeaux, *La religione dei romani* (Bologna: Il Mulino, 2002).

J. Scheid, *La religione a Roma* (Roma–Bari: Laterza, 2001).

Jörg Rüpke, *La religione dei Romani* (Milano: Rusconi, 1992).

Mario Polia, *Imperivm: origine e funzione del potere regale nella Roma arcaica* (Rimini: Edizioni Il Cerchno, 2002).

Peschke Hans–Peter von, Feldmann Werner, *La cucina dell antica* (Roma: Guido Tommasi Editore–Datanova, 2002).

R. Del Ponte, *La religione dei romani* (Milano: Rusconi, 1992).

Santo Mazzarino, *L' Impero romano* (Roma–Bari: Editori Laterza, 2000).

U. Lugli, *Miti velati: La mitologia romana come problema storiografico* (Genova: ECIG, 1996).

3장 중세 유럽의 생활문화

김복래, 《속속들이 이해하는 서양생활사》, 안티쿠스, 2007.

김정하, 〈중세의 일상생활—13세기 토스카나Toscana를 중심으로〉, 《부산사학》, 1994.

배영수 엮음, 《서양사강의》(개정판), 한울아카데미, 2007.

서양중세사학회, 《서양 중세사 강의》, 느티나무, 2003.

신상옥, 《서양복식사》, 수학사, 2006.

임영상·최영수·노명환 편, 《음식으로 본 서양문화》, 대한교과서, 1997.

정흥숙, 《서양복식문화사》, 교문사, 1997.

로베르 들로르, 김동섭 옮김, 《서양 중세의 삶과 생활》, 문학시대사, 1999.

로이 스트롱, 강주헌 옮김, 《권력자들의 만찬: 유럽을 지배한 사람들의 은밀하고 특별한 연회문화》, 넥서스, 2005.

막스 폰 뵌, 이재원 옮김, 《패션의 역사—중세부터 17세기 바로크시대까지》, 한길아트, 2000.

맛시모 몬타나리, 주경철 옮김, 《유럽의 음식문화》, 새물결, 2001.

번즈·R.러너·S.미첨, 손세호 옮김, 《서양문명의 역사》(재판), 소나무, 2007.

앤서니 애브니, 최광열 옮김, 《시간의 문화사》, 북로드, 2007.

자크 르고프, 유희수 옮김, 《서양 중세 문명》(개정판), 문학과 지성사, 2008.

장 베르동, 이병욱 옮김, 《중세의 밤》, 이학사, 1999.

장 베르동, 최애리 옮김, 《중세는 살아 있다》, 길, 2008.

Jean Baptiste Duroselle, *L' Europe: Histoire de ses peuples* (Paris: Perrin, 1990).

Jean-Pierre Leguay, *Vivre en ville au Moyen Age* (Paris: J.-P. Gisserot, 2006).

Michel Pastoureau (sous la direction de), *Le Vetement: Histoire, archéologie et symbolique vestimentaires au Moyen Age* (Cahiers du Léopard d'or, Volume 1) (Paris: Léopard d'or, 1989).

고애란, 《서양의 복식문화와 역사》, 교문사, 2008.

구성자·김희선, 《새롭게 쓴 세계의 음식문화》, 교문사, 2005.

배수정 외, 《현대 패션과 서양복식 문화사》, 수학사, 2008.

백영자·유호순, 《서양복식문화사》, 경춘사, 1991.

이지은, 《귀족의 은밀한 사생활》, 지안출판사, 2006.

이진경, 《근대적 주거공간의 탄생》, 소명출판, 2000.

정성현·최성원, 《서양건축사》, 동방미디어, 2002.

기타가와 미노루, 장미화 옮김, 《설탕의 세계사》, 좋은책만들기, 2003.

노버트 쉐나우어다우, 김연홍 옮김, 《집(6000년 인류 주거의 역사)》, 다우, 2004.

다니엘 푸러, 선우미정 옮김, 《화장실의 작은 역사》, 들녘, 2005.

마르탱 모네스티에, 임헌 옮김, 《똥오줌의 역사》, 문학동네, 2005.

막스 폰 뵌·오스카 피셸, 이재원·천미수 옮김, 《패션의 역사 1~2》, 한길아트. 2000.

맛시모 몬타나리, 주경철 옮김, 《유럽의 음식문화》, 새물결, 2001.

베아트리스 퐁타넬, 김보현 옮김, 《치장의 역사》, 김영사, 2004.

볼프강 융거, 채운정 옮김, 《카페하우스의 문화사》, 에디터, 2002.

블랑쉬 페인, 이종남 외 옮김, 《복식의 역사—고대 이집트에서 20세기까지》, 까치, 1988.

빌 리제베로, 오덕성 옮김, 《서양건축이야기》, 한길아트, 2000.

스즈키 히로유키, 우동선 옮김, 《서양 근현대 건축의 역사—산업혁명기에서 현재까지》,
　　시공사, 2003.

야콥 블루메, 박정미 옮김, 《화장실의 역사》, 이룸, 2005.

잭 앤더슨 블랙·매지 가랜드·프랜시스 케네스, 윤길순 옮김, 《세계패션사》, 간디서원,
　　2005.

조르주 비가렐로, 정재곤 옮김, 《깨끗함과 더러움—청결과 위생의 문화사》, 돌베개, 2007.

존 그레고리 버크, 성귀수 옮김, 《신성한 똥》, 까치, 2002.

줄리 L. 호란, 남경태 옮김,《1.5평의 문명사》, 푸른숲, 1996.

폴 올리버, 이왕기 · 이일형 · 이승우 옮김,《세계의 민속주택》, 세진사, 1996.

하인리히 E. 야콥, 곽명단 · 임지원 옮김,《빵의 역사》, 우물이 있는 집, 2002.

21세기연구회, 홍성철 · 김주영 옮김,《진짜 세계사, 음식이 만든 역사》, 베스트홈, 2008.

Friedrich Engels, *The Condition of the Working Class in England in 1844* (New York: Macmillan, 1958)

Fernand Braudel, "The Structure of Everyday Life", *Civilization and Capitalism 15th–18th Century* (Berkeley: University of Califonia, 1992).

Steven L. Kaplan, *The Bakers of Paris and the Bread question, 1700–1775* (Durham: Duke University Press Books, 1996).

5장 도시 형성의 여러 모습과 생활상

Clifford Embleton(Ed.), *Geomorphology of Europe* (Newyork: Wiley, 1984).

John Dunne, P. Janssens(Ed.), *Living in the City: Elites and Their Residences* (Turnhout: Brepols Publishers, 2008).

Terry G. Jordan, *The European Culture Area: A Systematic Geography* (Dunmore: Harper Collins College Publishers, 1996). 3rd. ed.

6장 미국의 생활문화

김형인.《미국의 정체성》, 살림, 2009.

이주영.《미국사》(완전 개정판), 대한교과서, 2004.

앨런 블링클리, 황혜성 외 옮김,《미국인의 역사》, 비봉출판사, 1998.

석영중, 《러시아 정교: 역사·신학·예술》, 고려대학교 출판부, 2005.

이덕형, 《다쥐보그의 손자들: 동슬라브—러시아인이 바라본 신화와 자연》, 성균관대학교 출판부, 2002.

이덕형, 《러시아 문화예술의 천년》, 생각의나무, 2009.

이상우, 《러시아 발레》, 예니, 2002.

허승철·이항재·이득재, 《러시아 문화의 이해》, 대한교과서, 1998.

Nicolas Berdyaev, *The Origin of Russian Communism* (Geoffrey Bles: The Centenary Press, 1937); 니콜라이 베르자예프, 이경식 옮김, 《러시아 지성사》, 종로서적, 1980.

George P. Fedotov, *The Russian Religous Mind Vol. I: Kievan Christianity: The 10th to the 13th Centuries* (Belmont: Nordland Publishing Company, 1975); 게오르기 페도토프, 김상현 옮김, 《러시아 종교사상사 1: 키예프 루시 시대의 기독교》, 지만지고전천줄, 2008

Orlando Figes, *Natasha's Dance: A Cultural History of Russia* (London: Rogers, Coleridge white ltd, 2002); 올란도 파이지스, 체계병 옮김, 《나타샤 댄스》, 이카루스미디어, 2005.

Ю.С. Рябцев, *Путешествие в древнюю русь* (Москва: ВЛАДОС, 1995); 랴쁘체프, 정막래 옮김, 《중세 러시아 문화》, 계명대학교 출판부, 2000.

Б.Л. Смолянский, Ю.Г. Григоров, *Религия и питание* (Киев, 1995), 스몰랸스끼·그리고로프, 장막래 옮김, 《러시아 정교와 음식문화》, 명지출판사, 2000.

В.С. Шульгин, Л.В. Кошман, М.Р. Зезина, *Культура России IX–XX вв.* (Москва: Дрофа, 2004) ; 슐긴·꼬쉬만·제지나, 김정훈·남석주·민경현 옮김, 《러시아 문화사》, 후마니타스, 2003.

М.В. Короткова, *Путешествие в историю русского быта* (Москва: Русское слова, 1998)

С. Романов, *История русской водки* (Москва: Вече, 1998)

В.В. Похлёбкин, *Чай и Водка в истории России* (Красноярск: Красноярское книжное издательство, 1995)

В.О. Ключевский, *История русского быта* (Москва: Ваш выбор ЦИРЗ, 1995)

Ю.С. Рябцев, *История русской культуры XI–XVII веков* (Москва: ВЛОДОС, 1997)

Г. Прошин и др, *Как была крещена русь* (Москва: Политиздат, 1988)

8장 에스파냐-이베로 아메리카의 생활문화

가와기타 미노우 저, 《설탕의 세계사》, 좋은책만들기, 2006

강태진 외, 《라틴 아메리카 문화》, 대구가톨릭대학교, 2003.

곽재성·우석균, 《라틴 아메리카를 찾아서》, 민음사, 2000.

서울대학교 서어서문학화, 《차이를 넘어 공존으로》, 서울대학교출판부, 2007.

이강국, 《스페인 언어문화사》, 송산, 2001

이성형, 《콜럼버스가 서쪽으로 간 까닭은?》, 까치, 2003.

임영상 외, 《음식으로 본 서양문화》, 대한교과서, 1997

정경원 외, 《라틴아메리카 문화의 이해》, 학문사, 2000.

Fernández Díaz-Plaja, *La vida cotidiana en la España del Siglo de Oro* (Madrid: Edaf, 1994).

NAP. El conocimiento de la vida cotidiana

www.aainst.co.kr/class_03

www.artehistoria.jcyl.es

www. enciclonet.com

김태정·손주영·김대성, 《음식으로 본 동양문화》, 대한교과서, 1998.

이상협, 《헝가리사》, 대한교과서, 1996.

임영상·노명환·최영수, 《음식으로 본 서양문화》, 대한교과서, 1998.

유시민, 《유시민과 함께 읽는 유럽문화 이야기》, 푸른나무, 1998.

Gyula László, *The Magyars; Their Life and Civilization* (Budapest: Corvina, 1996).

Gyula László, *A Népvándorláskor Müvészete Magyarországon* (Budapest: Corvina kiadó, 1970).

Gy. Ortutaz, *Magyar népismeret* (Budapest: Magyar Szemle Társaság, 1937).

Iván Ballassa, *Gyula Ortutay, Magyar Néprajz* (Budapest: Corvina, 1979).

Mihály Hoppál(szerk.), *Népszokás, Néphit, népi vallásosság*(Magyar Néprajz, Folklór3) (Budapest: Akadémiai kiadó, 1990).

Tekla Dömötör, *Régiés mai magyar népszokások* (Budapest: Tankonykiado, 1986).

T. Hoffmann, *A Néprajzi Múzeum 100 éve* (Budapest: Néprajzi Értesítö, 1972).

찾아보기

447

우리 시각으로 읽는 세계의 역사 7

서양 사람들은 어떻게 살았을까 – 생활문화로 보는 서양사

- ⊙ 2012년 11월 10일 초판 1쇄 발행
- ⊙ 2016년 3월 10일 초판 2쇄 발행
- ⊙ 지은이   노명환, 박지배, 김정하, 이혜민, 박재영, 김진호, 김형인, 고가영, 이은해, 김지영
- ⊙ 발행인   박혜숙
- ⊙ 펴낸곳   도서출판 푸른역사
  우) 03044 서울시 종로구 자하문로8길 13
  전화: 02) 720−8921(편집부) 02) 720−8920(영업부)
  팩스: 02) 720−9887
  전자우편: 2013history@naver.com
  등록: 1997년 2월 14일 제13−483호
  ⓒ 푸른역사, 2016

ISBN   978−89−94079−70−7   93900